开家赚钱的餐饮店

曾展鸿 编著

经济科学出版社

图书在版编目（CIP）数据

开家赚钱的餐饮店／曾展鸿编著．—北京：经济科学出版社，2012.5

ISBN 978－7－5141－1867－4

Ⅰ.①开…　Ⅱ.①曾…　Ⅲ.①饮食业－商业经营　Ⅳ.①F719.3

中国版本图书馆CIP数据核字（2012）第078934号

责任编辑：李海波　张　力
责任校对：徐领柱
责任印制：李　鹏

开家赚钱的餐饮店
曾展鸿　编著
经济科学出版社出版、发行　新华书店经销
社址：北京市海淀区阜成路甲28号　邮编：100142
总编部电话：88191217　发行部电话：88191537
网址：www.esp.com.cn
电子邮件：esp@esp.com.cn
香河县宏润印刷有限公司印装
710×1000　16开　16.5印张　230000字
2012年7月第1版　2012年7月第1次印刷
ISBN 978－7－5141－1867－4　定价：29.80元
（图书出现印装问题，本社负责调换。电话：88191657）

前　言

不少人会这样想：如果有 1 万元去投资创业，要开一间小食店；如果有 10 万元，要开一间小型餐馆；如果有 100 万元，要开一间大餐馆；如果有 1 000 万元，还要开一间豪华高档的大酒楼或餐饮连锁店……

在当今的市场经济中，为什么越来越多的人对从事餐饮业如此钟情呢?

古语云："民以食为天。"我国有 5000 多年的悠久历史，这其中，饮食文化占了非常重要的地位。众所周知，中国是真正的美食之乡，更有"只有中国人是用舌头吃饭"的说法。可以说，餐饮业是当之无愧的"百业之首"。从古至今，只有餐饮业长盛不衰，并且时至今日还在向更繁盛的方向发展。

据世界经济合作组织一篇研究报告表明：在知识经济迅猛发展的今天，传统行业中只有服务业仍有较大的发展，其中包括餐饮业。服务业的投入比例比造纸业低，增长率却高，在该报告中被称作"打破知识经济神话的反例"。专家们还把餐饮业列入蓬勃发展的 15 类热门职业之中。

餐饮业可谓是商机无限。然而，要想在餐饮市场上分得一杯羹，并没有人们想象中的那么容易。正如中国品牌餐饮"丽华快餐"掌门人蒋建平所言：不要认为只要是餐饮行业就可以按同样的模式运作，其实任何一个细分领域都有它的门道，只是外人看，在赚钱，自己去做却未必。

简言之，在餐饮业想赚钱首先得掌握其中的门道。

本书从当今餐饮市场的实情出发，以通俗易懂的语言，配合翔实的案例，揭秘多家成功餐饮店的经营绝招，多层次、多角度地解析餐饮店生意兴隆的门道和艺术。从特色餐饮店的选择、进货渠道的奥妙到打折促销手段的运用、菜品定价的诀窍；从餐饮业鲜为人知的潜规则、如何迎合顾客对新鲜感的追求，到餐前餐后的赚钱妙招、餐饮巨头的成功秘笈，囊括了餐饮经营多个领域的赚钱门道，系统而全面地展现了餐饮业轻松赚钱的多种技巧和方法。

本书内容丰富，具有很强的实用性，多方面透视餐饮行业的成功“秘诀”：独具匠心的个性化餐饮模式，使您步步为营、稳扎稳打成就财富。技高一筹的餐前餐后服务妙招，使您客源不断、稳步发展；出奇制胜的新鲜点子，吸引顾客眼球，给您带来滚滚财源……它是初涉餐饮界人士的行动指南，更是行家老手的“囊中瑰宝”。

全面了解餐饮这一行业的门道、诀窍，定能启发和唤醒您在餐饮方面赚钱的潜能。用智慧巧妙创造出属于自己的一套经营模式，为您探寻餐饮店成功的门道，找到一条通往财富的捷径，让创造财富变得如此简单。

目录

第一章 餐饮店有人这样开
1.1 巧借时尚效应，开特色餐饮店/3
1.2 超人思维，非常之地取非常之财/6
1.3 面向潮人，赚钱源自酷体验/9
1.4 减肥餐厅，瘦了别人“肥”了自己/13
1.5 小本餐饮，赚足千万/16
1.6 利用品牌，成就中国时尚快餐/19
1.7 另类餐馆，大赚好奇心钱/22

第二章 进货渠道，门店赚钱的灵魂
2.1 正宗上等食材，原味呈现/29
2.2 绿园生态，地道农家风味/32
2.3 小小餐馆渠道多，精挑细选利为先/36
2.4 另样餐厅，特殊食材的进货/39
2.5 自产自销，“全自助”餐厅利润更可观/42
2.6 调料选择分档次，适合的才是最好的/45
2.7 非法渠道需警惕，餐厅进货慎思量/48

第三章 折扣与特价，利润由最终解释权决定

3.1 特价菜，餐厅亏损的背后/55
3.2 一分钱一分货，定价策略决定零折扣/58
3.3 巧借折扣手段，吸引特殊人群/62
3.4 利益先行，餐馆折扣有门道/65
3.5 趁热打铁，节假日折扣为餐馆造势/68
3.6 另类打折，创意“套牢”顾客/72
3.7 餐厅在优惠策略上遭遇“滑铁卢”/75

第四章 菜品定价中的诀窍

4.1 菜单上奇妙的数字，挑动顾客购买欲/83
4.2 优惠定价战术，赚足人气/86
4.3 餐馆定价有窍门，灵活选择巧赚钱/89
4.4 品牌效应，声望定价利更高/93
4.5 创新思维，另类定价受追捧/97
4.6 菜品定价非儿戏，合理为上/100
4.7 价不符实，超出常理引非议/104

第五章 餐饮业鲜为人知的潜规则

5.1 菜品质量，由超额利润决定/111
5.2 “消费陷阱”，折扣优惠中的门道/115
5.3 赚钱不易，额外收费成行规/118
5.4 小发票大文章，餐馆“赚钱”有门道/121
5.5 觥筹交错间，酒水狂“圈钱”/124
5.6 最终解释权属餐馆，菜单中的秘密/129
5.7 赚钱有新招，“鲜榨果汁”行规多/132

第六章 换汤不换药，挣新鲜感的钱

6.1 自助式经营，我的餐馆你当家/139
6.2 在菜单上做文章，要的就是这股新鲜劲儿/143
6.3 餐馆就餐有条件，新鲜怪招引客来/147
6.4 各式主题餐厅，满足顾客新鲜追求/150
6.5 别出心裁，菜品新鲜客自来/153
6.6 特色服务进餐馆，顾客叫绝人气高/157
6.7 过犹不及，新鲜怪招惹的祸/160

▶1.1　巧借时尚效应,开特色餐饮店

▶1.2　超人思维,非常之地取非常之财

▶1.3　面向潮人,赚钱源自酷体验

▶1.4　减肥餐厅,瘦了别人“肥”了自己

▶1.5　小本餐饮,赚足千万

▶1.6　利用品牌,成就中国时尚快餐

▶1.7　另类餐馆,大赚好奇心钱

1.1 巧借时尚效应，开特色餐饮店

餐饮市场风起云涌，瞬息变化的新思潮和时尚潮流此起彼伏，各种风味菜肴竞相争荣。许多餐饮店在保持自己特色的前提下，紧跟时代步伐，不断开发创新品，巧用时尚效应，引领餐饮潮流。

随着顾客追求时尚已经成为潮流，不少餐饮店将时尚作为新的利润增长点，吸引顾客眼球，成就自己的创业致富之路。餐饮店除了在菜肴上追求新颖时尚之外，他们更多的是考虑到顾客的个性化需求，利用环境、时尚、文化、高贵、品位和优质的服务展现餐饮店的最大卖点，用时尚特色吸引顾客光临。

"亲近消费"，我的菜肴我做主

进酒楼点菜，就像在超市买东西，客人看菜下单。眼下，一种借鉴超市量贩概念的"亲近消费"，在餐饮业中日渐盛行，为商家赚得更多商机。到酒楼吃饭，想吃什么鱼，直接到鱼池边用鱼兜网起，酒楼的厨师当面剖杀，送到厨房里烹制。由于顾客对于就餐需求的多元化，成就了餐饮店的"亲近消费"模式，"亲近消费"模式也成就了这类特色时尚餐饮店。

一般人下馆子，习惯于服务员端菜上桌。有的商家却另辟新意，他们允许顾客自己到厨房炒菜。特别是一些农家菜、农家院它们可以让顾客磨豆浆煮着喝，这类餐饮店正在逐渐兴起，并逐渐成为一种潮流。这场景让被"下放"农村的顾客能感受昔日的纯真年代。而且这样的环境也让平时很少去乡下的现代小"皇帝"们在时尚玩具熏陶之外，有了体验农村生活的机会。

赢利心经

到餐饮店就餐，顾客很多时候根本看不到原材料新不新鲜，但是，在武汉市桥口宗关的一家鱼村餐饮店，更像一个大卖场。大厅清一色的原木桌椅，漆色斑驳的木窗棂取代了现代的塑钢窗。几个不同的区域，摆着一长溜老式酒坛、青花瓷泡菜坛以及汤罐，墙上挂着腊肉，顾客需要吃什么，可看样点菜，十分方便。

这种卖场式的餐饮店，一经出现，就备受顾客追捧。它比一度盛行的广东量贩式海鲜餐饮店显得更大胆，用形式的构建唤起顾客的自我意识，促使顾客去感受、去关注、去欣赏，从而实现“透明消费”，给顾客“家”的感觉，让顾客花得开心，花得值得。

“亲近消费”是对超市量贩概念的借鉴，在顾客“身临其境”中实行消费的无障碍。餐饮营销已不单纯地看重店堂装饰，而是更注重走向多元化经营策略。“我的菜肴我做主”，在这种独特的文化氛围里，让顾客有更多的选择和满足。

“轻食餐饮”，时尚新概念

轻食是指简单的料理，就是便餐、点心的意思，是由日本百货公司美食街规划区中传出来的一种另类饮食形式，而台湾则由于近年来流行日本风，开始慢慢风行起来。而轻食最主要的概念就是吃七分饱，只要让肚子不饿的食物量就足够了，另外还在饮食内容注重健康概念，少油、少盐、少调味料和多一些天然素材，而这正是轻食目前盛行的原因之一。

“轻食”和简餐并不完全一样。简约而不简单，注重饮食健康，是此类餐饮的最大特点。随着生活水平的提高，饮食已成为一种追求，一种时尚。而以天然、健康为特色的“轻食主义”更是受到人们的青睐。

2008 年以来，武汉的一家餐厅在汉口解放公园路、前进一路等地，连开了三家分店。店内不见富丽堂皇的大厅，餐桌少则十来张，多的也只三四十张。菜肴都是家常小菜，分量不大，味也清淡，讲的就是个清新、自然。

武汉汉口的一家餐厅也奉行“轻食主义”，这里光南瓜菜就有一二十道，如此“粗粮菜”很受顾客喜欢，用白木耳、百合和山药做的炒三白，还有芝士焗红薯等“轻食”，也让人津津乐道……

“轻食”餐厅是2007年才问世的，有的也叫时尚餐厅。其最大特点是，店里没有嘈杂的人群，只有简约的长桌、舒适的软椅，简单而又合口味的吃食。这对腻烦了吃大餐的时尚人士来说，是一种不错的选择。

“轻食”意味着对某些美味的适度“收敛”，常被解释为餐饮店中快速、简单而又不失精致的食物。随着人们健康观念的增强，工作节奏的加快，轻食餐厅将吸引更多的顾客，让饮食不再是一种负担。

时尚“马桶餐厅”，“异味”惹人眼

在深圳，“马桶餐厅”成为一些年轻人的热门话题。由于媒体报道和网络的宣传，更引来了全国各地关注的目光。那么，这家以“马桶”为名的餐厅是什么模样？哪些人会去光顾？在“马桶餐厅”里，会品出怎样的味道？

其实，“马桶餐厅”并不是让顾客真正坐在马桶上用餐，而只是布置了一种类似厕所的环境。“马桶餐厅”可以说是一次有益的“厕所文化”，是一种善意的轻松，在愚弄中得到欢乐和快活。

在深圳松园路这条小街上，各种各样的餐厅一家挨着一家，要不是当街放着大浴缸和抽水马桶，路人是绝对不会注意到这家小店的。店里的摆设完全是“厕所”的“味道”：墙壁上挂着小便池，天花板上装饰着彩色塑料水管。餐桌，就是在白色的蹲厕上加了块玻璃，蹲厕里有贝壳、彩色玻璃球等小玩意儿；椅子，就是洗手间里最常见的马桶，马桶盖的图案各式各样，让每把“椅子”都有不同的“味道”。

“马桶餐厅”受欢迎，支招的餐饮管理公司干脆在店门口挂起了“创意行销时代，大便也能变黄金”的加盟广告。广告这么一挂，有兴趣的人到店里实地考察，亲眼目睹“马桶餐厅”的火爆，马上有让人有掏钱加盟的冲动。现在，“马桶餐厅”在深圳已有4家分店。

一些年轻人喜欢到“马桶餐厅”吃饭休闲，这不仅是一种空虚，一种无聊，更是一种“心灵饥渴”。人们常说，人在饥饿的状态下，吃什么都香。反之，在物质要求得到充分满足、饱食终日的生活背景下，当一些人在平淡的生活中品味不出滋味的时候，便会去寻找刺激和另类。

1.2 超人思维，非常之地取非常之财

古人云：天时不如地利，充分强调了地利的重要性。尤其是开餐厅，地理位置的优劣更显得重要。人们把地理位置好坏与否视为餐饮店赚钱的第一要素，这自然是有道理的。餐饮业的传统规律是“一步差三市”，足以说明地理位置的好坏直接影响餐饮店的盈亏。然而，在社会日趋多元化的今天，地理位置并不一定就限制餐饮店日后的发展空间。只要我们能够突破传统思维，充分发挥餐饮店“地”之特色，就能变“不利”为优势，在非常之地，取非常之财。

闹市中的天堂——天台餐厅

在城市迅猛发展的今天，早已习惯钢筋混凝土建筑充斥其间的我们，往往对清幽、宁静的环境有着难以抗拒的热情。粤语中，天台亦被称为“晒棚”，顾名思义就

是晾衫晒被的好地方。此外,它更是人们茶余饭后喝茶聊天的好去处。但当都市的楼房越建越高时,这昔日的西关风情也渐渐消失了。天台餐厅独守着喧嚣城市中的那一份独特与安宁,既提升了魅力,也赚足了人气。

广州为数不多的天台餐厅中,大部分都是以做西餐为主,因为西餐厅优雅的气氛刚好适合情侣拍拖幽会,再加上夜色的衬托,感觉更为浪漫。无怪乎位于滨江中路的一家法国越南餐厅,会那么受情侣欢迎。

这间法国越南餐厅是属于法式餐厅37°2旗下的一间分店。该餐厅共分为三层,与一二层华丽的风格相比,顶楼的半露天餐厅只有简单的挂灯雕饰,餐桌也不过是五六张,装修最为简陋。但每到夜幕降临时,最简陋的天台却最火爆。据餐厅服务员介绍,有时即便露天座位已满座,依然会有顾客要求,在有位置时相告知,大部分顾客都是冲着三楼的露天餐厅而来的。的确,在春末夏初的夜晚,坐在凉风习习的江边,开瓶红酒与恋人边赏珠江夜景,边品美酒与松软芝士蛋糕,是一件非常浪漫的事。

昂贵租金逼出新奇创意——巴士餐厅

非常之地取非常之财,而对于连非常之地都没有的老马来说,经营餐馆简直就是“巧妇难为无米之炊”。餐馆租金太贵,如何是好?老马所选的“非常之地”给了我们满意的答案。

南京江宁区的殷富街上,一到晚上路边就摆满了大排档的摊位,摊主们摆开炉灶,整条街飘香四溢,顾客络绎不绝。可要说这里哪家餐馆的生意最好,还得数这家“巴士餐厅”:店面是一辆大巴车,厨房由一辆混凝土搅拌车的底盘改制而成,这样一个流动餐馆开上街头,真是想不红都难。

2008年夏天开始,老马便着手开始实现这个“巴士餐厅”的想法。他先是从江心洲买来了这辆原来用于单位接送职工的“高龄”大巴,一番改造后,就有了属于自己的门面店。

买来车后,他又花了 1 000 多元把车里车外重新装修一番。大巴车的内部经过改造后,撤去了原来的车座,摆上了 7 张餐桌,每张桌子周围都放着 4 把椅子。车内照明,电扇,空调等设备一应俱全,驾驶座位旁边还放着两箱啤酒和几张菜单,与一般餐厅无异。大巴车的旁边,还有一辆两轮的自制铁皮车,由四个可拆卸的铁架子支撑在地。

“巴士餐厅”每天下午 5 点钟左右就正式营业了,顾客络绎不绝,一直到夜里 12 点钟才打烊,生意相当火爆。新奇的就餐地点,质朴的服务,外加物美价廉的食物,来这儿吃过的顾客都赞不绝口。

巧借“地”之特色,坟场开餐厅

在阴森的坟场做餐馆生意,听来是耸人听闻的奇事。按照常例,一般的人在清明节期间才会去上坟。如果不是,就只有过世的人生辰到了,一家人才来。或者随着社会压力的越来越大,他们来亲友的坟头寻找片刻的清静或是心灵上的寄托。在坟场开餐馆,客流量不大,这不等于自断财路么?然而,没有做不到的,只有想不到的,把坟场这一地理劣势转化为地理优势,我们的主人公杨女士把这奇特的生意经营得红红火火。

杨女士是河南人,1997 年与丈夫结婚后,日子过得倒也其乐融融。但随着第一个孩子的长大、第二个孩子的即将出世,经济上逐渐捉襟见肘,杨女士只得想办法挣更多的钱。

2005 年 5 月的一天,杨女士下早班后经过一大片坟地,忽然听到有人说想在父母坟前陪父母吃顿饭。说者无意,听者有心。听了这话,杨女士不由得心里一动,计上心来:在坟地开个餐馆让上坟祭祖的人都能吃上热菜热饭。这一年年尾,杨女士以一年 150 元的租金租下了一间离坟场 200 米远的荒房。以柴鸡烙馍为主打菜,她的“坟场餐馆”终于开始营业。

为了吸引源源不断的顾客，杨女士走“心灵救赎路线”，请人做了20多个煤油灯，专供顾客晚上在坟头使用。同时，她请教了一些专家，给自己的饭菜取些独具特色的名字，比如：青菜烫豆腐汤改成“心灵煲汤”，意思是如果在坟头上吃了这道汤，心灵会得到安宁；回锅肉改成了“反复回头”，意思是吃了这道菜，能祝愿过世的人早日超脱，自己也会得到心灵的安宁……

杨女士的这一做法取得了立竿见影的效果。很多前来上坟的人听了她的介绍后，都愿意留下来吃这一顿具有特别意义的饭。有一些顾客还专门慕名前来，他们来这里，已不仅仅是吃饭，而是为了享受一种宁静，暂时远离城市的喧闹，怀念过去的时光。

这样一传十，十传百，杨女士的生意越来越红火！2006年12月，杨女士大约计算了一下总账，“坟场餐馆”开张近一年，包括购置的所有东西在内，自己竟然赚了20万！

年净赚20万元，看似不大可能的奇迹就这么发生在一个农家女身上。有很多人认为杨女士的成功纯属幸运，其实不然。当今现代人生存压力越来越大，而祭祖和向先人倾诉，业已成为现代人不可或缺的一道“心灵鸡汤”。顾客的特殊需求加上坟场独到的位置，经杨女士超乎常人的大胆尝试，“坟场餐馆”想不红火都难！

1.3 面向潮人，赚钱源自酷体验

时下，餐饮市场上越来越具影响力的消费主力可能就是20世纪80年代后出生的独生子女了。他们简称“80后”，俗称QQ族或潮人。这批人比起他们的父辈过着相对富足的生活，从小受到呵护，依赖成性，却是具有独立个性、有思想、追求酷、努力彰显个人本色的一个群体。面对这一庞大群体,不少餐饮店利用他们追求“酷”体验的心理,在餐饮店装潢、就餐形式等方面突破传统瓶颈。不仅满足了年轻一代的求新求酷的心理需求,也为餐馆带来新的契机以及丰厚的利润。

E 时代酷餐厅,迎合时代潮流

网络订餐、触摸式点餐机、殷勤备至的短信服务……这一切都表明,即使是餐饮这样的传统行业,也打上了很鲜明的 E 时代特征。不知不觉中,它已经慢慢从新生事物变成了我们日常生活的一部分。

到餐馆吃饭,是广大顾客习以为常的一种餐饮消费方式,但一些餐馆脏污的点餐菜单、缓慢的上菜速度,又往往使顾客兴致大减甚至遭遇健康威胁。面对这些,一些餐馆通过掌上电脑或触摸屏幕实现的“电子点餐”,很大程度上解决了点餐时的卫生和速度等问题,受到诸多顾客的欢迎。

坐落于天津市的一家西餐厅就配备着这么一套完整的“电子点餐”系统。餐厅里,每位负责点餐的服务员手里都拿着一部小巧的掌上电脑,顾客落座后,服务员按照顾客的点餐要求,把所点菜品、口味要求、座位号等信息通过掌上电脑无线传输到厨房,厨师立即就可以根据相关信息进行烹饪。也就是说,点餐与烹饪几乎同时进行,非常迅速。这种方式点餐效率非常高,即使在就餐高峰期也不会由于点菜太多而发生漏菜、错菜等情况。服务员在餐厅动动手指,一切都变得很轻松,而且信息还能准确无误,“电子点餐”确实非常便捷。

餐厅的数字化,好处显而易见,既可以提高效率,便于跟踪管理,对顾客而言,也可以因此享有更多的实惠。E 时代的餐厅,了解顾客的饮食宜忌,记得顾客的生日,明白顾客最爱的招牌菜是哪一个,会通过短信的方式告知顾客餐厅有哪些优惠和活动,这些都有别于传统餐厅的做法。当然最要紧的还是,它对自身的运营状况了如指掌。

鉴于网络的飞速发展,有时不免对未来的餐厅有一番狂想:试想在一家设计得很特别的网络餐厅里,坐在可以上网、表面是可触摸式屏幕的餐桌旁,用着各式新巧的餐具,吃着像《小灵通漫游未来》里类似人工大米、像小西瓜一样的五香酱蛋以及人造肉丸子这样的高科技美食,所有的操作都通过人机对话完成,甚至,说不定连上菜也都由机器人代劳,天哪,那不知是多么酷的事情!餐饮业迎合时代潮流,能够给予顾客酷体验的“电子点餐”方式等将是必然的发展趋势。

当然,除了便捷时尚之外,美味更是要“酷”。

监狱餐厅,体验牢狱式生活

在这个竞争日趋激烈的时代,只要有点另类想法,谁都可以借炒作提升人气,收获银子。企业为了在激烈的市场竞争中多分一杯羹,在经营策划上颇动了番脑筋,利用顾客的赶潮流心理,制造一些吸引顾客眼球的东西。在餐饮业中尤是如此,监狱餐厅就是这么一个鲜活的例子。

意大利的福尔泰扎监狱餐厅以监管严格、独具特色而著称。来此就餐的顾客需接受严格检查,不许携带手机和背包,经检查没有问题后方可入内。

这家餐厅原为一座建于十四五世纪的城堡中的小教堂,后经改建而成。餐厅内设有烛光餐桌,就餐统一使用塑料器具。尽管这是森严的监狱,但仍有白葡萄酒供应。一名来自苏格兰的顾客沙伦·肯尼迪称:“餐厅的氛围、顾客、就餐地点都让人难以置信。”她就是专为体验监狱独特晚餐而来的。餐厅开办于2006年,顾客预定餐位须通过当地旅游代办处交纳35欧元的定金,餐厅也为远途而来的顾客提供住宿。

开办监狱餐厅一方面为慈善事业筹集资金;另一方面也培养犯人烹

饪和招待技能，帮助犯人获释后能够尽快融入社会，可谓是一举两得。

客来客军事主题餐厅，京城最“酷”烧烤营地

体验过E时代餐厅的快捷，监狱餐厅的森严，现在让我们来看看位于北京的客来客烧烤营地，细细品味下军营里的岁月。

从外观看，客来客烧烤营地仿佛是一个由灰色的砖头垒砌而成的岗楼。上方插的五面国旗迎风飘扬，气势十足。餐厅一层为散座区。每排桌子由真的砖头垒成的墙隔开。桌椅由实木精心制作而成，厚重且有质感。颜色则是木头原色，让人感觉自然而舒适。客来客烧烤营地24小时营业，不间断地为顾客送上最精致也最独特的美味。其菜品主要分为黄泥系列、烤串系列、特色滋补鸽宴三个部分。每个部分风格不同却完美的统一成一体，一餐饭下来哪个都不可或缺。外观上的气势恢宏，加上让人回味无穷的美食，也难怪客来客拥有众多的回头客。

当然，除了建筑特色及独到的美食之外，客来客更以其无人能及的军事化“酷”风格见称。客来客烧烤营地的老板是位东北人，爽朗、朴实的他为了纪念曾经的军营生活开了这家军事主题餐厅。而之所以说客来客烧烤营地是京城最“酷”的烧烤餐厅主要原因有三个：

1. 作为京城首家烧烤军事主题餐厅，客来客烧烤营地的装修大到门面小到餐具都全方位的“军事化”，就连服务员、厨师的着装也是一身的迷彩，绝对当得起一个“酷”字；

2. 客来客烧烤营地的菜品，如烧鸽、烤扒皮鱼、焖柴鸡甚至卧鸡蛋，口感都非常的有韧劲儿，肉质完全是无水精瘦极其入味。牙口不好的顾客咬着恐怕会有些费劲，一个个全都是“酷”菜；

3. 正是因为这样的装修这样的菜品，客来客烧烤营地吸引了很多在周边工作或居住的顾客，尤其是军人或退伍军人。这些精神抖擞、精气十

足的顾客来这里更多的是体验、缅怀在军营中难以忘怀的时光。

1.4 减肥餐厅,瘦了别人“肥”了自己

不知道什么时候开始,“瘦”已成为众多爱美人士的首要追求。减肥成为热点,众多商家绞尽脑汁,各种减肥器材、药品、饮料,甚至于饼干、肥皂、腹带、枕头,凡是能想得到的都会应运而生出一批减肥的特效产品来。顺应这种需求,开一家提供减肥食品的餐馆,这类餐馆既能满足那些肥胖顾客的胃口,又能达到减肥或控制体重的目的,一举两得。都市中减肥物品铺天盖地,减肥餐馆却很少见,谁能独具慧眼,捷足先登,定会生意兴隆,财源茂盛。

轻松控制食欲受追捧:颜色减肥

各种颜色以迥异的方式影响着人们的心情。不同的颜色会对顾客的食欲产生不同的影响,利用颜色来控制顾客的食欲,帮助顾客成功减肥,成了许多减肥餐厅的首选方式。轻松减肥,想必没有顾客会不喜欢这样的餐厅吧!

位于胡同里的“减肥餐厅”就是这样一家通过利用颜色帮助广大顾客减肥成功而广受赞誉的时尚餐馆。以蓝色为主打色调,空间布局简单却不显得单调。蓝色是一种能够令人产生遐想的色彩,还具有调节神经、镇静安神的作用。在餐厅内装蓝色的情调灯,蓝色灯光会让菜品看起来不诱人。蓝色清新淡雅,与各种菜品相配虽然很养眼,但却不如暖色环境中的菜品看着让人有食欲。

赢利心经

除了餐厅的整体色调之外,爱美的顾客对“减肥餐厅”为他们量身定做的菜品更是赞不绝口。红色、黄色,让人产生饥饿感,容易勾起人的食欲,所以在这个餐厅里,几乎见不到这三种颜色的菜品。绿色、白色较容易为顾客所接受,而且绿色食品主要是各种蔬菜,这些食物色彩中性,本身都不含高脂肪,又有丰富的营养元素。而很多顾客在减肥期间容易心情受到影响,吃点绿色食品有利于稳定心情和减轻紧张情绪。而且绿色食物的各种营养物质丰富而均衡,特别是维生素的含量丰富。蓝色、紫黑色、黑色能够抑制人的食欲,黑芝麻、黑木耳、海带等所含有害成分极少且营养成分齐全,可以给减肥顾客带来充分的营养,又不会给虚弱的身体带来负担。这些为减肥顾客精心准备的菜品,不仅帮助顾客控制食欲,还能达到减肥期间营养均衡的目的。

秉着“让到这儿试试看的顾客真正感觉掉几斤肉的滋味”这一宗旨,“减肥餐厅”办得是越来越红火了。

特色食材巧搭配:科学减肥

说起减肥,大多想瘦身的人真是一把辛酸一把泪。有句话叫“胖从口中来”,美食诱人,谁能抵挡?“饿”了两天,再来一顿暴搓,减肥的效果可想而知。时下,最流行、最健康的减肥方式就是调整饮食结构,既可控制体重,又可提供人体所必需的营养,且不会因节食而引起痛苦。

创意“减肥餐馆”在市区一条繁华路段开张了。相对于其他餐饮店名目繁多的特色酒肉海鲜招牌菜的张扬,这里的餐饮内容清秀而恬静,润物细无声——以时蔬瓜果、豆制品、魔芋、笋菌类和面筋为主原料,当然也有鸡、鸭、鱼等活物,就看营养师怎样合理调配了。以植物油精工烹制的减肥佳肴,风味别致,天然姿色鲜艳欲滴,餐馆还层出不穷地推出一系列零胆固醇、高纤维质、低卡路里、高蛋白质,含丰富葡萄甘露聚糖的天然美味食品。

进门先上一道瘦身减肥茶,选择“薏仁茶”还是“大麦芽茶”?这全看顾客的口味和喜好了。当然对坐办公室的美眉还备有特别奉献——配制一些独特的美肤减肥饮料,在补水的同时调理气色、护理肌肤,还能减肥,方便又有效。美肤绿茶、消脂姜茶、护眉蜜茶、灵芝补茶、何首乌茶、葡萄绿茶、珍珠美颜茶等,都是经过专门培训的厨师调制出来的,都是减肥顾客的首选。

根据科学减肥原理,“减肥餐馆”为顾客选取一些含极低碳水化合物减肥菜品,在低热量、低脂肪的同时,又考虑营养的要求和味道口感,可令顾客在减肥时更有弹性地去选择喜欢的食物。仅豆腐减肥菜谱一项就有金银豆腐、核桃豆腐丸、琵琶豆腐、雪菜豆腐汤等近10种不同口味和风格的套餐。

“荷塘月色”般清新的口感,如沐荷风习习的沉醉。来“减肥餐馆”坐一坐,是珍视生命的全新选择。

一目了然的卡路里:心理减肥

生活压力大的时候,我们常常倾向于利用美食来缓解。追求苗条的人们都清楚,不能摄取过多的热量。人们在用餐时往往对食物的热量信息一无所知,所以他们只注重选择可口和价格适宜的食物。如果餐饮店在菜单上公布食物热量信息,顾客在选择食物时往往会把热量的多少作为最重要的考虑因素之一。在菜单上标明食物热量的做法正逐渐被“减肥餐厅”所采纳。

新西兰一家减肥餐厅推出“优选健康食谱”计划。这些健康食谱是由当地心脏基金会和糖尿病协会批准的,并得到体重监控计划(体重监控员)的大力支持。该餐厅所选用的健康食品在餐厅菜谱中用特殊的标志列出来,可以使顾客对各种菜肴食品的主要成分一目了然。例如标明某种食品是低脂、低钠和营养成分平衡的，对防止心脏病有益，这类健康食品已占菜单的20%，而且经常更换。

越来越多的人吃饭讲究的是吃个健康。但是，又有多少人知道，怎样吃才是健康的吃法呢？台湾就有这样一家减肥餐厅，其最大的特色就是让顾客知道怎么吃，而且健康地吃。为了达到这个目的，餐厅的每一份菜都由专业营养师配置，每一份菜都标明主要的营养成分以及含量。蛋白质多少、脂肪多少、维生素多少、卡路里多少，让顾客一目了然。如果顾客不知道自己该用哪些食品才有助于自己的健康，也不用担心。健康餐馆的专业营养师可以随时提供咨询，替顾客搭配菜谱，提供饮食建议。

减肥餐馆开张以来，大受欢迎。无论是大腹便便、饱受脂肪过多之累的先生们，还是腰粗如桶、深受肥胖之苦的太太们，或是希望永葆苗条身材、姣好容貌的女士、小姐们，纷纷而至。

1.5 小本餐饮，赚足千万

不甘心一辈子给别人打工，又没有雄厚的资金，想自己创业，我们的出路在哪儿呢？小本餐厅让我们眼前一亮。“土家烧饼”、“巴比馒头”等品牌的成功，更使人们相信在餐饮业，大饭店能赚钱，烧饼店、奶茶铺之类的“小餐饮”同样商机无限。一些小型的餐饮店只要走对路子，照样生意兴隆。几元钱一碗的面条与百元大餐相比利润空间较小，但因走平民路线，更能赢利。

彰显特色，小本餐厅的制胜诀窍

都市街头的奶茶店开了一家又一家，门庭若市不禁让人艳羡。夏季来一杯透心凉的冰奶茶，冬天手捧暖暖的热饮，怎能不受顾客青睐。开一家独具特色的奶茶店，是小本投资的绝佳选择。

在第8届中国特许展上，主打“鲜茶文化”的happylemon展台分外抢眼。液晶显示屏上，造型充满童趣的明黄色卡通娃娃边唱边跳，现场观看和品尝鲜茶机制作的奶茶、泡沫红茶的人络绎不绝，很多人在现场签下了加盟意向单。“鲜茶”负责人吴先生表示：“鲜茶饮料这种新产品和以往茶饮料不一样，它利用高压快速萃取原理和独特的预浸程序，可以在短时间内泡好，又能保证营养不流失。这个产品迎合年轻人的口味，带给他们不一样的喝茶感觉。”

夏季气温越来越高，冷饮店的生意也越来越火。三元梅园抓住顾客胃口的关键一招就是独特的奶酪。曾消失多年的老北京风味奶酪被重新挖掘出来，酸甜冰凉、滑腻如脂，5元一杯的大众化价位，再加上多种多样的奶卷、奶饼等点心，虽然店面不大却也是人气很旺。

饮品、快餐的经营具有投资规模小、资金回收快、运作相对简单等特点。虽然产品的价格不高，但是因为更贴近顾客的日常生活和消费水平，群众基础比较广泛，具有较大的市场空间。如何抓住这一领域的商机，重要的是实行错位竞争，做足特色。首先要找准服务对象，并根据顾客的消费习惯、口味、喜好等特点，有针对性地设计饮食品种、布置就餐环境，树立经营特色。此外，市场定位应该是动态的，要根据市场变化及时调整，不断推陈出新，推出新款式、新品种、新服务、新特色。

串串王，以口味赢得市场

饮食历来是人们消费的重头，“吃”始终是个说不完的话题。现代社会越发展，人们的生活质量越提高。每天在这个钢筋水泥的城市里赶来赶去，上班下班，中午将就着盒饭，或者是“商务餐”，晚上胡乱果腹，这样的生活过久了，难免感觉机械疲惫。这个时候不妨到“串串王”坐坐，它肯定能给你带来实实在在的舒解和享受。

有着超级诱人口感和健康营养的“串串王”就是这么一个能够满足你口腹之欲的地方。“串串王”巧妙并完美地结合了风行日本、韩国及我国台湾地区的“日本豪大丸子串”“韩国蜜乳水果串”“台湾黄金鸡酥串”“正宗自制秘方老汤麻辣烫”“疯狂烤鸡翅串”“疯狂烤肉串”等亚洲人们最喜爱的串食优点为一体。能吃就能串，能串就能烫。素串为主，荤串为辅。菜种繁多，营养丰富。

“串串王”根据我国南北饮食文化及口味的差异，特别合成了十几种不同口味的底料，广泛适用于全国各地不同顾客的口味，克服了传统麻辣烫的口味单一、油腻、上火等缺点。“串串王”自制秘方地道，老汤+骨汤+中药材麻辣烫：麻个舒心，辣个痛快，想辣则辣，想麻则麻！若想清淡那就来一个原味骨汤烫，不但能吃，而且还能喝到既营养又新鲜爽口的原味骨头汤。其独特的香味，让路人无不纷纷回首翘望，垂涎三尺，寻香而入！

面食新秀“渝和记”，小餐饮大连锁

随着生活节奏的加快和经济条件的改善，在外就餐的人越来越多，瞅准了这一巨大的市场潜力，投身于餐饮业的人也越来越多。加盟一个好的餐饮品牌，不仅投资周期短、见效快，而且短短几年时间，就能完成从单店到连锁的再续发展，做到资金的快速增值。

张先生在武汉经营着两家酒店用品设计公司，和形形色色的饭店、酒店打了五年的交道，一直想介入餐饮业的他苦于没有经验，迟迟不敢轻举妄动。一个偶然的机会，张先生在位于汉阳的渝和记面庄汉阳加盟店吃了一碗红烧牛肉面便久久难忘。等待了那么多年，张先生再也坐不住了。

总部位于重庆的渝和记面庄连锁项目，不仅品牌效应好，而且是重庆地区唯一一家获得国家商务部备案许可的面食连锁企业。更重要的是，渝和记面庄的每一款面均采用由总部统一配送的专用酱料包，特制的小面酱料包采用20多种香料、另加近30种原材料精心制作而成。将面煮熟，只需添加一勺酱料，少许葱花，一碗麻、辣、鲜、香的正宗重庆小面就做出来了。此酱料包有10多种口味，完全能满足全国上下大江南北顾客的口味需求。

在张先生看来，这种统一采用酱料包的形式非常适合于开连锁分店，因为一是味道稳定；二是加盟店技术人员培训容易。加盟渝和记面庄，先以一个小店切入市场，这正适合张先生毫无餐饮业经验的自身特点。

独特的口味征服了顾客，良好的口碑引来了更多的加盟者，直营店也连开了几家。看到良好的市场反应，张先生更加有信心，于是他组建了调料生产厂，专注于加盟事业。加盟店如雨后春笋，飞速发展起来。

1.6 利用品牌，成就中国时尚快餐

从最早的特香鸡、奇肯帝，到后来的德克士、华莱士，一直到现在满大街的“肯德香”、“麦特基”、“可乐基”等，推陈出新的“山寨版”，让人们感受到中国人无穷的“智慧”。目前，大多数城市都已出现了一批颇成气候的“山寨”洋快餐。它们经营的产品与洋快餐大同小异，不过，巧借肯德基、麦当劳等老品牌，走“平民路线”，价格又比它们低出一大截，还真吸引了不少顾客。

华莱士——山寨中的战斗机

中国人有着超强的模仿能力，在西式快餐市场上更是如此。街头常见一些譬

如“肯德鸡”、“麦肯基”之类的从产品到名字全方位模仿的快餐店，华莱士也曾经是众多的山寨之一，只不过经过了一番蜕变，成为了山寨中的战斗机。

华莱士从出生伊始就很明确自己的特色——价位。几乎所有肯德基的产品都能在华莱士找到，而在这里顾客只需要花费一半的价钱，虽然可能口味上还是会有些欠缺，但对于西式快餐业来说，价格和品种就是道理。

华莱士的新品“开发”速度非常之快，肯德基的“嫩牛五方”刚推出几个月，在全国的华莱士也都能购买到“嫩牛五方”了。可贵的是华莱士不仅是模仿，还有一些自主产品的推出，比如“泰式鸡肉卷”，这个有些类似于肯德基“老北京鸡肉卷”的产品，口味上是不逊色于国际快餐巨头的。再就是脆皮鸡，非常适合人多的时候一起分享，当然这个产品与华莱士的店铺选址有些关系。

华莱士目前的绝大部分店面都远离商业中心区，而选择在居民区和大中院校周边，一方面，降低了店铺成本；另一方面也贴合华莱士“低价”的定位。目前，华莱士已经开始向人口密集区域扩张，首选地区就是火车站，在不同地区的火车站周边几乎都能看到华莱士的踪影，而这也是国际快餐巨头关注的地区，这让我们有充分的理由相信这个山寨中的战斗机会飞得更高。

华莱士利用洋快餐品牌，将西式快餐模仿得淋漓尽致，同时又融入了浓郁的中式山寨风格，以实惠的价格赢得广大市场。

肯福得——中国的肯德基

看到“肯福得”这个名字，起初以为是一个西餐品牌，细看才知道是“中式快餐连锁”，大红色的底色上浮出一个巨大的“肯福得”的招牌，一下又让人联想起肯德基。

肯福得店内装修并不很高档，但环境、色调和感觉在这个商圈还算适合，应该也是最好的了，不低俗，整体比较舒服，门口处有各种蒸包、馅饼等面食，餐车里摆着一系列的菜品，里面还有麻辣烫、米线、弹面等供选择，品种都是大众化的，贴近顾客生活，用餐方式自选，最后在收银台结账，有点类似超市内自选商品的感觉，这样既提高了顾客参与度，也更容易为顾客所接受。

一块把子肉、一份腐竹、一碗紫菜汤、两个得福酥饼才10元，价格可谓相当的便宜。饭菜质量也不错，比较可口。老板说，肯福得的商标是注册了的，注册时没想到跟肯德基那么近似。但现在公司确实是瞄准了肯德基，要将肯福得打造成中国的肯德基！

“打造中国的肯德基”！多么响亮的口号！肯德基在中国的快餐市场攻城掠地，无一国产品牌可与之抗衡，尽管顾客都知道肯德基是垃圾食品，尽管肯德基出了很多如激素、苏丹红、滤油粉事件，但顾客还是对其钟爱有加。其实大多数顾客吃得更多的还是米饭、馒头、肉夹馍，即便现在的年轻一族“80、90后”们也是如此。他们虽然是肯德基的主打消费群，但他们吃汉堡的次数也远不如肉夹馍多，他们认可的口味还是中式饮食，如果中式快餐的经营者都有“打造中国的肯德基”这样的理想，提供像肯德基一样的环境、服务、文化、氛围，必能将中式快餐发扬光大。

乡村基——山寨的胜利

在重庆，乡村基也以不可低估的影响力取代着洋快餐，而且不仅仅只有小孩才闹着“我要去乡村基”，青少年学生、工薪族、白领、金领、流动人口、中老年人……几乎各个层面、几个年龄段的人均成了乡村基的顾客。到2009年止，乡村基已成功开店40多家500平方以上的中式快餐店面，而且每家店面从早到晚人潮涌动。2010年，乡村基还将市场延伸到了成都、西安、上海、长沙等城市，同样火爆的经营场面令不少同行咋舌。

快餐消费，讲的是物美价廉、快捷便利、卫生整洁，当然，核心是口味。做餐饮，味道好，才是真正的好。在这方面，乡村基算是把准了脉。乡村基除了具备上述这些基本要素外，其产品精选了中外各地符合大众消费的美味食品，具有广适性和兼容性，不仅适合各个年龄、各个层面的当地人群消费，也适合南来北往的中外人群消费。具体而言，产品中西合璧，既有西式炸排、炸鸡，又有中式餐饮的米饭和时令蔬菜，更加符合中外人群消费，直接将洋快餐的潜在顾客抢了过来。

相比肯德基、麦当劳等洋快餐，乡村基店面环境并不逊色。整洁优雅的店堂，高效便捷、井然有序的购物秩序，清爽醒目、易于记忆的VI识别系统……甚至连洗手间也同洋快餐一样清洁、亮丽，给人以舒心、愉悦的感受。

不仅就餐环境，乡村基的价格同样具有杀伤力。一般的青少年儿童在洋快餐消费香辣炸鸡翅、辣鸡腿堡之类的，每次消费金额在20元左右，高的可能达六七十元，在乡村基，吃同样的产品，消费金额可能少一半。一般的顾客10元左右就可以在乡村基吃得很饱，感到很满意了。

鉴于上述三大优势，乡村基已经把重庆市场搞得风生水起，以此为据点，抢占西南大市场，乃至全国大市场，已经为时不远。

1.7 另类餐馆，大赚好奇心钱

到餐厅就餐，顾客考虑越来越多的，往往不再是美食。新奇、另类更多的吸引着他们的眼球。光顾所谓“另类餐厅”的顾客多半也并不十分在乎吃了些什么，对于食物的品质也没有什么特殊要求,重要的是:必须来点儿新鲜刺激的!许多主题"另类"的餐厅出现在全国各地,其中一些餐厅几乎每日都顾客满座。当代人走入这些餐厅,体验的是另一种风情,追求的是吃的新花样。

"想好再分手",再次牵起你的手

在长春市一条并不起眼的深巷里,有家名叫"想好再分手"的餐厅生意格外红火。每天总是顾客爆满,这里边经营的秘密何在?

餐厅老板程女士是一位经过离异创伤的下岗女工。27 岁时,孤身一人的她拿着小额的失业补偿金和四处借来的 5 万元,盘下了一间小吃店,取名为"分手餐吧"。

当人们满怀好奇想进去时,又被一则广告毫不客气地拒之门外:"情感发生障碍与即将分手的夫妻准入,其他顾客免进。"这种欲擒故纵的营销把戏,很快引起了顾客与生俱来的猎奇心理,餐吧的生意快速窜红。一年后,程女士又盘下一个 125 平方的餐饮铺面,取了一个意味深长的店名"想好再分手"。顾客群锁定在那些情感产生裂痕,或即将分手的情侣或夫妻身上。

餐厅为情感发生暂时裂变的情侣,开设了"老地方"、"勿忘我"、"情未了"等包间;为即将分道扬镳的夫妻,开设了"今生缘"、"手牵手"、"连理枝"等包间。夫妻包间的设计很朴素、温馨,墙上的镜框镶嵌着三口之家的全家福照片。包房的四周还陈列着婴儿的摇篮和模拟的老情书。程女士还聘请了一位心理咨询师,专门给进餐的那些情感产生裂痕,或即将分手的情侣、夫妻解开心结,餐厅也因此赢得不少回头客。3 年来,这家创意独特的餐厅,给程女士带来了近 150 万元的收益。

时下餐饮企业虽多,但多数缺乏特色,没有差异化竞争。程女士以"分手"为主题开的“想好再分手”，既能让情侣们找一个气氛合适的地方好聚好散，又有可能通过特定的环境和心理咨询师的劝导，重归于好。其另类的经营方式，更是吸引了众多满怀好奇的顾客。

“巨鲸肚黑暗餐厅”，没有距离的世界

当代人的生活节奏快、压力大，人们急须通过各种方式的宣泄来缓解压力，“黑暗餐厅”正是利用了其自身与众不同的消费形式，逐渐成为了许多年轻人的“心灵驿站”。

全球第一家黑暗餐厅于1999年在瑞士苏黎世开业。此后的几年时间内，欧洲开设了10多家黑暗餐厅，几乎遍布欧洲的每一个时尚之都。巨鲸肚黑暗餐厅号称亚洲第一家黑暗餐厅。黑暗餐厅屏蔽了顾客的视觉，在伸手不见五指的黑暗中，鼓励顾客尝试仅仅依靠触觉、嗅觉、味觉和听觉来体验独特的进食过程。这对绝大多数顾客而言，都是从未有过的体验。除了体验摸黑吃饭的乐趣、享受黑暗餐厅特制的美食之外，巨鲸肚黑暗餐厅还为顾客准备了创意十足的黑暗剧。或是在黑暗中听一个令人毛骨悚然的恐怖故事，或是闭着眼睛任凭思绪飘荡在一场生死绝恋的爱情悲剧中。

巨鲸肚黑暗餐厅的外观设计非常独特，体现了“反设计”的设计思路。从外面SOHO西区中心广场看过去，整个餐厅的外观只有一种颜色——黑色，使其明显区别于周边令人眼花缭乱的其他店铺。此外，黑暗餐厅的门面及橱窗也都是黑色的。在餐厅内部，除了厨房和吧区是明亮的以外，整个餐厅都是黑色的。

黑色似乎成了黑暗餐厅设计的主题。但事实上，对黑暗餐厅而言，黑色的含义还不仅于此。在黑暗餐厅的创始人及设计师看来，黑暗是拉近人们之间距离的最佳媒介。就像巨鲸肚黑暗餐厅的广告语——“没有距

离的世界"所揭示的那样,当顾客在一个黑暗的环境中共处时,沟通会变得更加自然和容易,人与人之间的距离会更加缩短。顾客进入黑暗餐区必须要由佩戴夜视镜、经过特殊培训的侍应生引导,经由特殊设计的单行线盲道进入黑暗餐区。顾客的手机、打火机、夜光表等能发光的物品要存放在储物柜中。

在食物方面,巨鲸肚黑暗餐厅为顾客准备了创意十足的八大套餐及餐厅特调的美酒和甜品。顾客可以选择充满悬念的"黑暗套餐",体验边吃边猜的乐趣,也可以选择特殊配料的"情侣套餐",为美妙的爱情添油加醋。

"发泄餐厅",舒缓压力释放心情

在这个快节奏高压力的社会中,"发泄餐厅"受到了人们出乎意料的青睐,以至于它已经成为一种崭新的商机,甚至形成了"发泄经济"。在餐厅用餐,顾客不用担心盘子会被不小心砸坏,这家餐厅里的任何餐具甚至瓷器、音箱等所有东西都可以尽情砸碎。在发泄经济流行的今天,号称国内第一家的"发泄餐厅"正式亮相。这也是乐港集团继黑暗餐厅之后想出的又一个新招。

在"发泄餐厅"里,顾客可以摔盘子、打沙袋、把钉子楔入木头,甚至是砸烂一套价值1 000元的音响,直到把心中的怒气、郁闷、压力全部发泄出来为止。当然,这一切都是需要付费的。该餐厅共设有三间"发泄房",其中最大的一间在墙壁上画着一男一女两幅背影图。顾客可以把它们设想成自己憎恶的人,拿盘子、碗或者其他瓷器去砸它们。每个盘子标价10元,其他瓷器价格不等,100元左右的居多。

发泄餐厅内备有"发泄果",与真实水果十分相似,有番茄、橘子、水蜜桃、菠萝、草莓等,一应俱全,色彩鲜艳,手感又软又黏。它的特异之处在于拿起这些水果狠狠地往地上一摔,"水果"随即变成一摊"果汁"。几秒钟后，“果汁”又会慢慢收缩恢复原状。

“由于现代社会的快节奏，造成都市人群生理及心理上的过度疲劳，很多人都找不到及时妥当的处理方式，以致心情烦躁。此外，“80后”和“90后”的年轻人无论在思想上还是行为上都更追求时尚，希望能与国际接轨。正是为了顺应市场需求，让人们能够舒缓压力、释放心情，才推出了这套“发泄”服务。”

享受惯了美食的顾客对“吃”的要求，已经不仅仅停留在食物本身。用餐，已经从一种物质享受提升到精神享受。一些餐饮店开始从“吃环境”、“吃个性”、“吃特色”中寻觅商机。“发泄餐厅”的生意兴隆以及规模的不断扩大，正说明了越来越多的顾客对这种另类餐饮文化的认可。”

第二章

进货渠道，门店赚钱的灵魂

►2.1　正宗上等食材,原味呈现
►2.2　绿园生态,地道农家风味
►2.3　小小餐馆渠道多,精挑细选利为先
►2.4　另样餐厅,特殊食材的进货
►2.5　自产自销,“全自助”餐厅利润更可观
►2.6　调料选择分档次,适合的才是最好的
►2.7　非法渠道需警惕,餐厅进货慎思量

2.1 正宗上等食材，原味呈现

食材的选择关系到一家餐饮店的成败，原料用的好，才能留住顾客。引进品质更好的食材，坚持不过度烹调以突显食材原味，让顾客可以吃得更精致、更健康已成为越来越多餐饮店的追求。

正宗食材，给你一个全面的意大利

在繁华的天河北路上，由专营进口食材的“每一角落”老板开的一家意大利餐厅，香港名厨 AlanTse 所呈现的不仅是几款经典的意国食品，也不仅是某一地区的菜系，而是一个比较全面的“意大利”。

广州有一个外国食品连锁超市，名叫“每一角落”。这个超市面积不算很大，却聚集许多外籍顾客以及爱做西餐的本地顾客。渐渐地，顾客们并不满足于买到正宗的西菜，还希望有一个能够吃到正宗西餐的地方，轻轻松松地能让新老朋友们聚首一堂，就着各自的美酒美食或分享或切磋。应大家所求，杨小姐筹办了这家意大利餐厅。

餐厅内一派地中海的气息，洁白的墙壁上，一幅幅色彩绚丽的威尼斯风景油画，以恰到好处的密度排列着，空气中悬浮着似有若无的青草香薰……这些跟美艳、雍容、高贵等浮华辞藻都搭不上边，却有一种亲切自然的感染力，让人仿佛回到一个熟络的地方，一切都来得刚刚好。这就是老板杨小姐所追求的“家的感觉”，为了把自己喜欢的东西都呈现出来与顾客分享，餐厅内大至酒窖小至刀叉，她都亲身参与设计与采购，光是选购餐具一项就已经花了不少时间。

担任罗仑丝尼行政总厨的 Alan,拥有多年主理意大利菜的经验。有了庞大的食品超市作后盾,食材的来源和价格都具有不少优势。出自名厨之手的味道果然非常正宗,只是为了照顾本地市场的需要,在某些细节上做了改良与平衡。例如,传统的意大利烩饭,外国人习惯吃夹生的,但做给黑眼睛、黄皮肤的中国顾客吃的就要在保持弹性的前提下煮得更熟一点,控制火候是关键。

意大利餐厅的藏酒,当然由意大利葡萄酒领衔,除此之外,还有少量意大利蒸馏酒 Grappa。柠檬、咖啡味的 Grappa,瓶子又大又扁,让人想起了经典卡通人物聪明笨伯,喝起来跟看上去一样可爱;原味的 Grappa 口感浓烈,是男士的酒,但其精致的手工玻璃瓶却漂亮得连女士也爱不释手,甚至包装成一瓶"香水",一不留神便喷得顾客酒气醺醺。

原装进口的经典食材,名厨 Alan 丰富的料理经验,二者完美结合将食物的原味发挥得淋漓尽致。外加一杯意大利葡萄酒,异国风情就如此真实地展现在顾客眼前。

假日船会所,真正的西洋品味

一个 13 亿人天天都要消费的巨大市场,一个真正一日三餐都离不开的巨大需求——老百姓每天都消费的,饮食才是稳妥又赚钱的。饮食文化是广州文化的重要一环,而 Franco 的假日船会所餐厅,在异彩纷呈的广州饮食中书写着独特的一笔。

会所餐厅,也许很多人都不陌生,身在喧闹繁华的广州市内,让你数出几家会所餐厅相信不是什么难事,但是以船为概念的会所餐厅,你又听过没有呢?在珠江新城的花城大道就有这么一家以船为概念,让你仿佛置身于海洋当中的假日船会所餐厅。

因“爱吃”而投身餐饮的Franco1997年来到广州，每次请朋友去吃饭，都觉得很多市内的西式餐厅做得并不地道，而自己对吃这么有研究，干脆开一家地道的西餐厅，既可以招呼自己的朋友，又可以宣传饮食文化。有理想就得付诸实践。他把船餐厅分成几个不同的饮食区，以西餐为主，还有自助餐、粤菜、日本菜，甚至还有私房菜。

做饮食，在提高一般的服务质素之外，最重要的还是品质，菜品味道是否符合顾客口味，这是饮食的灵魂。Franco说，出品要正宗，选料就必须严格。以做牛扒为例子，不外乎就是圈定美国、加拿大、日本、澳大利亚、新西兰几个高品质牛肉产区。其实判断一块牛扒到底来自哪个产区倒也不怎么困难：如果口感柔腻肥嫩，多汁带甜，那一定是从小吃天然谷物长大的美国牛；如果感觉肉质特别细致，油脂特别丰腴，那一定是喝啤酒、听音乐、享受按摩待遇的日本牛。而Franco是从加拿大来广州的，加拿大牛肉一直深得“牛迷”的欢心，肉味接近美国安格斯牛，肉汁多，口感适中，所以船餐厅的牛扒更多的选自进口的加拿大牛。

不同的顾客对食物有着不同的需求，会所船餐厅秉承“顾客至上”的宗旨，不惜花重金从各国购进新鲜食材，确保做出的菜肴地道无瑕疵。在一家餐厅就能够享受到多国的美食，何乐而不为呢？

CaféGrayDeluxe 餐厅，名厨的环保意念

奕居酒店位于金太古钟广场，其整体设计风格统一，简约的线条，天然素材的运用，打造出优雅而时尚的空间，让顾客感觉轻松自在。而其中最能证明酒店实力和诚意的，是一直以环保自居的餐厅CaféGrayDeluxe。

乘坐电梯直上49楼，门打开即可见一道长长的走廊，仿佛告诉顾客穿过去就可以到达一个梦寐以求的空间。这家餐厅的主厨GrayKunz是

在香港发迹的名厨,早在 1986 年他已担任丽晶酒店(现名洲际酒店)著名法国餐厅 Plume 的行政总厨,其后在纽约开设自己的餐厅 CaféGray,开业第一年即获米其林一星级荣誉。

一位厨师得以冠上名厨头衔,背后必定有自己的一套烹饪哲学,对于食材的选取,Gray 认为不必盲目崇洋,既然本地能供应大量的新鲜货,为何还要选用千里迢迢由欧美空运抵港的货色?这背后其实是一个宏观的环保意念,食物动辄通过十数小时飞机的运输,运输过程所排放的二氧化碳,为生态带来莫大的负面影响。因此在可持续发展的大前提下,Gray 坚持尽量选购本地食材,尤其是海鲜及蔬菜,他希望这样可以帮助推动新时代环保饮食潮流。他更身体力行,不厌其烦到湾仔、中环甚至深水等地逛街市,希望顾客吃到的每一口美食都新鲜健康。

对于出生于新加坡、在瑞士成长,再于香港及纽约发展事业的 Gray,要将中西食材糅合得当,绝非难事。他为新店设计的菜式之中,不少均用上本地食材,然而摆盘依然保持西方的精细。喜欢较丰腴口感的顾客,可选焖煮牛肋骨,这是 Gray 的拿手名菜,用自家制的香料腌制两天,再以 180 度慢火慢炖,牛肉细腻嫩滑。最后以西施柚甜汤作结,大厨亲身拣选时令甜美的西施柚,将之拆肉后加入 Campari 酒伴匀雪冻,上桌前即制焦糖薄脆,盛着黑朱古力雪糕,整道甜汤集清新及香甜于一身,味道亦富有层次。

2.2 绿园生态,地道农家风味

山珍海味再好吃也会有吃腻吃厌的时候,人的口味就是怪,总想换换花样。常言道:"美味在民间,好菜在农家。"时下都市人又惦记起那种原始、朴素的农家风味了。

就让我们从钢筋、水泥、混凝土中跳出，远离污染，去体验一下农家菜的味道吧。

兆丰新农家，领略现代农家风情

到杭州的大街小巷到处看看，哪一条街没有农家菜馆！农家菜之所以流行，是因为它具有地方特色，而且健康。面对着顾客越来越挑剔的口味，面对着千篇一律的饮食风，兆丰的“农家菜”金字招牌显得独具魅力。

杭州的农家菜馆形形色色，不拘一格，但几乎所有的农家菜馆都有一个特点——擅长某一个地方菜肴的制作，难得有酒店能做到博采众家之长，因而，农家菜馆也暴露出了它的弱点：因为农家菜大多以乡村特色为主，如果分门分派，那么每一派的势力都会相对较弱，所以，杭州的农家菜馆家家都有自己的拿手菜肴，但却很少有一家能像大型餐馆一样拿出厚厚一本菜单的。2009 年，兆丰新农家改革打破了这一局面。

兆丰新农家尝试了全新的农家菜经营理念和经营模式，在菜式、原料、配料、价格、环境等因素上进行了全新的改革和调配，使得农家菜又一次在杭州显现出了不凡的表现和强烈的吸引力。门前车水马龙，室内灯火通明，堂上欢声笑语，兆丰新农家再次证明了农家菜惯有的亲和力与凝聚力。

新农家菜，源于传统的农家菜，取材于传统地道的山野原料这点依然不曾改变，改变的只是原料的进货渠道。兆丰新农家将浙江任何一个地区的农家菜网罗，其菜式的丰富程度就足以让人目不暇接；其次是菜肴主材料的配制与进货渠道的统一性。举其中一个例子，如花雕煨鸡，这道菜是典型的绍兴农家菜，鸡来自嵊州的山区，是在兆丰指定地点放养的。据说每年要养一万多只，每只放养八个月，兆丰对鸡的重量、体形、灵活性都有严格标准，制作这道菜的厨师也是来自绍兴本地，在当地厨艺界颇有名气，上好的花雕酒和上乘的放养土鸡经过他的手艺烹调，夸张一点说，在整条申花路都能闻到香味。然而如此美味的土鸡价价格却相当大众化，仅售52元一只，比一般的鸡煲还便宜。虽说这样的营销方式对餐饮店来说无疑是增加了菜肴的成本，但为了保证菜式的纯正地道，保证顾客能品尝到最可口香甜的农家土菜，兆丰对此从未有过半点含糊。虽是这样的精挑细选，但兆丰的菜肴价格依然平易近人，甚至是低廉得让人心跳。

当然，除了新意的别致到位，菜式的精美可口，这新农家的环境也给顾客以全新的视觉体味。玲珑剔透的农家外环境，在暖黄色的灯光映衬下给夜的都市以温暖的质感。暂别那乡野桂树下的粗放简单，将农家的豪放释然融合在某些精致典雅中，兆丰新农家让顾客领略不一样的现代农家风情。

风味餐厅——乡土食材，清新自然

兆丰浓郁的农家特色让我们身心舒畅，位于广州白水寨的一家餐厅给我们带来的又是另一番风味。同样的农家餐厅，却有着不一样的农家风情。

这家餐厅绿色的庭园种满小红花、海棠、翠竹、棕榈，这是一家带有自然风景的餐厅。内堂布置得典雅而舒适，相当安静，窗外是瀑布飞溅、鸟声缭绕、鱼儿戏水，悦耳宜人。这里的一大特色就是同时享受美景与美味。在游人如鲫的白水寨，游客除了可以登高观瀑，凭栏赏花外，还可以品尝由当地厨师精心为游客烹调的多款农家菜。在这个清静幽雅的地方，呼吸中都感觉有一种别样的清香。这里不仅可以体验到原汁原味的农家菜，而且还可以享受"采鱼池塘边"的悠然。

餐厅菜色的出品都是经由餐厅无数次的悉心尝试、秘制调配而成，风味独特。无论是一道小菜，还是主食，都以精美"面孔"呈现在顾客面前。朴实的风味，典雅的装修，秀美的风光，在这些元素的搭配下，悠闲自在地品尝醇香的农家菜，就是个再好不过的主意了。增城是有名的鱼米之乡，物产丰饶，像“菜心之王”迟菜心、色香味甜的正宗腊味等土特产都远近驰名。因此，位于白水寨景区内的这家餐厅也一直坚持选用最新鲜、最健康的本地特色、优质农产品为原料，而烹饪工艺则源于当地乡村的传统农家制作方法，即在制作过程中尽量使用不影响食材原味的味料，以保持食材本身的“清香”与“原味”，因此出品的菜肴不仅香鲜味美，而且营养丰富。

农家菜馆，吃的就是“土”味道

农家菜馆因其独有的乡土气息受到都市人的青睐。在某小区附近，接连新开几家餐馆，其中两家都打出“农家菜”招牌，以土鸡鸭、野山菜、野山菌、河鱼等作为主菜品。他们烹制方法简单质朴，但家家都顾客盈门。

农家菜馆几乎家家生意火爆，这是一个不争的事实。在一家哈尔滨农家菜馆里，刚到下午6点，十几台桌子就坐满了。餐馆主打菜有猪肉炖粉条、小鸡炖蘑菇、二米饭等，服务员介绍说，干菜、大酱、红高粱等主要的原材料都是直接从东北老家运过来的。

在红桂路一间四川农家菜馆，去得稍微迟一点，酸菜河鱼、蒸蚕豆、炒笋片等几个农家菜就已卖完。这家店生意相当火爆，老鼠耳、狗牙菜、茶树菇、草菇等野菜每天都得进货，由于数量有限，顾客太多时就会缺货。“柴火烤乳猪”虽然是招牌菜，但还比不上辣椒炒土猪肉、酸菜鸡丝、小炒家乡黄牛肉等土家菜走得俏。

位于田面的一个几十平方米、看似简陋的湖南农家小菜馆，有时还得排队等候。豉汁焖南瓜、干豆角炒茄子、野蕨菜或香椿煎蛋，这些乡土菜，让吃惯大酒楼的顾客大呼过瘾。据了解，菜馆内的各类“土菜”大都是从原产地订购并空运过来的。一家菜馆的负责人介绍，“土菜”不用经过复杂烹制，稍作加工后香嫩无比的菜最受欢迎，“地道，实惠，顾客们吃的就是大酒楼做不出的这种味道。”

吃农家菜主要是为了感受农家那份淳朴，满足对自然环保的追求情结，以及那一股淡淡的怀乡之情。不少顾客带着在城里长大，没有回过老家的孩子来农家店就餐，好让他们感受家乡风土人情、特产风味。

2.3 小小餐馆渠道多，精挑细选利为先

在价格既定的情况下，原材料进货价格是餐饮店赢利大小的关键，决定着餐饮店的发展命运。自 2008 年下半年以来，与餐饮业有关的原材料如肉蛋、粮油、蔬菜、燃气等价格一路上涨，加上人工、房租等费用也有所提高，餐饮业叫苦不迭。在正常情况下，餐饮店价格均“水涨船高”，但大多数餐饮店逼于市场竞争压力，都不敢贸然提高菜品价格。大部分餐饮店只能选择面对现实，在保证食品安全及优质服务的前提下，充分利用众多食材进货渠道，减低原材料成本消除经营成本压力。

避开价格高峰期，赢在起跑线上

食品原料进货也要讲究购买时机。在市场上，食品价格往往会随着时间的变化而波动。餐饮店进货更应该抓住时机，避开价格高峰，首先在食材成本上占尽先机。

刘老板的茶餐厅开在市场附近。除了餐馆的鱼池保持一定的活鲜数量，能维持正常的每日供应外，每天黄昏刘老板都到市场转，看看各鱼档和肉档有没有担心卖不出去而降价促销的商品。只要不变质，就可以购买用以制作炸鱼、咕噜肉等菜肴和快餐的菜品，使进货成本直接下降，从

而提高餐厅的盈利。刘老板直言说，一种商品的价格在一天中往往不是固定不变的。一般是早上开市的时候最高，应该避开这种时候。黄昏的时候往往是最便宜的，可以抓住这个时机进货。早晚价差有时会达到20%，这无形中为餐馆赚了不少利润。

在市场落市的时候去进货，可以用很便宜的价格拿下一些菜，拿回去进行整理一番，仍然是一堆好原料。很多餐饮店的采购老手采购海鲜时，会购买一小部分接近生命尾声的海鲜，因为这样的海鲜价格比正常的价格低2/3甚至更多。买回去后作为促销品，用很便宜的价格卖给顾客，结果往往是皆大欢喜。

当然，刘老板是得了地利，不过就算离市场远一点也可以借鉴这种做法。交道打多了，和市场的销售商熟了，可以来个约定，把每天黄昏的剩货包下来。小餐馆所用原料不是很多，可以请他们送货，货到后严格验货，把好质量关就可以。

除此之外，原料的进货也要根据季节对市场的影响而带来的变化作出灵活的变通。比如，应节的蔬菜既新鲜又便宜，可多用；但是到雨季或台风季节，有时就要考虑多用替代品。例如，很多餐馆常用西生菜做鲍片的菜底。但是这种菜价格较高。如果在它最贵的时候改用本地生菜或大白菜，成本就可以降低一半多。

原产地进货，价格质量两相宜

现在物流业很发达，餐饮店用的食材几乎各地都能买到，但是质量、价格往往没有保障。为了保障整体赢利及菜品质量，越来越多餐饮店选择前往食材原产地进货。

位于四川省乐山市的一家麻辣烫餐厅是市区最大的麻辣烫餐厅，其以独特的口味风格在乐山激烈的餐饮业竞争中打开了局面，赚了不少人气。餐厅老板说，这家麻辣烫之所以有今日的局面，很大一部分原因是在原材料的选购上。菜品原料都是经过老板的严格挑选,更多的是直接从原材料产地选购,保证让顾客吃上地道的美食。

麻辣烫用的原材料各地几乎都可齐全买到,当然偶尔也会出现个别材料配不全的现象。在材料都能买到的情况下,餐饮店更多关注的就是材料的质量和价格。“飘香麻辣烫”选用的原材料大多数是直接从四川进货。老板说,很多麻辣烫材料的原产地都是四川,虽然路程遥远,但原材料价格却比市场上低了不少,并且质量要好很多。在当地买到真正的四川原材料才是保证口味的关键。

再说到荤素菜品的选购,餐饮店都开始在原料上展开竞争,不仅看谁的做法正宗,更关键的是看原料来源是否正宗。“飘香麻辣烫”大部分原料,比如萝卜、莴笋、白菜、葱、大蒜、菠菜、青菜、毛芋等普通的蔬菜都是从当地农村购买的。这些菜都是土肥种出来的菜,本味浓,品质可以保证。直接向农家购买至少要比在市场上购买便宜近1/3。

弹性选择,餐饮进货的绝招

一般来说,餐饮店进货没有特定的渠道,而是以利润为导向,多种进货方式相结合。懂得如何利用各种渠道,弹性选择,最大限度地获得物美价廉的食材才是王道。

餐饮店在选购原料时,多数坚持“每日进货,日进日出”原则,基本上不存货,既保证了原料新鲜度,又降低了库存所占资金;对于急需的原料,餐厅实行“紧急采购”,由厨师长填单,经财务总监、餐饮总监共同签字后,直接采购,由厨师长验货。这样减少中间环节,保证厨房的紧急需要。对于一些特殊原料,实行单独采购,如鱼翅,这样能够保证优质优价,不存货,不浪费,满足特殊需要。另外,库房还不定期地打出食材流动表,凡是库存超过100天的,都应该贴上标签,然后找到责任厨师长,寻求解决办法,做到不浪费,再利用。

冰冻的虾仁、鱼等水产品,如果要选择品质好的,可以去大型超市直接进货。

鲜活水产品采购大都去附近农副产品市场和附近水产品市场。对于小店来说,每天的蔬菜消耗量不大,店主会直接到就近的农贸市场进货。时间做久了,摊主比较固定,可以让供货方送货上门。但是店主们最好经常亲自去市场,一来是为了补货;二来也是看看市场上的新原料,了解价格。

另外,餐饮店食材可以直接让专业公司承包。许多餐饮店看中这种方式的一个最主要原因是可以挂账,一般行业内的做法是供货后1~2个月后结一次账。专业公司还有一定的销售返利,这要看销售量的不同。如果加上销售返利,进货成本不会比去市场和超市贵。返利的比例,少则是销售额的5%,多则可达12%,这要看店主自己去和供货商谈了。有的餐饮店不接受返利,而是向供应商要"进场费"。这种做法弊端比较多,供应商和餐馆之间的利益不能捆在一起,合作不会像返利销售那样紧密。

2.4 另样餐厅,特殊食材的进货

不同类型的餐厅,所需食材不同,在很大程度上也决定了其原材料的进货方式。

有机餐厅,纯天然美味

健康愈来愈受到重视,人们不再因为生病才有医疗需求,预防和保健的意识已深植人心。从数年前风靡一时的灵芝、芦荟大卖,到近年来番茄产品的热销,就可以看出医疗变食疗的趋向;还有现在人气颇旺养生餐厅等接踵面世更说明了人们对健康自然养生的需求趋于多元化。吉林的一家餐厅就以其独特的进货方式,采购纯天然有机食材制成美味菜肴,在竞争激烈的餐饮界越走越火。

这家餐厅，以其精致的有机料理加上舒适的用餐环境，成为政商名流的最爱。这家餐厅在食材的选用上相当讲究，每个小细节中，都可以看出其对健康养生的重视。餐厅总经理指出，餐厅内的每一道餐点都是使用健康的天然食材制作而成，很少添加味精、味粉等调味料，而多数蔬菜、水果，都是从产地直接运来。“这是因为我们尽量给顾客吃的是没有喷洒农药的新鲜蔬果。”

除此之外，这家餐厅的猪肉选用及鸡汤的制作，也跟别的餐厅不大一样。有别于一般店家强调使用电宰猪肉，这家餐厅所使用的猪肉，都是从本地直接送来的黑猪肉，所以仔细品尝会发现，不仅没有肉臊味，还吃得出香甜的肉质。店内汤包点心不油腻的原因：一般吃到的汤包其实需要很多的猪皮冻，而我们经过师傅的精心调配以后，让汤包的猪皮冻减掉一半，也降低了胆固醇。另外，店内的鸡汤，则是将整只鸡放进锅里炖熬，不加水及任何香料，并将油脂去掉，所以汤头不但味道浓厚，也富含了胶质及蛋白质，兼具营养美味。

为了坚持健康养生的理念，做出好料理，这家餐厅不惜花费比别人高的成本，坚持对食材的选用及制作严加把关，让顾客吃得健康、吃得安心。它们以“健康”为主打，坚持天然有机材料进货渠道并在餐饮界立足。

花卉餐厅，“离谱”食材变美食

在几乎什么都能作为食材的今天，鲜花也可以做出美味菜肴。顾客不仅可以在餐桌上饱尝鲜花，还可大嚼草根、树皮等“美味”。成都的一家花卉餐厅以鲜花为主题，以无污染绿色野菜为原料，在烹饪上注重营养调理、讲究绿色植物天然性味搭配，引来不少好奇者捧场。

1993 年，花卉餐厅失败以后，张先生决定去全国各地的餐厅做打工厨师，以此锻炼提高厨艺和结识厨师高手，然后靠自己钻研创立一个八大菜系之外的花卉大餐。一个偶然的机会，张先生得知云南部分少数民族有吃花的传统。如获至宝的他，第二天就直奔云南。当他来到西双版纳时，发现那里的人根本就不种菜，因为在那里，一年中的各个季节共有300多种可吃的花卉野菜。在一个傣族山寨里，张先生一住就是半年，他不仅租用傣族农房，与寨民一起吃花和野菜，而且帮助他们干农活，以此来“换取”食用花卉野菜的药膳功效和制作方法。

就这样，从1993年初到1998年年底，张先生在外流浪了整整6年。1999年秋，经过半年多的筹备，张先生终于重新树起了“花卉大餐”的招牌。当时，他的花卉菜谱中就已多达几十种花菜。他将自己的“花卉大餐”称为“第九大菜谱”。开张第一天，张先生就推出了一道名叫“舞蹈花香”的菊花菜。张先生从花农手里购买菊花时，最贵的一支不过5元钱，但这样摇身一变，在他的“花卉大餐”中可以卖到15~25元。后来，这道菜成了店里的招牌菜。

尽管“花卉大餐”一天天走红，但张先生始终没忘记生意的关键。为了使菜品更多、味道更佳、价格更低，他想了不少办法。那时，花卉菜品的原料大部分要从云南转运，无形中加大了菜品的成本。后来他聘用了一批当地农村员工，专门为饭店联系订购散落在乡下的山花野菜，这样大大地降低了原料成本，菜品的价格也相应地降了下来。此外，张先生还带领员工在不带任何食物的情况下，进入深山老林找山花野菜吃。在饥饿的状态下，他们每天专心寻找烹制天然美食的灵感，不仅获取了许多新鲜菜品，而且对花卉美食有了更深的理解。

到了2002年，越来越多吃腻了鱼肉荤腥的人，为了换换口味，带着对吃花的兴趣和好奇，大步流星地走进“花卉大餐”。山花野菜，这种过去很多人不接受，很多人认为“太奇怪、太前卫、根本不可能”的生意，如今竟真的给张先生带来了巨大的财富。

2.5 自产自销,“全自助”餐厅利润更可观

为追求利润,餐饮店在保证质量的前提下,总是在最大限度上压缩原材料成本。如果能实现食材自产,餐饮店就能实现在成本、质量等方面步步为赢。

鱼馆

都说淮阳人很会吃,吃得精明,其精明就在于讲究口味和价位,口味要好,价位要廉。淮阳的一家鱼餐馆正好印证了淮阳人的饮食文化,物美价廉,慕名前来就餐的顾客络绎不绝。自产的江鲜,不仅给餐馆带来大量源源不断的顾客,也带来了可观的利润。

这家鱼餐馆位于淮阳东关民生东路,是一家家庭式餐馆。在这里,顾客能够和在家一样,舒适自在地就餐。幽雅的环境、贴心的服务、灿烂的笑容、比普通家庭还地道的饭菜,是这家鱼餐馆孜孜追求的独有品位。

在龙湖这片风景宜人的水域中,餐馆拥有的280亩养殖区域是餐馆用鱼的重要出处。这片水域水流急、鱼虾活动量大,肉质紧、口感好,出产的江鲜美味自是没得挑的。比如这里养殖的深水江鳗,白肚皮黑背脊,肉质紧;而一般的浅水江鳗,白肚皮、背脊微微泛青,肉质酥糯,口味绝对比不上深水江鳗。

这家鱼餐馆是典型自产自销的鱼餐馆,其做出的鱼自然也是纯绿色食品了。在鱼的制作上,经理传祖辈秘方,兼收并蓄南北各大菜系之精华,在采用爆、炒、熘等传统烹饪技法的基础上,又创制了具有自己饭店特

色的“清蒸鱼”、“水煮鱼”、“煎焖鱼”、“一鱼多吃”等品牌菜肴。

在这家鱼餐馆就餐，不仅经济实惠、口味纯正，更重要的是其间特有的温馨气氛让人着迷，远离喧嚣的市区，求得一份难得的宁静，在现代文明中追寻乡村餐饮文化的韵味，无疑也是一种美妙的享受。

“十里餐饮长街”

从周浦到袁浦，沿着江堤五公里内，分布着近 20 家大大小小的餐饮店，富春江上游野生江鲜和农家土菜是这里的主打美食。居民亲切地称这里为“十里餐饮长街”。

这里的每家饭店都是面江而建，而且占地都有数亩、十数亩，最大的达到 800 多亩，有农田也有鱼塘，环境很是自然、幽雅。

占地大而饭店并不大，有一家餐馆，只有 300 来个餐位，在市区，这种规模的饭店，一般只有 1000 平方米左右，而这家餐馆占地有 38 亩，环境好自然不必说，这里的饭店基本上每家都有鱼塘、农田，许多土鸡、土鸭、老鹅，都是自己养的。而那些常规的蔬菜，青菜、萝卜、油麦菜、青豆、蚕豆等，也都是自己农田种的，甚至有些店家吃的米饭是都自家农田种的稻，用的菜籽油，也都是自己种的油菜榨出来的。“而且是真正的农田自然种植，宁愿虫咬也不打农药、不用化肥，也不同于大棚养殖，我们种的蔬菜都是有季节性的，吃起来糯、甜，是城里人老人们吃过的味道。”一个饭店老板说。

这里的饭店经营者，大多数是本地居民、村民，虽然饭店只有十几家，但消费的高低种类却是很齐全。比如，这里的一家鱼味馆以人均 50 ~ 60 元的大众消费，照样能吃到地道的野生江鲜，而吸引了许多顾客；这里的鱼味馆都是以 100 元左右的中档消费，供应中高端品种的江鲜。

2011 年上半年，这十里江堤的餐饮长街，将每家每户统一制作灯箱牌、霓虹灯，实施“沿江十里餐饮长街”的亮灯工程，那时，真正会打造出

"十里餐饮长街"的魅力景观。

"家庭餐馆"

在自家花园种植蔬果,并且开家餐厅,听起来是如此惬意的事情。英国的乔给我们展现的就是这么一幅"家庭餐馆"图。

乔提倡健康的、有机的生活方式,她把自己的家装扮成了有机植物的天堂。她的公寓位于伦敦西南部,花园里生长着一排排绿油油的土豆、莴苣、番茄、豌豆、蚕豆、洋葱等蔬菜;还有迷迭香、水田芥、龙蒿、甘菊等配料,靠着围墙,还种植了一排桃树。

在距离花园不远的饭厅里,乔开办起了"家庭餐馆",取名为MrsPaisley'sLashings。餐厅所用的蔬菜与水果,都是从花园里直接采摘来的。乔在经营餐厅的同事还宣讲有机食物的知识,给顾客讲解吃有机食物的好处,开业以来,有许多她都不认识的人在花园里进进出出帮忙干些农活。

除了开办餐馆,她还邀请附近学校的小学生参与花园种植活动。比如,餐厅的负责人汤森,会教小学生怎样种植香料。花园里的食物产量不错时,乔会把其中一部分送给当地土壤协会。这家慈善机构鼓励学校自己种菜,并用自产的菜为学生们做午饭。此外,协会还成立了其他项目,开辟土地,自己种菜。在收获的季节,附近温布尔顿小学的学生经常过来帮助乔。他们会自己采摘蔬菜和水果,然后用来做午饭。其实,温布尔顿小学有自己的菜园,但只有2.5英亩,比乔的大花园小很多,园里也种有水果与多种蔬菜。

兼具慈善性质,乔的"家庭餐馆"在当地颇受欢迎。还有不少顾客从远方慕名而来。乔表示,这样的餐馆不仅能利用自家的花园为顾客做出一顿美食,而且能够让更多的人了解有机食物的知识,一举两得。

2.6 调料选择分档次,适合的才是最好的

“顾客来餐馆吃饭,吃的是什么,其实就是个味道,因此我在做每道菜的时候,油、盐、酱、醋、蚝油、鸡精、味精……各种调料差一点儿都不行！这些调味品可是我们厨师手中的宝啊。”广州一家著名连锁餐馆的厨师长周先生说道。的确,顾客下馆子吃饭,最看重的就是菜品的口感。在影响菜品口感好坏的诸多因素中,这些充满神奇魔力的调味品起到了至关重要的作用。然而,各个餐馆从自身实际情况出发,在调料的选择上差异颇大。

星级酒店:厂家直接供货

既然调料对菜品口味有如此重大的影响,选择调料也就成了经营一家餐馆的重中之重,马虎不得。而星级酒店在调料选择上更是不敢有丝毫的怠慢。

广州天河区,一家高档粤菜馆的大师傅坦言道,“一口气可说不过来,粤菜的调味品可有上千种呢。”在食品操作间里,颜色各异的调味料让人眼花缭乱:除了大家日常熟悉的油、盐,酱、醋,味精、鸡精、花椒粉、胡椒粉,还有各种蚝油、鸡汁、姜汁、蒜汁、淡奶、奇妙酱、植物淡奶油、黑椒汁、火腿汁、嫩肉粉、鱼露、沙茶酱……在各种菜系当中,粤菜的调料算得上是最复杂,最多的。

北京朝阳区一家五星级酒店餐饮部经理刘先生表示,他们酒店有两点是绝对保证不能更换的,一是厨师长;二就是调味品。“调味品只占到菜品成本的3% ~5%,酒店选用的都是著名品牌中最高档次的调味品,

不会在这方面省钱。”为了保证调味品的质量不出差错，星级饭店以及大型连锁餐馆基本上都采用与生产厂家签订长期合同，由厂家直接上门供货的采购方式。比如在北京，李锦记、海天等品牌的一级代理商就会直接负责向各个星级酒店及大型连锁餐馆提供上门送货服务。

这个说法得到了一位经营调味品公司的郑先生的认同，他的公司专门给京城所有三星级以上的酒店以及多家大型连锁餐馆供货。“一般档次越高的餐馆，选购的调味品等级越高。就拿酱油来说，高档酒店选购的都是特级、一级品。鸡精选购的也都是家乐、太太乐等高端品牌。”

中档餐馆：批发市场买调料

相对于高级酒店来说，中档餐馆实力没那么雄厚，在调料选择上也不可能尽善尽美。他们更多的会从实际利益出发，从批发市场买进相对便宜，但质量有保证的调料。

邓先生在北京海淀区经营一家贵州菜馆，餐馆的操作间里常用的调味品大都是著名品牌。和家用调味料唯一不同的就是包装，这些都是800~1000克的大包装。类似邓先生开的中档餐馆通常会到批发市场直接进货。

在北京，这样的批发市场主要有三个，锦绣大地、东郊市场和新发地。邓先生说，“虽然是去批发市场直接采购，但是我们也会严格挑选进货商家，并且固定购买名牌产品，如酱油，我们买的都是一级品，因为菜品的质量就是我们餐馆的生命。”即使如此，邓先生还是买到过一次“假货”。平时邓先生买的都是相同品牌的一级酱油，有一次进货时发现另一个品牌的特级酱油价格不贵，就买回去试试。“那一次我们的厨师加了比平时多一倍的酱油，但是酱香仍然出不来，只是非常咸。我们就把那次购买的调味品全部退货了。”

在锦绣大地的一家调味品经营部，老板介绍说，调味品消费量最大的是食盐和酱油。食盐全部出自国家盐业公司，有500克的精盐和1公斤装的粗盐可以选择。酱油的品牌及种类相对较多，“一般来说，高档餐馆会选购特级、一级酱油，其他甚至类似成都小吃那样的小店，大多都会买二级酱油。三级酱油来买的就很少，三级和二级一箱的差价也不过5块钱。但一些路边摊或者大排档的摊主，就会算这个细账，买三级酱油的，通常就是这些人。”

路边摊：什么便宜买什么

路边摊从一开始就是餐饮业的一大弊病，卫生环境差，原料进货更是没有保障。

在一些地处城乡接合部的小饭馆里，放在餐桌上让顾客自己添加的酱油，闻一闻，没有一点酱油香味，反而有些刺鼻，放进嘴里，感觉很咸。问老板买的是什么牌子的酱油，老板回答，有时会从市场上批发，没有固定品牌，哪种便宜就买哪种；有时还会买流动商贩手里的调料，那样会更便宜。来吃饭的顾客，大多是民工或是匆匆吃完即离开的路人，他们大多只求吃饱，对食物的味道没有太多的挑剔，摊主用什么样的酱油，他们根本不会注意。

那么，这样的酱油是不是“勾兑”酱油呢？要回答这个问题，首先是要弄清楚酿造酱油与配制酱油这两个概念。“酿造”酱油，是以大豆、小麦或麸皮为原料，经微生物天然发酵制成的，工艺结束后添加一些调味剂。“配制”酱油，是用50%以上的酿造酱油添加水解植物蛋白液制成。

其实我们通常所说的“勾兑”，指的是不法分子用酱色加水加咸盐兑出的所谓酱油，这种酱油毫无营养可言，在制作过程中还存在许多卫生隐患，长期吃对人体有害。当然，如果仅仅是用以上方法勾兑还算好，起码这些东西都是食品，就怕不法分子再往里面添加其他化学增鲜成分,这样对健康的危害就会更大。

按照传统的烹饪方法,厨师应该熬制浓浓的鸡汤、排骨汤给菜品调味。现在简单了,厨师抓起各种调味酱油、鸡精、味精撒进去就是。殊不知,这些东西加多了对人体健康不利,因为调味品中一定会含有防腐添加剂。为了提高菜的味道,一般餐馆会在一道菜里使用多种调料,可这些调料并不都能给人们的健康带来好处。基于餐饮店自身实情选择不同档次的调料无可厚非,但这一切都得以保证顾客身心健康为前提。

2.7 非法渠道需警惕,餐厅进货慎思量

在进货渠道上动些脑筋,确实能够减少餐饮企业的原材料成本。但不少餐饮店为了赚取更多利润,通过非法渠道买进一些质量不达标的食材。害人终究害己,那些出卖顾客利益,且不利于自身长远发展的行为,餐饮企业更应该敬而远之。

非法进货食材

野生河豚因其毒性相当于氰化物的2500倍,是被明令禁止销售的鱼类。但在可观利润驱使下,仍然有个别餐饮店偷偷销售河豚。

在一次例行检查中,天津市某卫生监督所稽查科的工作人员在检查一家餐馆时,发现这家餐馆的老板很紧张,便在厨房进行了比较仔细的检查,最终发现了3条活河豚。经调查,该家餐馆老板承认自己偷偷向顾客销售河豚,并已经销售了8条,每条价格148元。

“我们没收的河豚都在400克到500克左右。顾客吃饭时,餐馆

会向顾客推荐河豚，厨师现场宰杀烹饪，并自称在上菜前会亲口尝一尝，隔5分钟后才会给顾客上桌。”稽查人员赵雁鹏说。这起河豚销售是该地区近年来发现的第一起，属于个别现象，但是吃河豚是一件非常冒险的事情。

该餐馆的厨师长曾经到江苏某河豚饲养基地学习烹饪河豚，并与该基地合作进行销售，与餐馆老板四六分成。人工饲养技术虽然弱化了河豚毒性，但目前仍然处于实验阶段，只有专业人员宰杀的河豚才可以食用。河豚属国家明令禁止销售的鱼类，餐馆无视国家法规，从河豚饲养基地非法进购河豚，实属违法行为。

相对于餐馆老板购进人工河豚，不少餐饮店从黑市收购国家重点保护的珍贵、濒危野生动物作为食材更是严重违反《野生动物保护法》。一旦查处，后果相当严重。店家切不可为了一时暴利而铤而走险。

“回锅肉”二次利用

到饭店吃饭，很少有顾客能把饭菜吃到“底儿朝天”的，于是出现剩菜、剩肉的情况非常普遍。某些烧烤饭店里顾客吃剩下的肉到底去了哪里？有从事餐饮业的王某称，这些剩下的肉丝毫没有浪费，而是摇身一变，“回锅”倒在婚宴等包席、快餐盒饭中，被二次利用。如此只顾眼前利润，从非法渠道取得剩肉重新加工制成菜肴的行为无疑严重损害了顾客的利益，而从事这些活动的餐馆必将自食恶果。

餐饮店剩菜剩肉的常规处理方法是，城郊附近的一些生猪饲养场会按月向店家缴纳一定“泔水费”，并由专车将这些饭菜运走当做饲料。而在眼下，烧烤生意日渐红火，烧烤店中剩下的多是生牛羊肉，这些剩余食材饲喂生猪显然有点浪费，于是便有人打起了这些剩肉的主意。

事实上，回收烧烤店中剩肉的行当，并不比泔水回收生意晚多少。而且，同比一桶泔水的卖价，回收剩肉4元/500克的开价显然高出很多。烧烤店把剩的生肉统一归类，每天晚上饭店快打烊时，总会有专人来收购这种剩肉。因为这种交易一直在后厨，所以绝大多数顾客毫不知情。

4元/500克回收的剩肉，转手以5元/500克左右的价格卖给一些餐饮店，这和市面上16元至18元/500克正常销售的牛羊肉相比，价格优势不言而喻。所以，个别餐饮店对于这种回收食材并不拒绝。回收食材主要流向有三个渠道——一是一些加工盒饭的小饭店；二是部分工地、单位食堂；第三个渠道的用量最大，就是各种婚宴、庆生的包席。特别是在各种包席比较集中的情况下，这类回收剩肉还相对比较“抢手”。

“烧烤店的剩肉要比火锅店的剩肉好处理一些，所以再利用率也更高。”曾从事厨师职业的高先生表示，回收剩肉不只针对烧烤行业，火锅店的剩肉也有“份额”。烧烤店剩下的如刀切牛肉、羊肋条等食材，几乎不用改刀，就可以直接用作炒菜。而如羊肉片等剩余食材，则大多加工成馅料，较多用来制作丸子、肉末等。“包席的饭菜风味本来就不好，用点回收肉也无所谓，谁也吃不出来。”

猪肉销售过程中剩下的“边角余料”，也是个别饭店采购的主要食材之一，这些食材和“回锅”肉的流通渠道完全吻合。不过，这种“边角余料”听起来要比“回锅”肉干净多了。

尽管回收烧烤等剩肉，比直接使用如病死猪、牛、羊的肉可能要“干净”些，但是毕竟被前一拨顾客用过的了。假如之前用餐的顾客有传染病，这种回收肉的卫生情况实在令人堪忧。杜绝“回锅”肉现象的发生，需要饭店从长远利益出发并自律。

中小饭店降低成本的“秘密”

近年来，餐饮业蓬勃发展并大力扩容。餐饮企业面对这样一个庞大的消费市场,面对同业激烈的竞争,食品安全上不一定都能很好地自律把关。特别是一些小餐馆和路边摊、大排档等,原材料进货更是没有保障。

在粮油市场里,几乎所有的大米包装袋上都印着“姜堰大米”、“射阳大米”或者“东北大米”等字样。市场上很大一部分的“名牌大米”,其实都是从各地收购了水稻后,在名牌大米产地集中加工而已,至于这些大米的原产地到底在哪,只有天晓得了。

在批发市场一家门市部,大米共有3个品种:1.2元/500克、1.3元/500克和1.5元/500克。一分价钱一分货,1.2元/500克的色泽严重发黄,闻起来有一种难以言状的味道,最起码是存放了三五年的陈粮。一些大排档或者路边店就会购买这种米,主要用于做蛋炒饭,因为蛋炒饭本来就是黄的,可以掩盖掉大米的黄色,再加上各种调味品,顾客很难吃出大米本来是什么味道。

在市场的水产批发区,能够看到一桶一桶的死虾摆在路边。原来,这些死虾也能卖钱,活虾48元/500克,死虾11元/500克。每天都会有一些餐饮店采购人员将这些死虾打包买走。卖虾的老板说,只要烹调方法“得当”,死虾照样能卖活虾的价格——通常,死虾会用来做油爆虾、椒盐虾等,总之,要么油炸,要么在烹制时加入重味的调料,将死虾烧得“喷喷香”。

还有些餐馆与市场小贩达成协议,以低廉的价格买进别人挑剩了的蔬菜等尾货。更有甚者,购进霉变的食品也照用不误。所有这些都不是餐饮店追求良性发展的做法,以次充好迟早要关门。

第三章

折扣与特价，利润由最终解释权决定

►3.1　特价菜,餐厅亏损的背后
►3.2　一分钱一分货,定价策略决定零折扣
►3.3　巧借折扣手段,吸引特殊人群
►3.4　利益先行,餐馆折扣有门道
►3.5　趁热打铁,节假日折扣为餐馆造势
►3.6　另类打折,创意“套牢”顾客
►3.7　餐厅在优惠策略上遭遇“滑铁卢”

3.1 特价菜,餐厅亏损的背后

所谓特价菜,意在物有所值而收费低廉,以刺激顾客消费。2009 年金融危机下,全国各地餐饮企业纷纷推出特价菜,“抗危机特价菜”、“一元特价菜”等频频出现,以应对危机,提升人气。一方面,特价菜策略确实给不景气的市场注入了“兴奋剂”,带动了销售;另一方面,各地也出现了不少质疑声:特价菜“保量不保质”、“特价菜成餐饮企业倾销过时产品的手段”……

特价菜变活招牌

餐饮店在进行“特价菜”促销活动时,绝不是随意选择某道菜品作特价菜。只有把餐饮店特色与特价菜有机结合起来,让顾客一听到这道菜就能立马想到这家餐饮店,才能真正达到餐饮店特价促销的目的——吸引顾客,增加客源,增加销售额。

进价 25 元/500 克的野生白蟹,摆上餐桌只要 18 元/500 克。而且只要喜欢吃,一桌点上七八只都不成问题。就是凭这道特价菜,宁波惊驾路上一家主营海鲜的饭店生意日日爆满。在尝到甜头后,饭店负责人表示会继续保留这道特价菜色。而事实上,在餐饮业,无论是大众的餐饮饭店,还是知名连锁酒店,都大有把这招“发扬光大”的趋势。

用特价菜招徕客户并不稀奇,但敢在大门口“明码标价”打出全年特价的,可就少见了。自 2006 年 4 月开业以来,这家饭店就在大门口张贴上了“永久特价野生白蟹 18 元/斤”的招牌。饭店老板表示,将特价菜与饭店经营的特色菜品相链接,选取什么菜品作为特价菜时要能反映店内特色、反映厨师水平,使其成为餐馆营销的利器。比如一家海鲜店把一盘“醋熘土豆丝”作为特价菜,即使1元一盘,也未必能打动顾客,因为吃海鲜的顾客不会冲着你这盘土豆丝来消费。

面对特价菜有些人也许会问,这样做岂不是卖得越多亏得越多?事实上,单卖一道菜,当然是亏的,但综合看来肯定亏不了,这就是薄利多销的道理。有些餐饮店同期会推出多个特价菜,但都会做好成本控制。譬如一桌限点一个,或者要求热菜中最多点两个特价菜。凭特价菜增加客流,再综合其他菜肴利润以及翻桌率等因素,店家肯定还是赚了。

而且,把特价菜变成餐饮店的“招牌菜”,让点特价菜的顾客成为真正的体验者,并引导他们去传播,因为体验者更具有市场说服力和强大的口碑效应。这样,促销投入的成本将直接代替广告成本,甚至比广告成本低很多。从这方面讲,餐饮店也是获益颇多。

特价投机适得其反

特价菜促销看上去很简单,但有的店家从中获益,有的却吃力不讨好。特价菜已成为营销战中的一把双刃剑,它可以克敌,也可能伤己。事实上,餐饮店通常推出的特价菜以保本为底线,或者牺牲一部分利益,吸引更多客源,赚取另一部分利益。这种做法应该得到顾客的认可。但这并不表示,餐饮店就可以无所顾忌投机取巧。

适时推出特价菜,让利给顾客,以特价菜带动其他菜式的销售,既迎合了顾客的求实惠的普遍心理,又能提高营业额,是精明的促销手段。很多推出特价菜的酒楼食肆,顾客入座后,服务员首先介绍特价菜,这就给顾客一个实惠的好印象,加上特价菜并没有因为特价而马虎制作,色、香、味、形、质依然保持正常水准,顾客少花钱吃得又满意,这样的酒楼食肆口碑必佳,回头客自然就会比较多。一个又一个的良性循环,酒楼人财两旺,生意不好才怪呢。

然而,有的餐饮店却利用顾客钟情特价菜的心理,趁机推销偷工减料或缺斤短两的特价菜。这些特价菜,有的用滞销、过期甚至变质的材料制作,有的缺斤短两。一位顾客在河北石家庄一酒楼请客,点了两只8元的特价红烧乳鸽,端上一看,每只都切成小块,每一块约一指宽,算起来平均一小块就1.33元,比不特价时还贵;特价例汤,稀淡量少,没滋没味;特价白灼虾,一份不足半斤。结果,菜不够吃,还得添加。吃了特价菜,不但没有省钱,反而增加了开支。这样一来,这些餐饮店"抛砖引玉"的策略是奏效了,但是顾客肯定也不会"回头"了。

特价菜,吸引人的就是它特别优惠的价格。但散发得漫天都是的宣传单页上,某些9元、19元、29元的菜都不在餐饮店的菜单上,我们姑且称它们为"新菜"好了。这些新菜根本没有原价可比较,所以优惠不优惠无从谈起。比如有些餐饮店的特价菜中,湖南小炒肉,宣传单页上所写的原价为38元,本期特价为19元,貌似便宜不少,但其实菜单上的真正标价为26元。特价菜其实也便宜不了多少。

面对竞争,酒楼适当推出大众欢迎的特价菜是必要的,但须真诚,投机取巧的做法结果必得其反。顾客不是傻瓜,被欺骗过一次后,绝对不会再次光顾。再者,欺骗顾客最终会给餐馆的名声带来负面影响。久而久之,门庭冷落也是必然。

特价菜促销有门道

顾客对特价菜常常有两种不同的心态:一种认为,便宜实惠点一个特价菜可以试试;另一种则认为"便宜没好货"、"买家没有卖家精",不点特价菜。因此在推行特价菜时,除了要考虑本地周边餐饮市场情况和自身菜品质量、数量外,还应考虑自身品牌形象、顾客心理反应等。如何才能使特价菜促销达到营销目的呢?

赢利心经

1. 一家餐厅，生意冷清，就想用特价菜招徕顾客，在门口挂上某某菜品几元的“跳楼价”，结果路过的顾客都是看一眼就走，没人敢进门。为什么？因为顾客认为他们是生意做不下去了，在搞清仓销售。“让利当在有客时”，顾客就餐心理有时候是“买涨不买落”的。也就是说，一家餐饮企业要在它红火的时候搞促销才会取得良好的效果，而不要等到没有顾客时才想起促销，那样为时已晚，只会造成恶性循环。

2. 尽管特价菜总是以低价为特征，但在特殊时机、特殊节日，赋予较高的文化内涵与吉祥祝愿，特价菜依然可以高价出售，这种逆向思维有时能收到特别的效果。比如一家餐厅的菜品“板栗烧粽子”很受顾客欢迎，这道菜也是这家餐厅长期的特价菜，原价 16 元，特价销售 8 元。当端午节快到来的时候，这家餐厅反而一改常态，按原价销售，但点这道菜的顾客仍然络绎不绝。这就是特殊含义、特殊节日带来的特殊效果。

3. 特价标签要标出原来的价格和现在的特价，以方便顾客比较两种价格，有效突出“特价”，还可以写“特惠”字样，以增强顾客价格敏感度。比如可以制作特价POP。特价 POP 不要用花哨的形式。特价促销时必须使用“特别价格标示”，内容应包括“原价格”、“新价格”、“特价幅度”、“起止日期”等信息。最重要的是必须让顾客能一目了然，一看就知道减价了多少，“一看即知”是特价 POP 的基本要求。

特价菜本身并无罪，对于顾客来说，它甚至是福音，有罪的只是那些与特价菜相关的问题。只有正确利用好“特价菜”这一营销手段，实实在在优惠于顾客，才是餐饮店持久的生财之道。

3.2 一分钱一分货，定价策略决定零折扣

“便宜没好货”是不少顾客都信奉的一句老话。不少顾客都不再相信“打折”、“优惠”之类的促销行为。而在餐饮顾客的心目中，通常把餐饮产品的价格，看成

是衡量餐饮产品价值和产品质量的重要标准，认为价格昂贵的餐饮产品，其内在价值和餐饮产品质量也相对较高；反之，价格廉价的餐饮产品，其内在价值和产品质量也相对较低。在潮涨潮退的打折促销战中，不少餐饮店明智地选择了以优质的菜品、服务、环境等为保障，在价格上按兵不动，反而更受到顾客的欢迎。

货真价实不打折

没有豪华的店面装修，但顾客却会被细腻与热情所打动，这里韵味十足，是个很惬意的地方。老板在法国做了30年的厨师，这就是广州的一家西餐厅。想吃正宗的法国菜，这是一个不得不提的好地方，很有小资情调，足够让顾客流连忘返。

在广州的法式西餐厅其实不多，大概也就十个八个，就开业时间而言，这家餐厅远远不够与其他西餐厅排资论辈，但它却是一间地道的法国西餐厅。

与国内众多餐饮企业相比，这家西餐厅从来没有打折的优惠。老板表态，他们从来不需要靠这种手段吸引顾客，餐厅的宗旨就是要让顾客高兴来，满意走。让顾客体会到他们的关怀，顾客用餐完后，服务员都会问顾客是否满意今天做的菜，并给予意见。同时，餐厅坚持赚得其所，很多人在外面用餐，服务员就会介绍最贵的菜品给顾客吃，这家餐厅不赞成这种做法，贵的不一定就是最好的，往往很多简单的菜品才是最好吃的。

顾客来这家餐厅，老板会向他们介绍全店最便宜的泡芙，因为确实好吃，而且才1.5元一个，以前都不外卖。既然决心要让顾客都享受到法国美食，现在餐厅门口的蛋糕店也有外卖了。在很多地方，顾客也许就要付出4.5元才能吃到和这家同等美味的泡芙，这样很多顾客就会感觉在这儿吃得其所。此外，餐厅经常还会给顾客送甜品、咖啡，一杯咖啡25元，一桌2杯就远比给顾客一顿饭打9折便宜多了，顾客感到服务贴心，这就是对餐厅的最大肯定。

的确，打折不是经营餐饮店的长久之计。如果餐饮店菜品好，货真价实；服务好，细致入微；环境好，清幽宁静；即使不用折扣等优惠促销手段，餐饮店也会客似云来。

创新发展思路，拒绝“打折”

餐饮业菜品和风格，相互模仿的同质化竞争，让一些没有创新的餐饮企业，逐渐陷入了经营困难的局面。然而挑战即是机遇，不少餐饮企业一反以前的“打折”促销方式，全面改革经营模式，顺利度过餐饮低潮期。

餐饮企业要走出“以打折增加客源”这个瓶颈，必须要按照自己企业的文化，设计一套适合自己的发展模式。人们的餐饮消费观念，随着生活水平的提高悄然发生着改变。以前人们吃味道、吃饱，现在是吃健康、吃理念、还要有视觉享受。为了适应市场需求，一些餐饮店已经着手针对不同消费水平的群体，创新推出多品牌战略。对消费市场的细分，不仅没有流失老顾客，还拥有了更大范围的消费人群。如今更多的餐饮店在改善菜品的同时，为了提升档次、增加文化内涵，不惜一掷千金升级改造用餐环境。

面对竞争压力和金融危机，很多餐饮企业表示，“打折”不是发展应对的出路。现在许多餐饮店都明码标明“永不打折”。这里的“不打折”不仅是价格不打折，饭菜质量也不打折，员工服务态度更不打折。很多餐饮店出品的菜肴比街头一个小摊的销售价格还要低，目的就是为了给顾客提供一个物美价廉、经济实惠的就餐去处。餐饮店还向广大顾客保证，饭菜质量绝不打折，饭菜全部选用当日新鲜主料，保证每一样送入顾客口中的饭菜都是最清洁卫生的。饭菜色泽鲜美，香气袭人，味道适合于大众口味。

为了控制菜品成本，一些餐饮店还采取自建农副产品基地的方式自给自足，减少中间环节控制采购成本。有些餐饮店表示，将考虑新增环境更好的连锁店来吸引顾客。对传统的打折促销方式进行破釜沉舟式的改革，必将迎来餐饮行业又一个春天。

特殊菜品不打折

在许多餐饮店坚持“零折扣”的同时,也有不少餐饮店利用“折扣”优惠吸引顾客,赚取人气。餐饮店推出打折优惠,但并非所有菜品都能享受此优惠。要保证一定的利润空间,店家在折扣上就得有所选择。

或许你也有类似的消费经历,手上握有一大把餐饮折扣卡,可在结账时并不明白究竟折在哪儿?对于“酒水、海鲜不打折”这条禁折规定,大多数顾客都很熟悉。然而大部分顾客却并不知道,在许多中餐馆内,店家主打的招牌菜,如翅鲍燕、烤鸭、牛排等都不在打折范围内,甚至有些餐饮店把自创的特色菜、新菜也圈在了打折之外。就连一些以简餐、商务套餐为主打的西餐馆,这些主打餐点也是不打折的。

在一些点心唱主角的茶餐厅里,尽管特色点心招来了众多顾客,点击率颇高,但店家仍将其列为禁折项目,原因是特色点心已经把特价因素考虑在内了,不能折上加折。不少餐饮店还会出台一些“土政策”,如有些外卖菜肴不在打折范围内;或者必须消费到一定价钱才有资格享受折扣的优惠;有些餐饮店还规定,周末、促销期间、国定节假日等特殊时间内消费,均不享受折扣价格。

餐饮企业很少有餐厅所有内容都打 8.8 折,除了开业、店庆,或其它特殊的情况。有的餐饮店规定了用贵宾金卡的用卡时间,有的规定了用卡项目,酒水、套餐、特价菜、海鲜等不打折,毕竟这些菜店家赚取的都是薄利。餐饮店只有赚取一定的利润额才能够继续营业,“折扣”应用当然也就有所选择。

大多数顾客也早已习惯这一“行规”,只要店家不做些太过分的事,顾客对店家的“部分折扣”行为都会抱以谅解。店家也应提供优质的服务,弥补顾客不能全额折扣的遗憾。这样,不仅顾客满意,餐饮店也能赚得合理利润。

3.3 巧借折扣手段,吸引特殊人群

餐饮业竞争愈发激烈,各种促销手段更是数不胜数。随着市场不断细分,许多餐饮店也将消费群体进行分类。面对不同的顾客,给予不同的优惠政策。

“谢师宴”带动餐饮业升温

“高考经济”热得像六月里的太阳,结束后还发出阵阵“余热”,就像连续剧,放了一集又一集,“谢师宴”就是其中“一集”。在许多高考生填好志愿在家等候佳音时,一种惜别之情、感谢之意在学生、师生间弥漫。众多餐饮店也不失时机地瞄准了学生们的这种心态,大推“谢师宴”。

人生得意事,金榜题名时。高考分数一公布,从 7 月下旬开始,很多酒楼餐厅都纷纷打出“谢师宴”的招牌。“按照往年的惯例,高考刚结束时,会有一个聚会就餐高峰。等到发放大学录取通知书后,还会再有一个消费高潮。”珠海餐饮协会有关负责人说,就算不推出主题宴,与此相关的餐饮消费也会大幅增加。多数餐饮店不仅从人情味上做足了文章,在价格上更是走了大众化路线。

“由于是针对学生,餐厅的宴席价格也是一降再降。”有关人士称,现在顾客对价格非常敏感,而且很理性,以前的“天价谢师宴”等噱头,早已没有市场,取而代之的是为学生量身定做的专用菜单,比其他宴席更经济,更实惠,还附带各种优惠。比如有的酒楼就推出了 10 人一围的“学业有成宴”、“望子成龙宴”、“五子登科宴”、“前程似锦宴”,价格从 588 ~ 1288 元不等,并有 6.8 折优惠,还送招牌菜。除了海鲜外,还有以“前程

似锦”命名的什锦炒饭和以“步步高升”命名的糕点拼盘。而从7月中下旬开始,就陆续有家长和学生咨询和预订“谢师宴”了。

每年的六七八月都是餐饮行业的淡季,一方面,因为天气炎热、人们食欲下降;另一方面,就是节日少、人们聚会的名目也少。因此,“谢师宴”无疑带动了餐饮行业的逐步升温。尽管有的酒楼没有专门推出“谢师宴”,但每年高考后家长们订餐请老师、亲戚朋友的不在少数,从高考分数出来后直至8月底,这一部分消费都会是拉动餐饮行业的主力之一。

餐厅爱打“的士”牌

如今,主题餐厅花样百出,打出“的士”旗号的餐厅也越来越多,其中包括“授牌餐厅”和自己看中的士市场的速食餐饮店。“的士”餐厅以的士司机为主要消费群体,为他们提供固定的就餐地点及物美价廉的食品,逐渐成为餐饮业的后起之秀,争夺餐饮业这块大蛋糕。

随着首个的士餐厅的开张,打出“的士”牌的餐厅开始在市面上铺展开来。而其中包括了两类餐厅:一类是“授牌餐厅”;另一类是看中了的士市场,将“的士套餐”作为经营重点的速食餐饮店。

的士司机的吃饭地点并不固定,不过,可以明显感觉出来的是,他们总会到一些相对固定的自己群体密集的地方就餐。以前挂出“的士”招牌的餐饮店并不多。但司机总会形成一个群体,在某个就餐点用餐。一般来说,选择比较多的是,停车方便、上菜速度快、味道可以但价格不贵的速食店。“现在看到‘的士’牌,确实会觉得亲切,不自觉地想进去吃。”的士司机小莫说,的士餐厅的开张,一定程度上会影响圈内人的就餐选择。

“生意不错。”一家饭店负责人表示,由于餐厅可以解决的士司机“吃饭难、停车难、如厕难”等问题,受到了的士司机的认可。不过,的士司机的生意并不如人们想象中的好做。这个行业的利润很薄。的士司机一般选择“物美价廉”的套餐，做得好的餐饮店一般没有“暴利”可言，每份套餐的利润在一两元左右。而且，为了吸引这一特殊的人群，很多餐饮店还在优惠的价格上添加折扣，受到不少的士司机的欢迎。虽然利润少了些，不过，稳定的客户群却带来了稳定的生意。

女性撑起餐饮半边天

如今，越来越多“80 后”、“90 后”女性宣称绝对不做“黄脸婆”。她们厌烦了买菜烧饭洗碗，而倾向于下馆子解决温饱。如今的餐饮消费圈，女性顾客的影响力已经超过了男性顾客。在反映餐饮消费活跃度的电子优惠券下载中，2009 年下半年，线上用户日均下载餐饮类优惠券超过 9000 张，其中超过 80% 为女性用户所下载。女顾客们的活跃，正逐渐影响着城市餐厅的经营。针对男女消费群体的不同喜好，餐饮店开始在经营上做转变。

“男的更注重口味，其次是对餐厅交通环境的关心。”一家酒店负责人表示，而女性则不同，绝大多数的女性顾客的餐饮点评中，餐厅的氛围、环境成为最为“敏感”的因素，其次，餐厅的服务、性价比也是女性顾客关心的重点。

“因为女顾客越来越活跃，我们最近特别针对她们做了调整。”一家餐馆的负责人说，他们挖空心思，装修得更具情调，在服务上也是狠下苦功。优惠券等促销打折形式也成为餐饮店吸引女性顾客的利器。除了给出不断走高的折扣，在优惠券的制作上，其设计也越来越可爱花俏，以博得女性顾客的青睐；不少优惠券更是明确打出“女性牌”，例如有的酒店就在网上发布了一款名为“美女券”的电子优惠券，明确规定仅有女性顾客持券才能享受打折。

除了在平日给予女性顾客诸多优惠，餐饮店在 3 月 8 日更是借助节日气氛，将对女性顾客的优惠政策推至高潮。比如，一家餐馆以武则天喜爱的“牡丹燕菜”为题，推出了 388 元的“牡丹宴套餐”和 688 元的“牡丹宴”;用苦瓜、木耳、山药等烹制出了“小炒天然五色”。3月份来消费的女性顾客,可享受店家赠送的招牌菜等。节日当天赠送礼物,还提供8.8折的就餐优惠等。

3.4 利益先行,餐馆折扣有门道

为了招揽顾客,各餐饮店纷纷使出绝招,打折花样翻新,令人眼花缭乱。一些餐饮店不仅推出直接打折的促销手段,还有送菜、免费喝啤酒、送蛋糕等。不管店家选用哪种促销打折方式,其终极目标还是利润。“折扣”甚至可以说得上是一门大学问,学会其中的门道就能让餐饮店在经营过程中如鱼得水。

免费的作用

牺牲小部分利益,赚取人气,在整体上提高顾客消费额。这已越来越成为餐饮店打折促销的理念之一。当然,这折扣也不是任意打的。哪些菜品该打折?利润如何已越来越多的成为店家考虑的首要问题。

这是一个年代久远的例子,但说明了很有趣的问题。1984年,在沈阳市有一家国营饭店和一家个体饭店在早市经营中展开了激烈的竞争。国营饭店卖的油条每公斤1.4元,凭粮票每公斤给1.5公斤;而个体饭店卖的油条每公斤1.4元,实际就给1公斤。很明显个体饭店处于不利地位。

为了在竞争中战胜对手,个体饭店认真分析了对手和自己的优势:在早点的品种里,油条的利润是占大头的,而豆浆的利润却是微薄的。于是，他们打出了吃油条的顾客免费喝豆浆的牌子。结果，到个体饭店吃早点的人越来越多，油条的销售量自然就上来了。

餐饮店在经营的过程中总是不断地在暴利与微利中做出抉择。对于低端市场，可进入性强，门槛较低，属于完全竞争的市场，因此想从中牟取暴利的可能性几乎为零。因此需要思考的是如何提高市场占有率，从中赢得更多利润。

个体饭店灵活经营，通过给顾客送豆浆来赢得更多的顾客。而顾客也是理性的选择者，总是喜欢更多的赠送与折扣。因此，在低端餐饮经营的过程中需要考虑灵活经营，让顾客适当地“占小便宜”，为餐饮店赢得更多利润抢占市场，做大做强。个体饭店虽然损失了卖豆浆的利润，但却在油条当中赚取了更多。为什么商家不卖豆浆免费赠送油条呢？利润起着首要作用。

赠券“连环套”

餐饮店为抢占市场打起价格战，促销手段也让人应接不暇，不少餐饮店还从商场学来“满百送券”，诸如满 100 元送 30 元、送 50 元等。而许多顾客也正是冲着送券去消费的。

一位姓李的女士到一家餐厅吃饭，结账后得到了一张赠券，赠券上印有“本券不找零”字样，为了这一条款，她每次消费都要超过计划，起初是因为不找零，她只有多点菜，这样又花了六七十元，之后只好再凑点钱换券，而有了券就必须再来消费，如此这般，她无意中就多消费了几次，真是个“连环套”。服务员表示，赠券不找零，这样顾客一般会多点菜。对此种折扣方式，李女士很是不满。

而该餐厅的总经理称，店家赠送消费券旨在让顾客循环消费，消费券肯定是能让利给顾客的。消费券的问题是很多，也有诸多限定，但是，餐饮店的成本也很高。店家为顾客提供了就餐环境与设施，获取相应的利润是应该的。就拿不能消费让利的酒水来说，这块利润是酒楼利润的重要部分，顾客可以自主消费。顾客如觉得不实惠，可以不去消费。

送赠券是餐饮店惯用的促销手段，实质上是一种打折销售行为。在国家法律、法规允许的范围内开展有奖销售活动是无可非议的。送赠券的确给予了顾客不少的优惠，只要商家能够诚信经营，利用好这"赠券"，定能赢得更高的回头率。

变相促销不可取

受金融危机影响，有不少高端酒楼也不得不放低身价，大打"平价海鲜"、"特价菜肴"招徕顾客。不过，据一些顾客称，酒楼最爱用"掉包计"将顾客选中的鲜鱼、虾、蟹以大换小、以次换好。店家优惠促销赚取人气固然受顾客欢迎，以优惠为借口暗中欺诈却不可取。毕竟诚信才是餐饮店的长远经营之道。

周末，沈女士和朋友在一家打出"平价海鲜"招牌的海鲜酒楼用餐时，挑选了一只大龙虾，她特意留神了一下龙虾的须，结果等做好的龙虾一端上来，不仅个头变小了，龙虾的须子长短也差别很大。沈女士直呼上当，"本来是冲着大龙虾搞特价菜特地去这家店吃饭的，想不到选好的龙虾还被掉了包，价格降了，龙虾也变小了。"

李先生在社区附近的川菜馆就餐时发现当日的馋嘴牛蛙搞"特价"，价格相当便宜，居然只要5元钱一份。经过服务员的推介，他就点了这道菜，但菜上来后才发现，量少得惊人，而且服务员向他们推介的一款与这道菜搭配的菜品价格奇贵，但为时已晚，只好交钱。

有些餐饮店宣传菜肴打折，但结账时真正能打折的部分却很少。宁夏盐池县的王先生在银川某酒店就餐，店堂里宣传"菜肴8折"，结账时，消费了2000多元的王先生发现酒店只给他便宜了100多元。酒店的解释是王先生点了不少特价菜，不享受打折。而王先生发现这些“特价菜”不是酒店让利的菜，而是高价不打折的菜。

另外，有的酒楼在促销中按“条”卖鱼，价格显得比每“斤”便宜不少，但其实特价鱼每条都不大，如果细心的顾客按“斤”算，就会发现根本不划算。还有些餐饮店为了赚取更多的利润，一只扇贝剖开，一分为二，上桌就成了“两只”。

餐饮店为促销而推出各种优惠的情况并不少见，其中名不符实的促销“陷阱”也时有发生。作为餐饮企业，采用这样的促销方式确实让人遗憾。餐饮发展靠信誉。发生这样的事情，顾客难免对店家的信誉会有所怀疑。现如今餐饮市场的发展已经步入正轨，餐饮店欺诈顾客必将导致自己被淘汰出局。

3.5　趁热打铁，节假日折扣为餐馆造势

对餐饮企业来说，节假日是十分重要的促销契机。节庆期间大多是一个放松休闲娱乐的时间，人们愿意从平时繁忙的工作和生活中解脱出来，约上三五个朋友到餐馆好好享受一番，即所谓的“花钱图痛快”。节日里，餐饮店大张旗鼓地促销，会大大提高顾客对产品的兴趣，刺激顾客的消费欲望。可以说，餐饮店在节假日促销是锦上添花、高明之举。下面让我们来看看餐饮企业是如何利用节假日这一契机的。

火暴“年夜饭”

“年夜饭”是春节餐饮促销的“重头戏”，也是竞争的焦点。不少高端酒店利用综合型酒店的服务优势，放下大酒店架子为顾客营造温馨的就餐氛围，从价格、环

境、菜品诸多方面入手，把“年夜饭”做得红红火火。

过年期间，不少酒店对包间没有具体的布置，但都会改变酒店门前及大厅环境，营造过年喜庆祥和的气氛，让每一位顾客感受到“家”的温馨。档次高一些的酒店包间内都有数字电视，而且都对电视进行了检查维修，以满足顾客在用餐时看上央视春节联欢晚会。一些酒店还为年三十的顾客准备了丰富多彩的互动游戏活动，给顾客营造一个“家”的感觉，让顾客在这里吃得舒心，玩得开心。

不少酒店还推出了不同档次的套餐供顾客选择。在北京市的一家酒店，年夜饭套餐被分为688元、888元、1088元、1288元及1588元五个不同档次。顾客也可以点菜，但最低要消费600元。酒店的李经理说，春节期间，各种原料价格上涨，而且需求量比以往都要大，所以他们早已忙着为年夜饭做准备了。年夜饭利润肯定比平时要薄，但是过年，图个人气，新年好兆头，生意也会越来越好的。除了在价位上提供了一定的选择空间外，酒店在年夜饭的菜品上也不断创新。为迎合顾客过年图吉利的心理，许多酒店的年夜饭套餐菜谱名字也很有创意，如“鸿运当头宴”、“吉祥如意宴”、“虎虎生威宴”等。

如果不想在餐馆排队等候，也不想在家中劳碌做饭，可以尝试一下2009年开始流行的“懒人”年夜饭。这种“半成品”年夜饭区别于寻常超市内的配菜。它是星级酒店餐饮部推出的各种“半成品”年夜饭套餐，更加注重营养同时附赠详细烹饪说明。

春节是餐饮企业的必争时季，大多数餐饮店选择面向大众，以经济实在的价格、温馨的环境、颇具创意的菜肴赢得开春第一仗。更有酒店推出新颖的“懒人餐”，满足不同需求的人群。

温馨母亲节

母亲节不仅是一年之中花店生意最好的一个日子，也是餐饮店生意最兴隆的日子。母亲节是一个体现亲情、体现温暖的重要日子。在感恩的主题下，母亲节对餐饮业、饭店业来说，是最富商机的节日之一。为了讨好这个家里女主角的欢心，餐饮店推出诸多母亲节特别优惠活动，好让为人子女充分表孝心。

母亲节之际，酒店融入独特创意，挑选上等原料，加入母亲般浓情爱意，制作特别款甜点，“香爱”草莓与香草包裹出香气四溢的母爱，体味浓浓的“亲情”，融在每一口提拉米苏的甜蜜当中，谁言“寸草心”，边享受香草蛋糕的香香榛果味边体会。世界上最伟大的爱是母爱，一起用甜蜜的蛋糕来感谢妈妈的爱。

或者，带上自己的母亲品尝集美容、滋补于一体的“官府私房菜”也是不错的选择，许多餐厅母亲节推出了很多新菜，其做法也颇有讲究。一家餐厅新发明的肚包鸡的吃法，先要品其汤，再吃厨师料理好的猪肚及鸡肉，肚脆、肉鲜、汤浓。最后不妨再加点小面条、蔬菜涮着吃，或者尝点开胃小点。在母亲节前后，餐厅还推出消费满50返20满100返50等特惠活动。

另一家餐厅是坐落于鼓楼大街的特色餐馆，来一打豆豉生蚝，用蚝壳内的银色亮光唤起母亲年轻时的回忆。这家店的生蚝全部产自广东，每天新鲜进货，3两左右的生蚝，肉质饱满、紧凑，在炭火中加以蒜茸、豆豉、剁椒等材料，烤出美味蚝肉，鲜中带着辛辣的味道，吃起来非常过瘾。母亲节当天，携母亲一起就餐的顾客享受全单一些酒店的8折优惠，另外还可以亲自为母亲撰写“好运平安”卡，祈祷一整年的幸福。

当然，用餐打折、赠送礼物不是讨好顾客的唯一方法，提供一些娱乐也是一个好的方式。根据顾客的品味演奏美妙动听的音乐，可能会起到较佳的效果。如果餐馆里设有钢琴，现场钢琴伴奏永远是最好的伴同进餐的音乐。

“谁言寸草心，报得三春晖”，中华民族敬母的传统由来已久。母亲节是感谢妈妈养育之恩的最佳时刻，为感谢母亲一年的辛劳，弥补自己平时因工作繁忙而无法陪伴母亲，很多人都会邀请妈妈共享一顿丰盛的大餐。以母亲节为主体的餐饮活动也越来越多，母亲节的餐饮消费逐渐升温。

欢乐儿童节

“六一”是孩子们的天下，各餐饮店也纷纷瞄准了这一商机，不少店家早已打出相应的促销牌。中式快餐、洋快餐等，或上市新儿童套餐，或推出新促销玩具，以取悦儿童。

儿童餐饮市场向来为洋快餐看重。儿童节期间，精明的各西式餐厅不失时机地推出各种各样的优惠、节日庆祝活动。肯德基就在全国统一推出了“六一欢乐套餐”活动，凡是在五月十四日至六月一日到肯德基买此套餐的顾客就可获得五件礼品，包括玩具、巧克力、麦片等。必胜客则举办了一个“快乐小厨师”的活动。只要六月一日下午某时段到必胜客就餐的小朋友，就可以享受免费自己制作比萨的乐趣，并且会有专人指导。有些西餐厅甚至还在室外搞了一场小型的表演会，一群穿着红裙子的小女孩在餐厅面前翩翩起舞，吸引了不少路人在那里驻足观看。

中式快餐的儿童节促销也紧随而至。5 月 30 日起，一家中式快餐全国 300 多家餐厅同步上市 3 款新儿童套餐。新儿童套餐包括香汁排骨饭、冬菇鸡腿肉饭、台湾卤肉饭，分别搭配生菜王和香滑蒸蛋；另外还有绿豆沙、豆浆以及新研发的金玉状元汤等任选，售价 15 ~ 17 元不等。

为配合儿童套餐面市，这家连锁店还研发了“小锦囊”系列趣味文具，购买儿童套餐加5元即可换购。相关负责人介绍，新儿童套餐是专门针对4~9岁的儿童开发的，从套餐搭配、产品分量、餐具设计等方面，都特别考虑了儿童的需要。

3.6 另类打折，创意“套牢”顾客

吃饭打折不稀奇，无外乎给个折扣或者赠送代金券，但是就有一些特立独行的餐厅，不仅菜品创新，就连折扣的方式也讲究个与众不同。而这些颇具创意的折扣方式不仅让顾客耳目一新，还给店家增加了不少魅力值。

剩少打包给折扣

热情好客，在餐桌上却变了味。顾客走进餐厅请客，难免会多点几道菜。然而，正是这每桌剩下的那几盘多点后吃不下的“面子菜”，让餐厅饭桌上每天“剩产”无数。除了正常的餐饮加工剩余下的垃圾之外，因面子而“剩产”的餐厨垃圾非常可观。为此，部分餐饮店试着对顾客友情提醒：“请适量点菜”、“剩少打包给折扣”。

在很多人的观念里，谈到请客吃饭，“宁剩毋缺”是基本原则，就算明知道大家吃不完，却仍然要多点几道菜剩在桌面上，用来“撑台面”。“有的顾客一点就是十道菜，但剩下来的菜足足有一半，这种现象太常见了。”广州一家川菜馆的工作人员如是说。3道凉菜，1荤2素；6道热菜，炖炒搭配；再加上一份甜点，这桌由10盘菜构成的餐食组合，享用的人数却往

往只有5~6人,加上边吃边聊,等到酒终人散时,桌面上的残羹剩菜留下起码有一半。

为了减少不必要的餐厨垃圾,部分餐饮企业实行适量点餐制,只要试点餐饮店做到主动提倡顾客适量点餐,就可以享受餐厨垃圾处置费用减免的优惠政策。在试点餐厅,顾客进入店堂后就能看到类似"适量点餐"的友情提醒。此后,小型餐饮企业可免收餐厨垃圾处置费,大型餐饮企业则享受处置费打折优惠。而对于顾客来说,只要遵循这个提倡,并满足"自觉不使用一次性餐具","适量点餐","餐后打包"等条件,有望获得一定的就餐折扣。

节俭向来是中华民族的一项优良传统,针对餐饮店普遍的浪费现象而推出的"适量点餐"给折扣活动,为顾客利益着想,让顾客心悦诚服。不少餐饮店就以类似的折扣优惠赚得美誉,生意相当火爆。

娱乐性促销新花样

打折、送赠品已经成为各餐饮企业惯用的促销手段,顾客对此已经司空见惯,因此,一些精明的餐饮店纷纷推出各种促销"新花样"。

一些餐厅别出心裁,推出了"抽到几折打几折"、"转盘转赠品"等具有娱乐性的促销活动,不少顾客都表示,比起传统的打折促销更喜欢这类新鲜、有趣的促销方式。

在宁波市一家烤鱼店,顾客一进门就看到了一个花花绿绿的转盘,转盘上还写着"三个配菜"、"免费主食"、"两个凉菜"、"50元午餐鱼券"等字样。据店员介绍,顾客可以自己来转动转盘,根据指针最后停留的位置来享受不同的赠品。经常光顾这家烤鱼店的刘先生表示,其实别的烤鱼店也会有类似的"送凉菜"、"送配菜"的优惠活动,但相比之下,转转盘的形式显得更加新颖、有趣,感觉比直接送的效果要好。

另一面，在市区一家比萨店里，顾客只要点新款比萨就可以参加抽奖，根据抽到的奖项可以享受5~9折不等的优惠。常来这家店用餐的宋小姐说："我觉得这种促销方式挺刺激的，而且自己抽到的折扣，无论高低都感觉很有成就感。"对此，不少顾客都表示，此类促销"新花样"虽然在优惠力度上并没有太大优势，但形式上的变化改善了顾客对促销的审美疲劳，也为整个用餐过程增添了不少乐趣。

在一家蛋糕店，老板还特别推出了"考手艺享折扣"的活动，引来不少顾客跃跃欲试。店家介绍，只要按照店家提供的模本捏出小兔子，便可以根据相似程度，得到不同程度的优惠，最低可达7折。来这里，不仅能够享受自己动手的乐趣，捏得好的话还有折扣。玩过的顾客都称颇有成就感，新鲜好玩。

特殊人物的折扣

打包折扣、转盘折扣、捏兔子给折扣……看过这么多令人忍俊不禁的折扣方式，接下来让我们体验下另一番让人慨叹的折扣方式——特殊人物的折扣。我们不得不佩服店家那异于常人的思维，如此新奇的折扣方式也能想出来！

1. 是女孩就优惠

常言道，女人的钱最好赚，但前提是你要把女人哄高兴了，于是餐饮店便紧紧抓住这一点，将实惠放在刀刃上，把女人哄开心了，财富的大门便随之敞开了！

在北京有一家夜店明星餐厅。店家11月的优惠活动就是针对女士的，每周三女士只要24点之前入场，次日6点以后离开，即可获得高额酒卡。

而位于北京市后海的一家俱乐部的名字是一个颇具性感的东方符号，蕴含了乱世香港的风花雪月、神秘混血女子和袅娜的旗袍，萦绕在西方人心中的情结。在这里，每逢周三是绝对的女士之夜，女士免门票并可获赠玫瑰花，而且男士免进！23:00之前还可享用免费鸡尾酒。

2. 是老乡就打折

“只要是山东人，出示身份证就可以享受8.5折优惠”，这是北京一家食府打出的广告，漂在北京的山东人算是有口福了。

这里镇店的烤全羊大有来头，不仅是内蒙古的波尔山乳羊，而且为了去除羊肉的膻味，饲料里都要添加店家调配好的中草药，就连饮用水都是内蒙纯天然的山泉水，这样“娇生惯养”的乳羊再加上店家独到的焖炉烤制手法，令人惊艳的香嫩美味便在预料之中了。除了烤乳羊，山东特色的胶东海鲜和传统鲁菜更是必点的美味。更令人兴奋地是在这里还能尝到罕见的烤水果、山东野菜和昆虫野味，更有山东特色名吃酥锅、豆腐箱，尝鲜、尝野、尝正宗。

倘若顾客不是山东人，那就只能说抱歉啦。要享受这样带有浓浓山东味道的美食就只好全额消费了。

3.7 餐厅在优惠策略上遭遇“滑铁卢”

遇到生意低迷，或者竞争激烈时，一般餐饮店不会坐以待毙，而是马上开展促销措施。从现金折扣、优惠券到赠送礼物、特价菜等都是餐饮店惯常使用的促销方式。给予顾客优惠在短期内确实能够刺激顾客较多地消费某一种产品，餐饮店也可以通过种种促销方式推广其知名度。但是优惠促销并非屡试不爽，也有不少餐饮店在此栽了跟头。

擅改打折条件吃官司

北京一家餐厅未按金卡承诺的折扣打折，被顾客王先生告上了法庭。最终，市二中院认定，餐厅存在过错，须赔偿王先生390余元损失。

2005年4月23日，王先生去该餐厅就餐时，服务员向他推荐贵宾积分卡，该卡的使用说明书上写着“一年内消费积分满3000元，凭积分卡可换取餐厅一张年度8.8折金卡”。随后，王先生办理了贵宾积分卡。

王先生说，从办卡之日起到去年3月19日，他在餐厅消费超过3000元。去年3月20日，他到餐厅换取了贵宾金卡。当天，王先生的餐费共计316元，可结账时他没有享受8.8折的优惠。服务员告诉他，金卡背面已注明“结账可享受全单8.8折优惠(酒水、烤鸭、海鲜除外)”，因此王先生当天不打折餐费223元，打折餐费93元，结账时餐费共减免11.16元。

王先生对此很不满，他认为餐厅贵宾积分卡说明书约定的是对餐费全单进行8.8折优惠，但金卡的内容却擅自改变了打折条件。5月份，王先生以欺诈为由，将餐厅告上法院，要求餐厅兑现全单8.8折的承诺，并双倍赔偿他以前消费的所有餐费，共计6600余元。

开庭时，餐厅辩称，服务员在推销金卡时已把金卡的相关事项告知了王某，且全国餐饮业没有一家餐厅是所有内容都打8.8折的。

市二中院认为，餐厅的贵宾金卡对《贵宾积分卡详细使用说明》所约定的全单8.8折优惠进行了变更，增加了酒水、烤鸭、海鲜除外的条件，餐厅已构成违约，法院酌定王先生在餐厅实际消费的3316元按8.8折优惠，即397.92元作为餐厅向王某的违约赔偿金。

商家在打“折扣促销”这牌的时候，首先就得遵循诚信这一规则。无规矩不成方圆，破坏规则的人，迟早会被淘汰出局。上例餐馆擅自更改打折条件，摆明了就是欺诈顾客，被告上法院赔偿违约金不说，还损害了餐馆的名誉，得不偿失。

赠券引起的麻烦

1995 年,波士顿炸鸡的市场就像是从鸡蛋里孵出来一样,一夜之间,沿着美国的各主要公路由他们开设的餐馆突然间变得到处都是。人人似乎都在购买他们那快捷而又便宜得出奇的食物,而且人们似乎都在争着购买他们那价格不断增长的昂贵的股票。到 1996 年 12 月 4 日,股票价格已飙升到 41 美元以上。然而,天随之便坍圮了。股价在 6 月份里跌到了 15.25 美元。

到底发生什么事呢?

波士顿炸鸡公司相信一个古老的谚语:"价格吸引顾客,美味使他们流连忘返。"1996 年,他们寄出了几百万的折扣赠券,而他们所提供的这种优惠的作用却像是一个恶毒的咒语。每位顾客都想使用这种赠券。他们排起了长长的队伍,这使得服务便慢了,餐厅里挤满了人,充满了喧嚣。这种情况的结果就是餐馆变得拥挤、吵闹而令人不舒服。这种赠券战略的本意是"来我们这里尝试一下吧,你会喜欢上我们的服务的",到 1997 年 8 月,公司不得不把所有的赠券都收回了。这些为价格而来的顾客失望了,离开了;而那些真心喜爱这些食物的顾客可能已带着对该店拥挤、嘈杂的用餐环境的记忆,喜欢上了新的环境而再也不回来了。

所以波士顿炸鸡的市场可能再也不会得到恢复了。几个月后,他们才认识到自己在赠券道路上已走得太远太偏了。

波士顿炸鸡出了什么问题使其最终一溃千里:首先没有限度的优惠券是原因之一,店家的目的是让顾客进行尝试,从而喜欢上这里的美食与服务,然而如果人人都在同一天来餐馆尝试的话,就没有人会喜欢上这里了。并且,那些队伍里挤满了为价格而来的顾客。他们为价格而来,当另一家餐馆向他们提供更优惠的价格时，他们就会离开。

尴尬的超值特卖

2004 年，一家洋快餐超值 5 元战略在全国各地的 600 多家餐厅中展开，但是 5 元菜单上一款食品却已经打上了售罄的标签。据店员介绍，全国的双层吉士都已经停止销售，原因是销售太好导致原材料供应不上，预计 4 月该款汉堡将恢复供应。双层吉士在几百家公司餐厅集体下架，公司投放的 5 元促销广告中也没有了双层吉士的广告，到底什么原因导致了这款销售了 10 余年的快餐厅拳头产品的消失？

这家快餐厅的销售人员表示，主要原因是每个单层吉士的价格是 5.2 元，两个就是 10.4 元，双层吉士 5 元的价格实在是太诱人了，使得该款商品销售十分火爆，最好的时候每天要销售 1000 多个，这导致主要原料暂时无法跟上供应，因此售罄。该快餐厅的有关负责人也证实了双层吉士停止供应是由于原料短缺，但没有说明是什么原料。

很多顾客对双层吉士脱销的原因是由于原料短缺表示怀疑。该公司 8 月份出台了补救性措施，在双层吉士汉堡脱销的日子里，餐厅为顾客提供 5 元买两个汉堡或者 4 块装的麦乐鸡两种选择，只是两个汉堡中没有芝士。然而已有诸多顾客对餐厅的诚信品牌产生了怀疑。

快餐厅的双层吉士汉堡特卖出现的尴尬降低了顾客的信用度，因为对吉士汉堡的脱销原因没有给顾客一个满意的答案。因为原料不够并不构成停止供应的理由：单层吉士可以制作，那么多一个双层汉堡为什么就不能做？

快餐厅的销售策略存在一定的问题，快餐厅作为一个运营完善的餐饮知名品牌，原料供应不上是很难想象的，出现此次双层吉士脱销的现象一定是该公司对于推出的“5 元策略”所引来的销售高峰估计不足所致。

餐饮市场打折让利已经成为竞争的常用手段，顾客得到了实惠，餐饮店也占领了市场并赚得了美誉度,但许多餐饮店对于打折所引来的销售局面预期不足,像这家有着完善预估机制的餐饮品牌尚且出现脱销的现象,那么餐饮市场中的众多单店商家则更容易出现类似的问题。因此,餐饮店家在制定优惠折扣策略的时候一定要估计到顾客的反应,避免类似的尴尬再次出现。

第四章

菜品定价中的诀窍

►4.1　菜单上奇妙的数字,挑动顾客购买欲
►4.2　优惠定价战术,赚足人气
►4.3　餐馆定价有窍门,灵活选择巧赚钱
►4.4　品牌效应,声望定价利更高
►4.5　创新思维,另类定价受追捧
►4.6　菜品定价非儿戏,合理为上
►4.7　价不符实,超出常理引非议

4.1 菜单上奇妙的数字,挑动顾客购买欲

菜单定价在餐饮企业的日常经营中占有很重要的位置,餐饮企业要选择适合自身的价格策略,来达到以最小经营成本赚取最大销售利润的目的。一份简单的菜单,其中的学问包罗万象,就拿看似简单的价格来说就有数不清的含义。试想一下,为什么店家就偏偏选中这一串数字呢?以下几种巧用数字的定价策略给你答案。

奇零定价法

有研究表明,人们在发生购买行为时,往往会产生一种心理错觉,误认为奇数比偶数小,或带有小数点的数比整数小,而且认为带有小数点的价格是经过精心测算后制定的。奇零定价法正是利用顾客的这一心理作用,成功地打开了顾客的心灵之门。

价格尾数的微小差别,产生的效果是不同的,产品在 5 元以下,末位数是 9 的定价最受欢迎;在 5 元以上,末位数是 95 元的价格最受欢迎;在 100 元以上,末位数是 98 元或 99 元的定价最受欢迎。

顾客为什么乐于承认和接受这种价格呢?这是因为,使用整数价格,如 1 元、5 元等,顾客从心理上会认为是概括性价格,订价不准确。而奇零价格会给顾客一种是经过认真计算、定价准确、买卖公平的心理感觉。同时,奇零价格虽然与整数价格相近,但给顾客的心理信息却不同,如果一种菜看定价 99 元,给餐饮顾客的直接感觉是价格在 100 元以下,不到 100 元,而标价 101 元,则给顾客的感觉是 100 多元的东西了。其实 99 元与 100 元仅仅是 1 元之差,但在餐饮顾客的心理上却差着

一个等量级。

奇零定价一方面给人以便宜感;另一方面又因标价精确给人以信赖感。满足顾客求实、求廉的消费心理。定价时巧妙的利用奇零定价法,制定出刺激顾客的适宜价格对于餐饮企业来说是个不错的选择。

整数定价法

相比于奇零定价策略,整数定价法正好相反,它是餐饮企业有意识地把产品的价格定为整数,其用意是增加价格的明朗程度,给顾客一种“好货不便宜”的感觉。这种定价策略一般适用于一些高质量的名牌餐饮产品或顾客不大了解的餐饮新产品。

采用整体定价策略,大致有三个好处:一是定价方便。餐饮企业在定价时,只要先对产品的成本、盈利加以概算,然后选择一个接近产品实际价值的整数作为产品的整数定价。当然,选择的整数定价应考虑顾客的接受程度,这可通过试销确定。二是买卖方便。在产品买卖时,由于整数定价不要找零,所以,对店家和顾客都很方便。三是显示“身价”。采用整数定价可以提高餐饮产品的知名度,增强顾客的自豪感和信任感,满足顾客的炫耀心理,因而便于销售和开拓市场。这是因为,高档餐饮的购买者多是高收入者,重视菜肴名贵、质好而不太计较价格,认为价格是质量的象征,一分钱一分货,若标以奇零价反而给他们以低价的印象。

美国的一家酒店曾公开宣称,要为世界上最富有的人安排一场大型豪华晚宴。这场晚宴装点得富丽堂皇,高档洋酒免费供应,配上华丽诱人的餐点,并为每位参与者提供一份法国黑松露,期间还有诸多价值不菲的奖励活动,价格定为 100 万美元。为什么一定要定个 100 万美元的整数价呢? 这是因为,高档豪华的超级商品的购买者,一般都有显示其身份、地位、富有、大度的心理欲求,100 万美元的豪华晚宴,正迎合了顾客的这种心理。

吉祥定价法

由于民族文化和顾客心理素质等作用，不同地域、不同民族、不同国度的餐饮顾客，对产品价格中的数字使用有不同的情感体验和心理反应。例如，我国顾客中有不少人认为“8”、“6”、“9”为吉祥数，其中“8”表示“发财”、“事业发达”；“6”表示实施顺利；“9”表示至贵至尊、延年益寿。

根据餐饮企业的经营经验，顾客就餐一般都会图个吉利，因而更容易接受6、8等较为吉利的数字，因此，餐饮企业在具体定价时必须充分考虑这些吉利数字。比如香港一家鲜酒家的推介菜单有如下内容：精美小菜38元起计、清蒸大东星斑每条380元、姜葱炒肉蟹每500克48元、生猛澳洲龙虾每50克8.8元、白灼基围虾每50克3.8元。

另外，有些地区的人讨厌“13”。在西方国家，楼层的层数、房间号、电影院、剧院等公共场所的座位号、商品的编号等一般很少采用“13”这个数字。日本人忌讳“4”，而喜爱“8”，认为“8”字代表吉祥如意；美国人还偏好奇数，因此，零售价定为49美分的产品，销售量不但会远远超过50美分，而且也会比48美分的多。所以，在定价时头数和尾数的使用应考虑顾客的这种心理反应，尽量满足顾客的这种心理需求。

首数定价法

点餐时，顾客通常会根据餐饮产品价格的第一个数字来做出消费决策，他们认为菜肴价格中的首个数字要比其他数字更重要，因为每一个首位数字会代表一个价格等级。如顾客会认为8.9元与9.1元两种价格之差要比8.7元与8.9元两种价格之差大得多。因此，餐饮企业应该了解顾客的这种消费心理，宁可将菜肴的价格在同等级内调整，如菜价从8.2元调整至8.7元，也不要将菜肴的价格跨等级调整，如菜价从8.9元调整到9.1元。

固定数定价法

除此之外,有些顾客会把某一价格范围看成是一个固定价格。例如:他们经常会把 8.6 ~ 13.9 元看成是 10 元;把 14 ~ 17 元看成是 15 元;把 18 ~ 23.9 元看成是 20 元等。

快餐店通常使用固定数来定价菜品,可以使顾客感觉到便宜和实惠。比如下列一则广东风味的快餐菜单推介内容如下:小食:叉烧包、素菜包、干烧卖、糯米鸡、炸春卷、萝卜糕 5.5 元;套餐:雪菜肘子饭、梅菜扣肉饭、黑椒牛柳饭、杂锦四宝饭 15 元;餐汤:罗宋汤、酸辣汤、粟米羹 3 元;甜品:南洋渣渣、紫米粥、芋头西米露 3 元;热饮:热鲜奶、热柠檬茶、热好立克、热阿华田 3.5 元。

这些较为固定的价格,符合顾客对菜品的潜意识定价,也较容易为顾客所接受。

4.2 优惠定价战术,赚足人气

许多餐饮企业在扩大生产时,首先会将产品的价格定得很低,先打开销路,把市场占下来,然后再扩大生产,降低生产成本。尽可能压低菜品的销售价格,虽然单个菜品的销售利润比较少,但销售额增大了,总的商业利润会更多。"薄利多销"不仅给予顾客优惠,赢得市场,也为餐饮店带来长远利润,可谓是双赢策略。

"青菜 1 元"诱顾客

每当夜幕降临,大连市连锁餐厅门口就会出现一群等位的顾客,有人拿着手中的号码牌，焦急地等候服务员叫上手中的号码。这家餐厅生意为何如此火暴？餐厅的经营之道又是什么呢？

原来是这家餐厅推出的优惠就餐活动吸引了大批的顾客。一到就餐时间，就可以看到餐厅前面排了几排的人，门口招牌上写着“热炒青菜1元、米饭1元、热汤1元”，排队者中有很多都穿着商场工服，队伍慢慢往前挪动，不断有人加入到队伍中。

这家餐厅的操作模式类似于食堂，顾客可以按照喜好选择不同价位的菜肴，最贵的有9元，最便宜的则是1元，餐厅的空间很大，没有过多的装潢。厅内楼上楼下几乎都坐满了顾客，服务员忙得不可开交。服务员称，这家餐厅每天都有这么多顾客，生意火爆实在是因为这家餐厅的饭菜太实惠了。

其实这家餐厅就是一个大食堂。首先，菜品是大众化口味，东西南北的家常小菜都具备，价格尽量低廉，餐厅走的是薄利多销的路子。再者，餐厅不设最低消费限制，很多女孩子来吃饭，一般三四块钱就能吃一顿饭，没有经济压力。本着顾客为先的原则，餐厅将薄利多销的特点发挥到极致，生意火爆自是不在话下。

优惠形式花样多

“薄利多销”已被生意人说得烂熟了，然而对于在商言商的商家来说，真正落实到行动上去，需要勇气和信心。以餐馆为例，作为一个餐馆经营者，一定要明白，没有哪位顾客在吃饭时愿意多掏钱。对一些在顾客脑子里形成了相对固定价格的菜品，只要比其他餐饮店便宜一点点也会引来大批顾客。好比红烧乳鸽，一般餐饮店定价是每只15元，而你的定价是13元，光临你餐馆的顾客大多都会点这道菜，而当他们决定要去哪里进餐时，也会有熟客介绍说，不如去那间每只乳鸽才13元的餐馆。顾客要的就是这种便宜的感觉，至少不感觉到是吃了亏。

解放前，重庆有一个卖汤圆的，姓林，人们都称他为林汤圆。起初，林汤圆的生意做得并不好，一次，他的一位朋友刘老板突然问："林汤圆，你的汤圆为啥要卖那么贵呢？"林汤圆答："全城都是这个价格嘛！"刘老板又说："我只问你想不想生意好？"林汤圆说："当然想。"然后刘老板便向林汤圆出点子："从明天起，你每碗比别人少卖一个钱！"林汤圆还有点不情愿，后经刘老板开导，林汤圆终于开窍，连声说："要得，要得！"第二天，林汤圆在他店前挂了降价的牌子。果然不出所料，林汤圆的生意红遍了半个重庆城。

优惠价格的形式还有很多，例如，根据消费的金额或数量给予一定幅度的折扣优惠；对于经常光顾餐厅的顾客给予优惠；对于在产品淡季时消费的顾客给予优惠；对于在餐饮产品试用期间带头的顾客给予优惠。餐饮企业为庆祝新产品面市或餐饮产品定价策划而推出以特惠价鼓动顾客来购买，以便加速餐饮新产品的扩散程度。

定价明朗更实惠

以薄利赢得市场的餐饮店不在少数，然而有些餐饮店打着"平民化"、"大众化"或者"薄利多销"的幌子，却并未赢得顾客的青睐，究其实，并不是价格让得够不够的问题，也不完全是服务质量到不到位的问题。是否真正考虑到了顾客的消费习惯，降低了顾客的消费门槛也很关键。

所有商品统一价格、一律10元的"10元店"，曾在天津百货商品经营中红火一时，这种让人感到新奇且颇有价格诱惑力的定价方式，已开始走进餐饮业。

在都市街头可以看到，一些餐厅饭店纷纷打出所有菜品一律八元的招牌以吸引顾客，这种做法确实给不少餐饮店带来生意。

人们为图方便和调剂一下口味，到饭馆、餐厅吃顿饭已很平常，只是由于菜价的原因让工薪族顾客总是要掂量许久。统一菜价的做法则让人们不再去斟酌价格，只考虑个人口味就可以了。而且把菜价定在8元，有的餐馆还定在6.8元和5元，工薪族的顾客也普遍能够接受。

在长春一家名为“金鑫厨房”的餐馆里，门前的菜品招牌和店堂内的菜谱上都标明这是家菜价均一店，八珍豆腐、火爆腰花、菠萝咕噜肉、水煮牛肉等均为8元，九寸盘的分量也很足，在此就餐的顾客都觉得很实惠，味道也不错。自从改为八元店以来，餐馆的营业额直线上升，周末和假日则更高。

“菜价均一”不仅让顾客着实感受到餐馆的实惠，还无形中给了顾客更多的选择。这种优惠定价方式使顾客不必再为价钱而犹豫不定，花得放心，吃的开心。

4.3 餐馆定价有窍门，灵活选择巧赚钱

餐饮企业流行的诸多定价方法，无非是要较大程度地增加企业利润，不管是选用特定数字迎合顾客心理需求，利用品牌高价吸引顾客，还是推行“半价菜”、分时段定价等方式。只有灵活掌握各种定价方式、摸透各种定价方式的门道，进行全方位选择，才能“巧”赚钱。

小份的魅力

商家销售产品，有时候会将大包装产品改为小包装，价格自然也就降了下来。这种定价会使顾客产生便宜的感觉，其实单位价格还是一样的。如500克一包装的茶叶价格为150元，若分作50克一包装，则每包价格为15元，顾客一次付150

元会觉得比较贵,犹豫不决,而付出15元就不显得贵了,因而购买时也就不再犹豫。事实上,500克150元和50克15元的价格是一样的。同理,大盘名菜改为小盘菜出售,就是迎合当前大众餐饮顾客的需求,使一般工薪阶层都能吃得起。

以下是关于小份菜肴促销的几个案例:

北京餐馆流行半盘菜:在北京某音像公司工作的冯小姐和同事们,最近"迷"上了单位附近一家名为"半盘菜"的饭馆。这家100多平方米的店堂可坐十几桌顾客。有110种热菜和汤,标着"半盘",价格多在5~9元之间,其中最高的14元,最便宜的仅3元。据这家饭店的老板说,三年多以前,他们盘下这块地方,本来开的是"泰国料理"。开业不到半年就亏损了近30万元。一次到南方出差,受江南小碟子小碗及各色精致小吃的启发:用小盘菜,把价格降下来,使顾客既可以多吃几样又避免了浪费。

上海名菜"微型卖":一些高档宾馆、酒店的特色名菜久居深闺,一般工薪阶层不敢问津。如何让有近百年历史的高档名菜也能为大众消费呢?上海南京路上的一家饭店在南京路宝大祥美食广场推出了"微型佛跳墙"。即在一个个小罐里盛着水发鱼翅、刺身、干贝等10多个品种的"佛跳墙"出售,因为分量小,售价相对低廉,一般顾客吃得起,因此有不少人买几样尝尝鲜,品品味,从而增加了饭店的销量。

洛杉矶A.O.C餐馆:有一道名菜:豌豆青蒜,装入小盘,很是诱人,但售价仅为8美元,因为其分量小。

以上三个例子都反映了小份菜的大魅力。小份菜到底成功在哪里呢?首先,因为菜量的减少而降低了菜的价格,给顾客一种菜价便宜的错觉,因而与其他菜量丰富却价格高的餐馆相比,顾客更偏好这里;其次,花一道菜的价钱就可以品尝到更多的美味,既避免了浪费又可以大饱口福。

分时消费

以不同消费群体、优惠价格来做足不同时间段生意的方式，缘起于西方国家的一种商业营销。商品在不同时间价位是不同的，上午的价格属于特卖价（有时甚至低于成本价），下午的价格则高于特卖价。这种被称为“分时消费”的价格策略对收入不多、能自由支配时间的顾客来说，是很实惠的。

对餐饮店来说，不仅可以带动“冷时段”的人气，同时也改变了传统的“一口价”；针对不同消费群的特点来定价，是很理性的。“分时消费”解决了市场良性循环的“瓶颈”——不同时段客流不均的问题。

一家在杭州人眼里“贵”气十足、平均每位顾客的消费在100元以上的餐馆，在每天的特定时段，居然做起了连小茶楼也看不上的每客3～8元的下午茶生意。这种“在同一家餐厅不同时间段、以不同经营模式、不同价格吸引不同的消费群体”的营销方式，被顾客称为“分时消费”。充分利用空档时间赚钱，这种“分时消费”正在餐饮圈崭露头角。

据了解，首推“分时消费”的餐馆是杭州市的一家餐馆。在顾客眼中，该餐馆是以精致、格调闻名的高雅餐馆，人平均消费在100元左右。但2009年该餐馆一反常态，在每天10:00～11:00、14:00～16:00做起了下午茶的生意，卖点是每客3～8元不等的人参乌龙、铁观音以及红豆沙、虾饺等5～9折的小点。

位于体育场路的一家海鲜餐厅也采用了“分时消费”的方式。而在这之前，这一家以商务顾客为主要消费对象的海鲜大酒店。据其总经理介绍，他们还计划推出优惠早中午茶和下午茶。“分时消费”的目标顾客并不是他们的正餐顾客，而是主流客源的补充。

再有，以周末时段进行的优惠酬宾，香港的一家酒店推出的中式海鲜夜宵自助餐广告单有如下内容：由6月3日起，逢星期五、六、日，晚上9:

30到午夜12:00,在中餐厅供应丰富中式夜宵自助餐,每位只需98元(原价118)。另可特价20元享用欧洲SKOL啤酒3罐。

"分时消费"打的是时间牌和价格牌。一般多用于生意较好的餐饮店,这种做法既可以将餐饮店的利用率大大地提高,将顾客分流,使较淡的时间段被充分利用,同时又能调节菜式结构,保证菜肴新鲜而优质。餐饮的"分时消费",运用的是系统的价格策略,与目前一些店家采取的竞相打折、降价相比,要高明得多、规范得多,更具有现代商业意识。

档次定价

分档次定价是指销售某种商品时,把诸多不同的牌子、规格、花色、式样分为适当的档次,每一档次为一级价格,以适应不同的餐饮顾客的消费习惯心理。如出售半成品套餐,可以把不同质量、规格、包装、式样分为5~6个档次,价格分别定为1280元、980元、680元、380元、280元、180元等不同档次,以满足不同顾客的需求。当然,档次价格划分要依不同的餐饮产品而定,而且档次之间的价格制定要符合顾客的习惯心理。例如,北京市某大酒店节日佳宴半成品套餐。

A套 280元	B套 480元
六味冷碟	八味冷碟
陈皮鲜草虾	陈皮鲜草虾
荷叶粉蒸肉	锦绣鲜鱿片
荤素什锦	格兰熘鸡脯
锦绣鲜鱿片	绿茵皱皮蹄
松鼠加州鲈	荤素什锦
滋补乳鸽汤	明炉烧烤鸭
细沙八宝饭	松鼠加州鲈
新亚香麻饼	全家福砂锅
	新亚香麻饼

分档次定价可起到如下作用:一是购买方便。餐饮产品分档次定价,可使顾客

根据自己的经济实力、习惯档次购买餐饮食品，不必花时间去选购、斟酌。二是便于定价。按餐饮产品分档次定价，既可简化餐饮企业核算价格的过程，又便于对餐饮产品价格进行调整。三是扩大销售。分档次定价可满足一般顾客的要求，从而扩大餐馆销售量。

在分档次定价时，餐饮产品价格的档次不宜过大或过少；档次的价格差别也不宜过大或过小。如果档次价格相差太小，顾客不易理解这一档次为何比那一档次高，会失去分档次的意义；如果档次价格相差太大，可能会失去一部分期望购买中间档次价格的餐饮产品的顾客。

4.4 品牌效应，声望定价利更高

有些餐饮产品由于餐饮企业多年的成功经营，在顾客心目中已经有了一定的声望和信誉，成为餐饮市场上的品牌产品，因而其产品的价格可以定得高一些，以维护其声望，这种定价策略叫声望定价策略。对于这类餐饮产品，即使餐饮成本下降也不必轻易降价，价格也不必随餐饮需求的短期变动而频繁调整，因为降价会损害餐饮企业的形象。而顾客认为，品牌产品货真价实，质量可靠，定价高些有利于品牌餐饮产品维护自己的身份地位。

餐饮企业采用声望定价法，首先可使企业赢利。同时，凡到餐厅消费品牌或精品菜肴的顾客，大多数是家庭经济条件较好或所在企业效益较佳的顾客。所以，当品牌、精品餐饮产品投入市场时，价格可以定得高一些，反而会引起这些顾客的购买欲望，有利于产品的销售。

万元极品鲍翅燕

3880 元吃一个极品鲍鱼王，花上万元吃一桌鲍翅燕极品美食。看到这个价格，恐怕很多顾客都会发出这样的感叹：这么贵的菜品有人吃吗？在高档中餐连锁品牌的一家鲍鱼店，就有这么贵的菜品，而且不乏顾客光顾。高档餐馆又“高”在哪里？高档餐馆的菜品凭什么卖这么贵？让我们去这家鲍鱼酒店一探究竟。

这家鲍鱼酒店是香港一家酒店管理公司旗下的以经营鲍翅燕等极品美食为主的高档中餐连锁品牌，在全国范围内开有20多家分店。1800多平方米的营业面积，却没有外场，只有16间大小不等的包厢。这也就意味着，这么大的地方却最多只能同时接待16桌顾客。

翻翻这家鲍鱼海口店的菜单，顾客会发现这里小炒并不算太贵，但作为主打菜品的鲍翅燕类菜肴的价格却相当高。即使是被称为最经济实惠的鲍翅燕商务套餐，每位的价格也是498元。鲍鱼在全国各酒家都很常见，可是这里鲍鱼的价格却比我们平时吃到的贵得多。

酒店大厨余师傅介绍说，鲍翅燕类菜肴的价格高，是因为这些菜品原材料全都来自国外，都是经过精挑细选的上等原料。鲍鱼分干鲍和鲜鲍。在市场上，鲜鲍和干鲍的价格可以相差数倍。一头的鲜鲍最低进货价为200多元，而一头的干鲍最低进货价为900多元。酒店用的鲍鱼全都是干鲍，产地分别来自日本、中东和南非等地。酒店选用的鱼翅来自太平洋，燕窝则来自印尼。

这些原料被空运来以后，还要经过大厨精心烹制。“要使干鲍‘活’过来，成为极品美味，需要在秘制的汤汁里烹制整整三天。烹制的火候也很重要，所以这三天一定要有厨师轮流在旁边守着。”余师傅说，烹制干鲍其实是一件很不容易的事。

奢华的环境、高档的原料、精心的烹制就是高档餐馆价格昂贵的全部理由吗？该鲍鱼酒店有关负责人说，一家餐馆的高档与否，还取决于很多细节。

鲍鱼本身没有味道，味道的浓淡全靠厨师精心调配的鲍汁。考虑到不同顾客的口味有所不同，顾客点了鲍鱼后，服务员会先上一点鲍汁请顾客一一品尝，然后根据顾客的要求，对鲍汁的浓淡进行再次调整后才正式上给顾客。服务员上鲍、翅、燕等菜肴时，会在顾客面前放一张印有鲍鱼、鱼翅、燕窝简要介绍的大卡片，让顾客在品尝食物的同时也能品尝到食物背后的文化。

鲍鱼的味道比较浓厚，如果不清清口，会影响下一道菜的品尝。这时，服务员会端上一小碟清口的新鲜水果。水果的量很少，但味道很特别。原来，这些水果是用一种秘制话梅水浸泡、冰冻过的。如果来就餐的是回头客，喜欢坐哪个包厢、哪个位置，喜欢什么菜、口味的咸淡，服务员都会知道。

在高档餐饮店用餐，已经不仅仅是吃饭那么简单。顾客来这里用餐，更多的是为了享受一种高品质的生活方式。

350 元一杯的咖啡

前些年，日本东京炳松町的“TOMSON”咖啡屋推出了一种 5000 日元一杯的高级咖啡。这一广告的发布，使当时东京的许多豪客都大吃一惊。因为在当时的东京，一杯普通的咖啡只有 100 日元左右，而 5000 日元一杯的咖啡确实是太昂贵了，贵得让人吃惊。

但是正因为昂贵，引起了顾客的特别注意。在惊讶之余，一些顾客抱着好奇的心情蜂拥而至，看看这种昂贵的咖啡到底为什么这么昂贵？

当顾客走进“TOMSON”咖啡屋，会发现在这里能够得到真正的享受。每杯咖啡都是由名师当场精制而成，味道可口而特殊。咖啡屋富丽堂皇犹如宫殿，穿着古代皇宫服饰的女招待亲热可爱，把顾客当成帝王般的殷勤伺候着。当顾客用完咖啡后，服务员就将这价值 4000 日元的世界上豪华、名贵而高级的法国杯子包好送给顾客。顾客对这种上乘服务难以忘怀，下次有机会还会再来。

赢利心经

你一定会认为，推出5000日元一杯的咖啡，店家一定有利可图了。其实，卖这种咖啡几乎是不赚钱的。既然无利可图，又何必推出这种高级咖啡呢？请听老板的生意经："卖5000日元一杯的咖啡，我们是不赚钱的。我们要靠卖其他便宜的饮料来维持。然而，这5000日元一杯的咖啡比任何宣传都更为有效，它能吸引成千上万的好奇顾客的光临。"

社会的进步，人们收入不断提高，工作时间的缩短和空闲时间的延长，使得人们的价值观和生活理念有了根本的改变，构成消费主体的工薪阶层已将拥有舒适的家庭生活，丰富的精神享受，以及愉快的学习环境等需要的商品作为追求的目标。人们需要高质量的"享受型"商品。为了生存而消费的时代将要过去，社会的形态需要有丰富的内涵，凡是富于创新、符合时代背景要求的商品很快就会成为畅销品。

5000日元一杯的咖啡，恰恰是满足了顾客的这种需求，使其自身成为了最好的广告。

皇族血统厉家菜

清宫菜谱、提前预订、不能点菜、世界名流的青睐，都为厉家菜披上了神秘的面纱。在餐饮市场上，私房菜曾经以其"私密"而独一无二的特性吸引了不少顾客，与传统的私房菜相比，厉家菜除了具有私房菜的一般特点外，其皇族血统更使其牢牢占据了高端私房菜的市场。

提起"厉家菜"三个字可谓大名鼎鼎，拳王阿里、比尔·盖茨、美国前国务卿贝克、加拿大前总理克拉克都曾是厉家菜的座上宾。

作为正宗宫廷私房菜的厉家菜，奢华的皇族文化贯穿其中。首先烹调程序非常繁复、传统，完全采用清宫御膳的制作方法，所以店里只供应套餐。每桌菜肴至少需要几个小时的准备时间，不可能现点现做，因此顾客必须提前一天预订。此外，就餐实行分餐制，既保证了食物新鲜，又避免了浪费。

享受皇族品质服务，当然价格不菲。厉家菜总经理孙先生介绍，套餐价格从400元/位到2000元/位，尽管价格昂贵却天天爆满。厉家菜并不根据当地人的口味特点进行改良，所以无论何地，厉家菜的口味都是一致的。翻开菜谱，翡翠豆腐、炒麻豆腐、炸野鸡丝炒酸菜……这一个个看似平凡而简单的菜品却身价不菲。

私房菜是依靠厨师特有手艺进行传承的小型餐饮服务，历史可以追溯到清末光绪年间。其共性是：很多菜品是原创且独特的；设宴地点讲究，带有私密性；顾客光顾需提前预订，一般由厨师为顾客安排菜单。正是由于风格独特，虽然价格昂贵，却深受顾客喜爱。

4.5 创新思维，另类定价受追捧

打折优惠、赠送礼品等餐饮店打折促销方式顾客早就习以为常，如果不是折扣价相当优惠，或者赠送的礼品很是诱人，相信很多顾客对这些促销方式都会报以一笑置之的态度。在餐饮定价方面，推陈出新，打破传统的定价方式，给予顾客另类的新鲜感，也是餐饮企业赢利的绝佳选择。

顾客就餐计时收费

许多到餐馆就餐的顾客，往往没有时间概念，边吃边聊，一坐就是好几个小时。针对这种情况，一些餐馆老板为了增加就餐顾客的周转量，提高营业额，想出了“顾客就餐计时收费”的新招。

浙江有一家餐馆就是根据顾客用餐的时间长短来收费的。在这家餐馆中,每张餐桌上放一个大钟,计算顾客的就餐时间。如果顾客在规定时间内吃完饭,餐馆便给予一定的优惠;如果顾客在规定的时间内超时了,就按每小时收取多少服务费来作为超时补偿。这家餐馆的老板认为,时间就是金钱,吃饭只要填饱肚子就行,不必花费太多的时间。因此他制定了独特的经营规则,以鼓励顾客节省时间。光顾该店的顾客因此大多也是行色匆匆。由于该店经营效率高,接纳顾客次数多,所以营业额十分可观。

更有趣的是,美国人戴维·路特凯在纽约市中心也开设了一家也许是世界上独一无二的“沙漏”餐厅。当顾客点餐完毕,服务员送上第一道食物时,即把桌子上一个“沙漏”翻过来,约1小时后,当沙子基本漏完时,顾客也就该离座了。

不管是用“时钟计时”还是用“沙漏计时”,餐馆的老板们始终认为时间就是金钱,他们用独特的经营规则,来鼓励顾客节省时间,这样一来,光顾该店的顾客们大多有了时间概念,店的经营效率也随之提高,接纳顾客次数增多,营业额也变得十分可观。

菜价如股价

一杯啤酒多少钱?曼哈顿新餐吧“TheExchangeBar&Grill”给的答案:那就要看市场了。

“TheExchangeBar&Grill”餐吧地处格拉梅西公园,周围商店与酒吧林立,不过这个餐馆却独树一帜:其饭菜与饮品的价格根据供需而定,正如股票价格一样。该餐馆的自动收报机会以红色字体显示需求变化带动价格发生变动的饭菜与饮料。

顾客点菜可以改变所有饮料与餐吧零食的价格，如辣翅（6只7美元），炸鱿鱼（9美元），价格将以0.25美分递增或递减，但上下变动极限都是2美元。一杯健力士啤酒起价6美元，而根据下单数量，其价格可以涨至8美元，或降至4美元。如果一种饮料需求高的话，其价格就会上升，从而导致其他饮料价格下降。

餐吧店像股票式经营餐吧的主意虽然有些故弄玄虚，但希望餐馆实惠的饮料与美味的汉堡可以吸引大批顾客，“这么做肯定有些与众不同”。

顾客自主定价

为应对信贷危机带来的经济滑坡，英国一家餐馆放弃按菜单收费的做法，让顾客自主决定费用，价钱“看着给”。这一做法不仅避免餐馆出现入不敷出的局面，还招揽了更多生意，增加了收入。

位于伦敦市中心法灵顿的“小湾”餐馆为降低金融危机的影响，决定2月份让顾客自主决定饭菜价格。餐馆老板彼得·伊利奇说：“不管顾客只给1便士还是给50英镑，我都感到高兴。价位完全由顾客决定。”

由于金融危机的影响，英国不论普通工人还是高薪银行家都倾向于缩减开支，餐饮业生意也变得惨淡。伦敦中心商务区工作者也不再到处寻觅奢华昂贵的午餐，而是寻找价钱合适、朴素简约的午餐。这启发伊利奇采用新办法经营餐馆，直接把价位削减到零。

只要顾客喜欢，就会愿意付钱。伊利奇2月1日撕毁了餐馆菜肴价目表。他说，实践证明，“看着给”的做法取得了成效，大部分顾客遵守了公平交易原则。“这一策略实施的第一天，顾客们付的钱就比原先餐馆定价高出了20%。”连续经营下来，餐馆不仅没有亏本，还有不小的盈利，“顾客们都想表现出礼貌，给钱少了会觉得不好意思”。

与“小湾”餐馆的经营思路不谋而合，在大西洋彼岸，美国科罗拉多州首府丹佛市科尔法克思大道上，布纳德·伯奇和莉比·伯奇夫妇也开了家与“小湾”类似的餐馆——“大同餐馆”。老板并不计较餐馆究竟有没有赚钱，就餐的顾客觉得饭菜值多少钱就出多少，没钱的顾客就去厨房里帮工，切洋葱、擦罐子，以任何一种方式回报。

布纳德引用盐湖城“同一世界餐馆”的成功先例，来为自己打气。从2003年以来，“同一世界餐馆”一直奉行顾客爱出多少钱就出多少的理念，为他们提供有机食品。2006年10月，夫妇两人的“大同餐馆”就正式开张了。小餐馆很小，只有7张桌子，但布置雅致。而雇员就是他们两人，因此餐馆每周只能有5天营业。布纳德每天都会更换菜肴，用当季原料来制作汤、沙拉和美味比萨饼各两种。莉比负责制造各种精美甜点。

但吸引着顾客的不只是这里的食物。“你觉得你是在帮助别人。”64岁的鲍博·古德里奇说。他每周都要和妻子艾丽斯来这里好几趟。手头宽松时，他们会出15美元或者20美元，手头紧的话就出5美元。他说：“来这里就像是去朋友家聚餐。”

可口的食物，灵活的定价方式，加上温馨的家庭就餐氛围，“大同餐馆”开业以来受到诸多顾客的欢迎。

4.6 菜品定价非儿戏，合理为上

餐饮店出售的菜品，要有合理的定价，这是餐饮店经营的重要组成部分。它将影响餐饮店运作的全过程，是否赢利并获得高额回报，是加速餐饮企业资金周转的关键。餐饮店在确定其产品的价格时，必须考虑餐馆档次、季节变化、菜品本身价值、市场行情等方面的因素，以最终确定合理价格，赢得市场。

根据档次定价

一家餐饮店菜品的定价，应根据菜品本身的价值和餐饮店的档次而定，档次越高，其定价可适当高些。顾客不但能够享受美味而且体验舒适、别致的就餐氛围。由于环境不同，菜品存在差价应是允许的。例如大酒楼和小饭铺的同一个凉拌西红柿价格不同，也会分别被在两个地方就餐的顾客所认可。

餐饮企业档次与环境、菜品、服务等挂钩，档次的高低直接影响餐饮产品的定价水平。如"香菇菜心"在一家普通的大众化餐馆的定价为6元，而在一家四星级饭店的餐厅，其定价可高达20元。这充分说明餐饮店档次对菜品定价的影响。餐饮企业在经营时，应当注意从各方面提升餐饮店的档次。

兰州市一家五星级饭店的餐厅菜单上有一款名为"上海猪柳面"的点心，其描述性说明为："配以猪肉丝、香菇和绿叶蔬菜，用鸡汤煮制的新鲜面条"；售价65元。倘若这道点心在大排档卖65元，想必顾客会直呼"打劫"，更何况是消费了。餐饮店档次具有提升菜品价格的作用，而精致的菜品在很大程度上也体现了该餐饮店的档次。

根据季节定价

由于季节的不同，菜品原材料的价格也不相同，旺季里原料成本偏低，而淡季原料的市场价就偏高，这也就是造成餐饮店菜品价格变化的理由之一。餐饮店在选择原材料时，可以适当多买进时令性果蔬，这些时令性食材不仅新鲜，而且价格便宜，制成的菜肴也可以适当降价，以招徕更多的顾客。

此外，季节对就餐顾客的影响也是较大的，如在炎热的夏季，某些清热降火类菜肴的销售量大增，其销售价格必然比寒冷的冬季要高，而冬季时火锅、沙锅类菜肴旺销，此类菜肴的价格也必然比平时有所上扬。

江南某星级饭店以餐饮闻名，当地四季的温度差异较大，在炎热的夏季，其菜肴价格比平时增加10%左右，但还是宾朋满座；而在寒冷的冬季，该饭店的菜肴价格比平时增加15%左右，但顾客还需提前一周预订才能确保有餐位。管理人员经调查分析得知，一方面，本饭店的餐饮已经成为品牌，所以能吸引众多的顾客；另一方面，人们在太冷、太热的情况下，不愿亲自下厨做饭，而饭店的中央空调充足，也是吸引顾客的一大优点。

根据菜品价值定价

在餐饮业中，许多风味菜、特色菜都因加工复杂、费工费时而加大了成本使其身价倍增，这也是合情合理的。比如一般的豆腐菜价格很便宜，其成本为3元，按50%毛利率计算，此菜售价为6元。而如果用豆腐原料做成名菜“一品豆腐”，原料成本（加上附料）为10元，它的毛利率如提高60%，售价为25元，顾客也是可以接受的。

广州市一家酒店最近推出了一道“高丽参老鸡煲”，售价高达680元。“虽然贵点，但卖得不错。”该酒店负责人黄先生说，他们选用的是6年以上的高丽参和3年以上的老母鸡，加上辅料经文火炖制而成，虽然成本比较高，但味道醇厚鲜美。而今顾客吃滋补菜肴也越来越不在乎价格，选料越贵的菜肴越热销。尽管“老鸡煲”卖680元，可有的顾客就是因这道菜价格昂贵，反而觉得吃起来“有面子”，所以销路一直不错，一天能卖五六份。

“2888元的‘佛跳墙’算便宜的了。”一家酒店厨师长说，这道菜选用燕窝、鲍鱼、鱼翅、干贝等多种高档原料，要用文火炖24个小时，如果选料更精细、高档，最高售价可达 8888 元。当然，这道“佛跳墙”需要提前预订，酒店入冬以来总共卖出去 2 份，都是有经济实力的顾客点的。据悉，大部分高档饭店都有用鲍鱼、干贝等高档原料炖制的冬令滋补菜肴，售价都不菲。

菜品价格首先要配得上其价值，昂贵与否顾客自有论断。只要货真价实，再昂贵的价格在顾客看来也是值得的。

根据市场行情定价

价值 10 元的东西，以 20 元卖出，表面上是赚了，却可能赔掉了一个顾客。

对于一般菜品来说，价格定得比同行高，不利于打开市场；价格定得太低，则可能出现亏损。因此，最稳妥可靠的是根据市场上的价位，将菜品的价格定得适中或者稍微低于市场价格，顾客有能力购买，餐饮店也便于推销。

比如，大小饭店都有的必备菜，店家就得把价格定得便宜且实料；老少都明白的菜肴，千万不要比旁边的同行贵一分；那种看菜名不知道是什么东西的，不太常见的菜，餐饮店可以定高些；有独门配方，只有店家的厨师一人会烧的特色菜，就可以把价格再往上翻。总之，餐饮店在定价时，不仅要考虑菜品质量，餐馆档次，还要结合市场行情，看顾客对菜品价格的接受程度。

在实际操作中，如果餐饮店名气不大，还是应该走大众化平民路线，把价格定得优惠些。否则，追求名牌、高消费的顾客会觉得你的产品档次太低，讲究实惠价廉的顾客又嫌你的价格偏高，两头不讨好。

合理定价需谨慎

无论何种方法定价，都要求能从顾客利益出发精心确定好价位，一方面，满足顾客的利益需求；另一方面，才能为餐饮店赚取更多人气，创造更好的收益。

在合理确定菜品价格中，仍然存在许多问题和混乱现象，特别要提醒一些经营者:第一,有些餐馆经营者尤其私企餐馆老板,在定价上随意性较大,总是根据自己对某个菜品的感觉来定其价格,一般都是自己一个人说了算,不听取别人意见。这样定价往往或高或低,心中无数,顾客也会不满意。第二,另外有些人在菜品定价上总是盲目参考其他餐馆的价格标准,作为自己菜品的售价。殊不知两家餐馆的档次、费用以及原料的成本和数量、质量,都不尽相同。刻意地随行就市也是不切合实际的。

为餐馆菜品定价牵涉餐饮店和顾客的共同利益,价格杠杆威力无穷,对于经营者来说,如何掌握和利用它,并且运用得当,并不是一件容易的事。

4.7 价不符实,超出常理引非议

餐饮企业在新产品刚推出的时间段里,采用高价的策略,以使企业迅速赢利,比如全聚德烤鸭的价格就要高于一般烤鸭专营店的价格。然而,所谓高价并非是"天价",有些餐饮店在经营过程中投机取巧,给菜品贴上"高价"的标签,反而引起顾客的反感,得不偿失。

神奇的"三杯水"

一顿早餐只有3杯"水",每餐的单价为48元,而包月30餐的价格则是1080元!相信很多人都要说"晕",咱们习惯的包子、豆浆、牛奶,几元就解决了一顿早餐。而这48元早餐为什么会如此昂贵?

南宁市汇春路一家营养早餐店推出的如此昂贵的早餐——传说中神奇的"三杯水"其实是一份全能的营养餐,它是三杯浓缩的饮品:一杯强健肠胃的芦荟汁、一杯均衡营养的奶昔和一杯清爽提神的草本茶。

与传统早餐相比，这种营养早餐的热量和脂肪都要低些，更有利于保持身材。”老板介绍说，48 元一份早餐，就目前的消费市场来说，确实贵了点。但这三杯饮品，并不是人们所认为的“普通果汁”，它们全是由昂贵的营养粉调制出来的。就芦荟汁来说，这芦荟不是一般的芦荟，它是由该产品的提供商——美国一上市公司，从世界上最好的芦荟产地中，精心挑选芦荟后，提炼出来的；其次，这产品的背后还有很庞大的科研队伍等等……

48 元一顿早餐，如此高价，又有几个人能接受？这份营养早餐，是否真的有店家所描述的功效和营养呢？周边顾客都对“三杯水”营养早餐表示很好奇，但一听价格，绝大多数便摇头表示，价格太贵了，只有个别人表示，会找机会偶尔去品尝一下。

此外，不少顾客对营养早餐中的“营养功效”持怀疑态度。在早餐店提供的宣传单上，可以看到这样的描述：“三杯水”营养早餐有“均衡营养、调理肠胃、改善皮肤、降低血脂、解决小孩厌食偏食”等 8 大功效。喝一杯营养奶昔（即“三杯水”中的“第二杯”）等于吃了 6 顿大餐的营养，但是热量只相当于一个苹果；喝一杯草本运动茶饮，相当于跑了 500 米的热量。

“我感觉这是在卖一个概念。”一位网友说，她觉得这份“营养早餐”和别的保健品一样，都不是立竿见影其中的功效，谁也不能直接看到。看来，多数顾客并不看好这“三杯水”。

高价面条

2009 年 8 月 8 日，设在展览馆内的快餐店正式开门营业。开业不久，餐厅因一碗面条定价 30 元，有人将当年机场的“天价咖啡”拿出来与之并论。对此，餐厅方面表示，30 元的价格是综合了文化、成本等因素而制定的。

一碗面条，定价30元，价格之高，有点离谱，人们不免纳闷儿：这到底是何等金贵的面条？是像小品《不差钱》里的苏格兰打卤面那样，纯属“狗长犄角——整洋(羊)式”？还是像明太祖朱元璋念念不忘的“珍珠翡翠白玉汤”那样，是御用的珍馐？事实证明高价面条，与百姓餐桌上常吃的面条比起来并无什么特别之处，只是因为，面条沾了展览馆的贵气，用餐厅方面的话说，是“综合了文化、成本等因素”，所以身价才跟着水涨船高。

就餐环境拥挤、价格昂贵，也难怪餐厅开业不久就受到非议。

机场餐厅高价菜

机场、火车站等地，不管是餐厅还是小卖部，提供的食物价格都要远远高于市场价格。我们可以说物以稀为贵，机场、车站人流量多，而餐饮店数量有限，属卖方市场，店家居于主导地位，物价肯定会贵一些。可是，有些餐饮店的价格贵得离谱，远远超出了顾客的预想，顾客难免要质疑如此高价的菜肴，究竟是为何？

因为飞机晚点，饥肠辘辘的王先生想找个餐厅填饱肚子打发时间。在候机厅B区找了一圈，最后找到了一个茶餐厅。落座后，看到菜单上林林总总罗列了数十种菜式，价格都令人咋舌。西红柿炒鸡蛋84元，肉丝汤面一碗30元，炒面一份30元，茶水一壶60元，百威啤酒一瓶34元……王先生表示在机场餐厅吃的这顿饭“吃得好心痛”，共花了1595元。这还是由于他们考虑到机场消费高，只点了些家常菜，而没敢点生猛海鲜。

怪不得王先生一行要“吃得心痛”了，连西红柿炒鸡蛋这等寻常百姓家常见的菜也要84元！机场消费奇高早已是众所周知、众矢之的。

机场餐厅负责人解释，由于租金太高，只能提高价格维持生计。在机场餐厅消费过的某位女士说，且不说价格是否过高，口味甚至连平常餐馆 5 元一碗的面条都不如。服务员让顾客先看单再入座的态度也让人很不舒服，潜台词好像是“你快看吧，吃不起就别来，你爱吃不吃！”

机场餐厅利用地理上的优势，“高价餐”成了许多顾客不得已的选择。在市场竞争越来越激烈的今天，高价机场餐厅迟早会回到合理的价格。

第五章

餐饮业鲜为人知的潜规则

►5.1 菜品质量,由超额利润决定
►5.2 “消费陷阱”,折扣优惠中的门道
►5.3 赚钱不易,额外收费成行规
►5.4 小发票大文章,餐馆“赚钱”有门道
►5.5 觥筹交错间,酒水狂“圈钱”
►5.6 最终解释权属餐馆,菜单中的秘密
►5.7 赚钱有新招,“鲜榨果汁”行规多

5.1 菜品质量，由超额利润决定

在这个忙碌的社会，越来越多的人选择远离充满油烟的厨房，在餐馆里解决口腹之欲。可是，在餐馆食物光鲜的外表下，又隐藏着哪些不能说的秘密？

滋补汤的营养

说餐馆里的滋补汤别看菜单上写着天麻、当归、乳鸽、甲鱼等补品，再配上少则58元、68元，多则几百元的高价，里面有多少营养？名目繁多的汤一些餐厅都是用最便宜的大棒骨熬制的汤底做成。那些猪蹄、乳鸽也是事先煮好，然后剁块放入冰箱冷冻，需要端给顾客的时候，就把肉块和药材一起加入汤底，利用药材的气味掩盖猪骨汤的腥味，就可以变化出各种各样的高价汤了。滋补汤经常会用到味重的中药，比如党参、当归等，就是为了给汤加味。

滋补汤煲得太久反而营养尽失，餐馆里的一些汤，一煲好几天，里面有的营养早就流失殆尽。反而一些现做的西湖牛肉羹、豆腐汤、西红柿鸡蛋汤等家常汤会更健康些。

海鲜问题成隐忧

一桌菜里，最提档次的就是鱼虾等海鲜。点餐后，总有服务员拿网兜捞出一条活蹦乱跳的鱼，让顾客过目。可是，真正上桌的，还是顾客所看到的那条鱼吗？

“其实在很多餐馆，那几条活蹦乱跳的鱼就是展示品，上桌的都是死鱼死虾。”从事餐饮工作20多年的王先生说，一般的餐馆，海鲜类的流水量并不会太大，但是又必须买鲜活的撑门面，那剩下的死鱼，就在顾客不知不觉间被端上了饭桌。顾客要真想吃新鲜的海鲜，最好选择专卖海鲜的酒楼或人流量大的餐馆，在这些地方水产品流动快，吃到不新鲜的水产品的概率也就相对要低。

除了质量上不过关，餐饮店卖海鲜短斤缺两的问题也相当严重。王先生直言不讳：一般来说，买1斤能给够8两就不错了。有些不地道的餐馆，说是1斤，其实也就五六两。一般人觉得海鲜利润高，其实并非如此。酒楼卖388元一斤的龙虾，很可能进货价就要200多元，再加上租金和人工成本，卖388元都未必有得赚，所以只能在秤上做文章。300多元1斤的龙虾，短一两就是30多元，而且，这部分可都是纯利润。

顾客宴请时点海鲜是为了提高档次，一般情况下也不好意思计较分量，而餐馆就是抓住顾客的这种心理，才敢堂而皇之地短斤缺两。

质量、分量双重问题

自己在家炒肉时，无论厨艺多好，牛肉炒后就是褐色的，猪里脊就是灰白色的。这是因为，加热后，肉中的“血红素”被氧化，就会变成褐色或浅灰褐色。可为什么一些餐饮店中的肉菜颜色却相当鲜艳呢？

原来许多餐饮店中的肉都使用了发色剂——亚硝酸盐。根据国家标准规定，禁止亚硝酸盐用于火腿肠等熟食制品中，但对于餐饮店用来炒菜并没有限制。因此，一些不良餐饮店在炒肉菜前，会对肉制品“润色”，这样炒出来的肉口感鲜嫩，颜色也很好看。有一些餐饮店在制作“三黄鸡”时也会加入色素，让肉看起来更黄。还有一些凉菜，像海带、海白菜、贡菜等，也是加了相应的合成色素，看上去更加新鲜漂亮。

厨师做出的菜可能比你做得好吃，但是食物的颜色是我们无法改变的。餐馆的菜肴过于鲜亮，很可能就是经过“化妆”的。

且不说餐馆菜肴质量存在问题，有些餐馆在分量上也难以满足顾客。短斤缺两的事情时有发生。

2009 年 12 月，杨女士在某饭店就餐时，要了 3 斤饺子，按照一般情况，应该在 80～100 个饺子左右，可最后上来的只有两小盘，20 个饺子。双方发生争议。

餐饮企业间，从来没有统一的标准。同样的菜名，餐饮店使用几寸的盘子，是汤盘还是平盘，具体的分量有多少，只有端上桌才能知道。顾客在选择大碗、小碗，点几道菜时头疼不已。类似“西芹腰果虾仁”的盘子里找不到几个虾仁；“黄瓜拌螺头”的盘子里螺头少得可怜；满满一壶菊花茶，上面却只漂着几片菊花等不标准、不规范的经营方式更是随处可见。

在不少大城市，已经有要求餐饮店在菜单上标明用料，并注明每盘菜的重量。餐饮企业尽快做到“以人为本”，对菜肴明码标价、标重，对那些光靠宰客营生的店家会起到一定的约束和规范作用，也可以避免因分量不足而引起纠纷，让顾客消费时心中有数。

餐宴中的猫腻

近年来，人们越来越趋向于把婚宴、生日宴等大型宴会交由酒店承办。然而，由于在预订餐宴时没有相关协议约束，使得婚宴饭菜质量不尽如人意，如数量不足、质量下降等情况时有发生，并因此给喜庆气氛添加一些不和谐因素，同时也损害了顾客的利益。

“我参加过很多亲朋好友的婚宴，然而，没有一家饭店的婚宴菜品好吃，能让我至今仍有回味。这主要是菜肴太差劲，又没有特色。”厦门市周先生说，他前一段时间参加了两次婚宴，但酒席的质量确实让人不敢恭维，不光菜品的数量打了折扣，而且口感也不好。在婚宴上，即便是菜肴分量少、味道差，碍于人情和面子，来宾一般也会对此保持沉默。然而，正是由于婚宴主办方和来宾的这种态度，助长了不法饭店的“黑心”，最终损害的却是顾客的利益。

婚宴菜肴出品量很大，由几桌到几十桌不等。因此，在质量上就不能够保证。例如，饭店平时接待散客时，一道菜有一名厨师现炒，味道和质量都可以保证，而接待婚宴时，一道菜由一两名厨师用大锅一次炒出来，这样做出来的菜的味道和质量肯定要差很多。

饭店出于自身利益的考虑，通常在婚宴上会把仓库积压的肉菜、调料等物品使用上。另外，在婚宴原材料上也存在“以次充好”的现象。例如，婚宴上需要鲜虾，饭店会买来三分之二的活虾，然后再掺入三分之一的死虾，这样做可为饭店节约相当大的成本。这就是为什么婚宴包席菜价在上涨，而饭菜质量却出现下滑现象的原因之一。正常婚宴席面上的4冷4热、4荤4素16道菜，免不了鱼、虾、肘子等菜，但虾不鲜、鱼肉不香、肘子变小，已在婚宴包席中司空见惯了。饭店婚宴上用的鱼、虾、肘子等原料，会比平时小一些，但价格却翻了几番。

“由于菜品质量并没有明确的行业标准，菜品质量的好坏主要取决于厨师的水平和使用的原材料。”饭店马师傅说，至于菜肴的味道，更是取决于顾客个人的口感，不好界定差与优。更重要的是，大多数人在饭店预订婚宴菜肴时，只凭一份菜单进行口头约定，菜肴风味的要求，分量、质量等指标根本没合同约束。

5.2 “消费陷阱”，折扣优惠中的门道

贪图便宜是人的天性，许多餐饮店也正是抓住了顾客的这一心理，通过各种打折优惠活动吸引顾客前来就餐。殊不知，一些餐饮店以“打折”为名，而实际又以“最终解释权由餐馆决定”等理由推三阻四不兑现承诺。顾客稍不留意就掉进它们的“优惠陷阱”。

打折针对特定菜肴

在餐饮业竞争越来越激烈的情况下，为了保证客源，众多餐饮经营者想出不少打折新花样吸引顾客的眼球。为吸引更多顾客，一些精明的店家推出了诸如贵宾卡，金、银卡及优惠卡等，只要顾客持这些卡，在消费时就可以享受餐饮店推出的优惠活动。但是也有部分餐饮店在吸引顾客的同时，在优惠卡上玩了些文字游戏，许多优惠卡都暗藏猫腻。

李小姐手上有一张某咖啡吧的贵宾卡，卡上说明凭此卡可在该品牌的任何餐厅享受8.8折优惠，但并未说明在什么情况下不能享受优惠。周末，她请四个朋友在该咖啡吧消费，点了四份套餐，每份25元。结账时，她出示了此卡，可服务员却说李小姐消费的是特价套餐，不能参与此卡的打折优惠。李小姐觉得不可思议，菜单上没有注明这些套餐是特价套餐，更没有标出原价和优惠价，在李小姐出示了贵宾卡后才说是特价套餐，不能打折。更令李小姐生气的是，该餐厅服务员也不能说出这些套餐的原价是多少。

赢利心经

家住广州的邬小姐与6位朋友一起到五月花广场吃饭，里面一家餐馆表示凭某美食会员卡可享9折优惠。然而，买单时让邬小姐诧异的是，总费用489.5元的账单打完九折后还剩474.7元！

邬小姐的就餐小票上显示，账单中有13个消费项目，其中仅5道便宜菜式可打9折，仅优惠了14.8元，而128元的招牌咖喱蟹、68元的老火靓汤等菜式都不享受任何折扣优惠。更为离谱的是，邬小姐本来消费的费用是445元，打完折后还剩430.2元，但餐厅还另外收取了10%即44.5元的服务费。

对此，餐厅的一位服务员解释称："海鲜、鱼类和酒水是不打折的，这已经是行规了。几乎所有的餐馆和酒楼都是这样做的。"的确，全国大部分餐饮店都是实行这样的"打折规定"，而且有愈演愈烈的趋势，用低价折扣来吸引顾客，然而实际上这些餐饮店的折扣优惠仅针对寥寥无几、价格便宜的几道菜肴。

优惠附加条件多

虽然许多餐饮店都打出折扣优惠，但实际上很多优惠都"看得见、摸不着"。餐饮店以利益为重，为优惠附加了不少条件，比如优惠时间段、消费多少钱以上才给折扣等。顾客想要享受优惠也不见得就是件简单的事情，更不是单凭会员卡、折扣券之类就行的。

由于工作上的原因，马先生平时到餐馆就餐的频率比较高，因此每个月的花销比较大。6月份，马先生经常就餐的某餐馆为吸引顾客，也推出了优惠卡。根据餐馆的规定，持优惠卡的顾客就餐时可以享受8.5折优惠，马先生便在该餐馆办理了一张优惠卡。但是让马先生没有想到的是，这张卡暗藏猫腻。

马先生和几位老同学在这家餐馆就餐时，因为想到有8.5折的优惠，所以在点菜的时候,酒水也点了不少,总共消费780元。结账时马先生向服务员出示了优惠卡,按照“持优惠卡可享受到8.5折的优惠”的规定,马先生只需付663元即可,而服务员却收了720元的钱。被弄得一头雾水的马先生向服务员询问到底是怎么算的。服务员的解释是,餐馆给出的折扣只针对菜金,而不包括其他消费,消费的菜金为400元,打折后应收340元,加上其他消费380元共计720元。马先生就这事情向餐馆的大堂经理进行了反映,得到的是没有收错钱的回应。在与其理论时,“本店拥有最终解释权”便成为了餐馆的挡箭牌,对此马先生也没有任何办法。

在马先生的优惠卡上面的确写有顾客可以享受8.5折优惠的字样,但是对于具体针对什么内容并没有明确地说清楚,如果一旦因此而发生纠纷,便演变成为“公说公有理,婆说婆有理”的尴尬局面。并且餐饮店有“本店对此拥有最终解释权”作为护身符,所以到头来吃亏的还是顾客。

送券容易用券难

为吸引顾客,不少餐馆纷纷打出“满×元送代金券×元”的招牌,但众多顾客在享受店家所谓的“二次让利”时,却遇到重重阻碍,送券容易用券难已成为普遍现象。

武汉市谢女士在一火锅店消费满300元后,得到了3张面值30元的代金券,仔细观察发现,3张代金券上不但标注着不同的使用有效期,且说明只有单次消费超过80元时,才能使用此券。也就是说,谢女士还要光顾此火锅店3次,才能完全享受店家先前90元的“让利”。

市民李先生也抱怨:他看到某餐馆“满200元返100元代金券”的告示后,便进该餐馆内消费,而在结账时,却被服务员告知:200元不能包括特价菜消费金额,虽然李先生消费218元,但其中却包括15元和28元的两个特价菜品，因此，实际消费总额不足200元，不能享受优惠。李先生认为餐馆事先未作出声明，涉嫌欺诈行为，而店家却表示：对此“本店拥有最终解释权”。

不少餐馆的赠券和使用代金券中均存在诸多附加条件，如首次消费总额不包括酒水、火锅锅底费用，使用代金券抵现金必须是现金消费，甚至限定代金券范围仅限几种菜品、主食等。对此，九成餐馆事先未做出任何声明。看来，越显“实惠”的返券，越存在繁多的限制条件。一些图眼前利益的商家正是抓住了顾客的图便宜的心理。

返券是餐饮业经常使用的一种促销手段，由于一些餐饮店在代金券中未写明消费限制等，顾客与店家时常会发生冲突。而相关部门对各餐饮店使用的代金券并没有明确规定，顾客受欺骗的事情也时有发生。

5.3 赚钱不易，额外收费成行规

“怎么餐费里多出来十几元?”“你们用了一次性餐具，每人2元!”在外就餐时，经常会碰上这类“冤枉事”。就餐前，有的饭店根本不向顾客打招呼，直接在结账时收取。也有些饭店会事先告知，如果顾客不同意使用，则会提供重复使用，但据称“消过毒”的餐具。除此外，还有些饭店明目张胆地收取服务费、茶水费，甚至是乱收费。

餐具消毒费

收取消毒餐具费是目前餐饮业的潜规则，也是颇让顾客费解的一个行规。但是，北京、上海、香港等22家城市消协维权组织联合发出《致餐饮企业的公开信》指出,向顾客提供消毒餐具是餐饮店应尽的法定义务。不管餐饮企业是否明确告知,另行收取消毒餐具费的做法都无法无据,侵犯了众多顾客的公平交易权。

2009年9月,王先生在某饭店消费时,饭店收取消毒餐具费用,在餐费外加收5元,王先生认为饭店就应该提供卫生的餐具,另外收费不合理,要求退回多收的5元。而饭店负责人则称,消毒餐具上有明确告知,王先生可以不使用消毒餐具,王先生在就餐前没有提出异议,饭店不承担责任。类似这样的事情几乎每天发生在我们身边。

"我们来饭店吃饭,饭店就应该提供干净的碗筷,怎么反而要我们埋单呢?"市民唐女士表示,她与家人在某饭店吃饭,店家提供给他们每人一套消毒餐具,并且每套要收1元使用费。但是唐女士发现,餐具的塑封上"干干净净",厂家地址、QS标志等一样也没有,用肉眼根本分辨不出消毒餐具是否真的消过毒。唐女士认为,顾客来饭店吃饭,饭店本来就应该准备好免费消毒餐具,现在饭店不仅不提供免费餐具,而且其提供的有偿消毒餐具的实际卫生状况也无法考证,这分明涉嫌强制消费。

大多数餐馆、饭店使用一次性餐具或消毒餐具,一般都会在外包装上注明"工本费一元"的字样,多数顾客并不在意,结算时也不会仔细查看账单。而一次性餐具或消毒餐具反而成为饭店、餐馆的另外利润来源,因为这些餐具的成本大多在0.3~0.6元之间。

餐馆、饭店应当为顾客提供免费餐具。这种餐具应当经过严格消毒并符合国家卫生标准。餐具的使用费本身已包含在酒、茶、饭中,不应另行收费。餐馆、饭店向顾客提供一次性餐具应视为免费服务,顾客可以拒绝付费。

附加服务费

没有事先告知顾客,悄然收取茶位费和服务费,也是商家欺诈顾客的一种行为。根据有关法规规定，餐饮店应提前将收费情况向顾客明示，餐饮行业应在餐馆显眼处悬挂或口头向顾客说明茶位费、服务费等收费项目。

陈小姐和朋友到汉口一家西餐厅吃饭，结账时发现，账单上有一项“15%服务费”的收费。服务员向她解释，收取服务费是西餐厅通行的做法。数额不大，陈小姐就付账了事，但陈小姐认为，行业内约定俗成的收费项目也应该向顾客说明，“应该提前告知顾客，因为服务费、小费在我国并不流行，如果不事先说明，就是侵犯了顾客的知情权，我觉得顾客有权利拒付。”

对于收取服务费的问题，餐饮行业协会的负责人表示，只要经物价局审批通过，就可以收取。由于法规没有详细界定，所以不算违法，但是对于消费者权益来说是一种霸王条款。但是，如果餐饮场所对最低消费或者附加服务费作了明码标价，而且顾客又愿意去消费，这就构成了合同消费，顾客无权投诉。

餐馆常“犯迷糊”收错账

当然，顾客遇到的餐饮行业“潜规则”远不止找借口额外收取费用等。一般地，当顾客用餐完结账时，很少人会认真去仔细核对账单，这无疑给店家留下了很大的钻营漏洞。许多无良餐饮店就会有意无意地在顾客的账单里多算几块钱，比如将另一桌的的米饭、餐巾纸或者茶水费记在顾客的账上。更有甚者，一些餐馆会出现“犯迷糊”收错账的现象。

每次外出就餐，精明的王小姐都会在埋单时核对一下账单上的消费金额，而且几乎每次都能发现店家多算1～5元不等的费用。一次，她和两个朋友在一家美食长廊吃火锅，结账时照例核实了一下账单，王小姐发现多算了5元，原来收银员把另外一桌的米饭、纸巾和小食都记到了她们的账单上。

李女士与朋友一行到海口海秀路一家海鲜店就餐时也碰到了类似的情况。她们点了凉拌黄瓜、凉拌木耳、铁板茄子、炒空心菜等几个平常菜，没想到结账时服务员却要收1120元。

李女士纳闷儿了，除两三道可以称得上“贵”的菜，怎么算也算不到1000多元。于是李女士仔细地查起了账单。不查不知道，一查吓一跳，铁板茄子明明标价38元，但账单却写48元。李女士挺生气，叫来领班讨说法。领班称价格写错是因为点菜的是一名新服务员，对价格不熟悉，所以出现了错误。虽然最后饭店退回了多收的钱，李女士说，今后外出就餐一定要留个心眼，仔细核对账单，以免有些店家故意算错账多收钱。

许多顾客就餐后并没有核对账目的习惯，尤其是请客的顾客，更不好意思当着客人的面对账，所以一些餐馆饭店抓住了顾客的这一习惯，一有机会就出手“猛宰”。

5.4 小发票大文章，餐馆“赚钱”有门道

吃饭索要发票本来是天经地义的事，但是很多餐馆拒绝给发票的口气“理直气壮”，有些则拿一些没法报账、没法刮奖的旧发票甚至假发票来搪塞顾客。面对税务部门发行的有奖发票，餐饮店应对策略也是五花八门。这一张小小的发票，里面到底包含了多少内容？

餐馆发票五花八门

家住某市的白先生说，他和朋友在一家饭店就餐后，照例向饭店索要发票，结果饭店给的发票五花八门。

白先生手上所持的两张发票，尽管上面的企业印章非常模糊，但还是能够看出，这两张发票不是同一家企业的，也不是白先生就餐的那家饭店的。11 月 14 号晚上，白先生和朋友在一家饭店就餐，一共消费了 400 元。结账后，饭店给他的是家具店的发票。经白先生指出后，饭店服务员以为他要多报销，居然给了一张 1000 元的其他饭店的发票。气愤之下，白先生叫来了领班，领班解释说，他们店的发票用完了，请白先生改日来拿。白先生用完餐离开时，领班前来说发票有了，并给了白先生现在手持的两张发票。白先生认为，这家饭店的经营行为太不规范了。

餐馆为了逃避税收，在发票上可谓是动了不少脑筋。一些不法餐饮店收集已使用过的发票，再提供给顾客重复使用，顾客打电话查询时，就会出现发票已被查询的情况。另外，市面上还存在一些克隆真发票的假发票，查询发票的名称与发票上名称一致，但发票是假的。

不开发票商家给优惠

自税务部门推出有奖发票的鼓励方式，消费后索要发票的观念渐渐深入人心。为应对税务部门的有奖发票，除推托发票用完、使用假发票外，一些餐馆还采取“暗战”方式：给顾客打点折扣，或者送优惠券、饮料等，有些餐馆甚至还以停车票代替发票，让顾客放弃索要发票。

很多中小餐馆针对顾客的消费情况打折后不再给发票，而顾客对此也是乐于接受。某晚，刘小姐到附近的一家蒙餐馆就餐，付款时服务员告知，此次消费了 43 元，如果不需要发票，可以抹去零头只收 40 元。征得刘小姐同意后，服务员在没有开发票的情况下收取了 40 元用餐费。

餐馆的老板透露，以前顾客很少索要发票，但是自从有奖定额发票推行以来,索要发票的顾客确实比以前有所增加,因此,餐馆收入也有所减少。有时候,针对一些顾客用餐后不主动索要发票的情况,他们也不会为其开具。对于一些顾客提出不要发票但是要享受一定的打折优惠,店主一般都会答应。而多数顾客也认为一般情况下,如果需要报销才会索要发票,其他情况下,如果饭店同意打折,他们会选择放弃索要发票。

“有一天,我看到小区里一家餐馆打7.8折,便和家人前去就餐。餐后共消费了69元,我要求餐馆给发票,却被告知因为菜品已经打过折,所以不能提供发票。”姜女士讲述了自己遭遇的餐饮行业“发票潜规则”。有些餐饮店为了吸引顾客,长期对酒水、菜品进行打折。但又为了控制成本,所以便变相采取“打折不提供发票”的形式。

刮奖发票推出前,张先生就常到深圳市福田区一家酒楼吃饭。有次单位同事聚餐,吃了好几百块钱的饭菜,结账时叮嘱店员开发票。但是店员口头答应得很好,找零时给了厚厚一叠停车票来,都是5元一张的,店员轻描淡写地解释说,“本来店里的发票用完了,看你们是熟客就帮你们找了些停车票来。”张先生的同事听后据理力争,称给发票本来就是应该的,不给发票属于违法行为,怎么到了这家店就变成了“帮”顾客找停车票呢,感觉顾客欠了店家好大一个人情似的。双方的争吵引起了其他顾客的围观,店员自知理亏,从柜台翻出发票本,扯了几张其他酒楼的发票搪塞过关。

餐馆不开发票的背后

随着税务部门监管的加强和人们索要发票意识的提高,大部分大中型餐厅饭店都能在顾客用完餐后出具发票,但在一些中小餐馆也会经常听到这样的话语——“对不起!我们是小本经营,没有发票!”“给你打个折,送瓶饮料,别要发票了!”“发票刚用完,给你打个收据,过段时间再过来换!”……这些餐馆究竟为什么不愿意给顾客出具发票?

原来,餐饮业缴税有两种情况,一种是估税,就是按照饭店申报的营业额来每月缴纳固定税费;另外一种是采用机打发票,按照发票总额来收取税费,发票越多,税费也就越高。一般情况,餐饮业要缴纳的税费包括营业税、所得税等,合计大约是7.5%,也就是说每提供100元发票,酒店要大约缴纳7.5元钱的税费。

税务部门对个体工商户实行的是定税制度。一个月向税务部门缴纳多少税款,就领取多少发票,为了取得更大的利润,店家总会尽可能地减少拿发票的数量。但如果生意好,发票不到月底就用完了,继续用就得去购买。如果连续三个月到税务部门购买发票,税务部门就会据此提高他们的定税额度,这显然是他们所不愿意的。

估税的情况,饭店要向税务部门购买发票,每本工本费是5元,超过定额税费后,要加收一定的税费;而机打的发票,因为是跟税务部门联网,税务部门会及时监控,有些饭店为了逃税,也就是采取一些小恩小惠来尽量少开发票。

为什么出现一些酒店提供其他单位发票的情况?答案是,一些饭店遇到了非要发票的较真顾客,又不想多缴纳税费,只得借用其他单位的发票,甚至使用假发票来糊弄顾客。

5.5 觥筹交错间,酒水狂"圈钱"

亲朋好友聚会,上馆子吃饭总要来两杯酒才够尽兴。喝酒碰杯俨然成了餐桌上必不可少的一个环节。然而在这觥筹交错之间,店家早已把大笔大笔的利润放进了口袋。

酒水中的那些费

酒水进场费、开瓶费等,可以说是餐饮行业一个公开的秘密。

饭店的酒水比零售店要贵好几倍,这已经是一个公认的事实。但长期以来,顾客都单纯地认为,这只是餐饮暴利的表现。其实,进店费更是饭店酒水价格偏高不容忽视的一个重要原因。

一般酒店酒水利润占总利润的比例在10%以上,有的甚至高达40%左右。其中主要包括厂家或经销商支付的少则数万元、高则数十万元的“进场费”、“赞助费”、“宣传费”。而支付得起进场费的,一般不是低端或市场认知率非常低的品牌,因此进场费争夺战往往都在中间档次的酒水品牌中最为激烈。

“现在不少餐厅规定,如果厂家想让自己的酒水进店,就要支付进店费,一款酒一年的价格从几万元到二十几万元不等。啤酒、白酒、红酒都是这样。”对此,有人可能会产生疑问:这只是导致厂家的成本增加,与顾客有什么关系?一家酒厂的负责人解释道:“是否支付进店费,与饭店的收酒价格关系紧密。同样的一箱酒,如果不支付进店费,饭店就会按照四五十元一箱收购,如果支付的话,收购价格就有可能达到70元。这高出的价格,最后就是由顾客来承担了。”而餐厅从中赚取的进场费往往数额不菲。

另外,开瓶费也是商家常用的一种手段。在很多餐厅,自带酒水,就要收取开瓶费。一瓶酒的开瓶费是多少?一家餐厅老板介绍:“一般来说,一瓶白酒的开瓶费在5~10元之间,啤酒少一点,0.5元、1元、1.5元不等。”据透露,中等规模的餐厅,一个月收到的开瓶费也能在千元以上。

酒水寄存逾期作废

到KTV消费过的人都知道,顾客没有喝完的酒水,KTV都会提供免费的保管服务。不过,这项服务背后却有一个不成文的“规矩”:必须在规定期限内喝完或者带走或者续存,否则就会被KTV“处理”掉。所谓的“处理”,就是顾客手中的凭条会自动作废,而寄存的酒水也会因此被“充公”。

赢利心经

某晚，郑州市民李先生和朋友在经三路上一家KTV唱歌，结完账时，发现还有几瓶啤酒没有开，他想退掉，却被该场所的员工告知不能退钱，只能寄存或带走。李先生便将酒水存在了迪厅内。

当李先生再次来到这家KTV时，想把自己存的啤酒取出来，没想到却被服务员告知，存的酒已经过期了。"这是我买的东西，是我的私有财产，怎么能他们说了算?"李先生很是生气。既然酒是自己出钱购买的，就是自己的私有财产，KTV无权处置。再说，既然设定了时间期限，KTV是否应该在快到期时打个电话过来提醒一下，或者加收一定的管理费。而不能在没征求他意见的前提下，说作废就作废。

不仅在KTV、酒吧，九成娱乐场所都有类似规定，存酒期从一周到两个月不等，逾期不取便作废，酒水将由娱乐场所自行处理。对存酒限定保存期等限制条件，几乎是KTV、酒吧的一个不成文的规定。以酒吧为例，大型酒吧一到周末就人山人海，座位非常紧俏。顾客消费存酒，现场的买酒量自然会有所下降，所以酒吧就出此对策。

酒瓶所属权

在饭店用餐后，顾客一般不会在意留下的空酒瓶，而饭店也习惯将酒瓶的回收费作为自己利益的一部分。在这种约定俗成下，顾客农先生的较真，让空酒瓶的归属成了一个不大不小的争议。

某天晚上，农先生和朋友在一家饭店就餐，喝了一箱啤酒。买单时，农先生提出，这一箱空酒瓶可以回收，要求从账单上扣除酒瓶回收费。被餐馆老板回绝后，较真的农先生便要将空酒瓶带走，不料又遭拒绝。

双方因此起了争执。农先生认为，自己花钱买的啤酒，酒瓶自然也包括在内，理应属于自己。"顾客要求用酒瓶回收费抵餐费还是头一次遇到，也没听说在其他饭店可以这么做。”该餐馆老板说，顾客买酒都是在饭店里喝，价钱里并不包括空瓶。

小小酒瓶对于饭店究竟有多大的利润？以农先生就餐的餐馆为例：店老板说一天能够销售约200瓶啤酒，以每个啤酒瓶0.2元的市场回收价计算，一个月就从啤酒瓶上获利约1200元。但对于顾客来说，少量的酒瓶并不值钱，而且不方便携带，所以一般不会在意空酒瓶的处理。如果是一些生意好的酒店，空瓶回收费更是一笔可观的收入。

谢绝自带酒水

“谢绝自带酒水”一直被称为餐饮业的第一霸王条款。在餐饮界的努力下，已经获得较大改善，但仍无法杜绝这种“潜规则”。酒店为何要拒绝顾客自带酒水而由他们供给呢？因为酒店赚钱的主要财路就在酒水上，而饭菜的利润可以说是不怎么大的。比如，一瓶在市面上价值30元左右的白酒，在酒店里的饭桌上的价格就是60元以上；一瓶100元左右的白酒，酒店就能卖200元以上。一位多年从事餐馆经营的老板说，酒水的高额利润是一些酒店餐馆谢绝顾客自带酒水的主要原因。一般酒店餐馆的酒水利润为其批发价的90%～150%，饮料利润在200%～300%。

市民吴先生表示对这一霸王条款感到不能理解。“我经常要陪一些客户去相对高档些的饭店就餐，但这些饭店大多都在门口醒目的位置写明‘谢绝自带酒水’。每当遇到这种情况，我们就只能购买饭店提供的各种酒类、饮料，但这些酒水的价格实在是贵得有些离谱，有些的售价竟然相当于超市同样商品售价的两三倍。”一家餐馆的老板解释：在激烈的餐饮竞争环境下，酒楼是靠饭菜和酒水赚钱的，其实菜品利润已经非常单薄了，如果酒水不能多赚点钱，酒店的利益就要大打折扣。

废弃瓶盖可换钱

娱乐圈有“潜规则”，酒水销售也有“潜规则”，以往被人们视为废弃物的酒瓶盖，其中也蕴藏“商机”。它有时可以用来兑换礼品，有时甚至可以直接兑换成现金。

顾客在酒店消费时很可能碰到过这样的情况：点了某个品牌的酒水后，服务员却告诉说没有这个牌子，然后积极推荐另一个牌子的酒水。这种平日里我们早已习以为常的现象，实际上却暗藏“猫腻”。

在顾客眼中视为弃物的瓶盖，经服务员的手一转，就能变成“宝”。在酒店做服务员的小刘说：“小小的瓶盖，积少成多，一个月下来，也是一笔不小的收入。”一般而言，啤酒瓶盖最便宜，一个少则 0.5 元，一般情况下为 1 元；白酒瓶盖“利润”最高，但也要因酒而定，最便宜的 3 元，还有 5 元、10 元、20 元，甚至 30 元的。生意好的酒店，如果服务员“业绩出色”，平均一天赚二三十元不成问题，一个月下来，瓶盖费少则五六百，多则七八百，快赶上一个月的工资了。

小小瓶盖，竟有如此高的回扣，而这么高的瓶盖费又是谁来买单呢？

“当然是羊毛出在羊身上了。”酒店负责人说，瓶盖费祸起小酒厂，他们迫于市场竞争压力，便心生奇想，用瓶盖费“贿赂”服务员，目的就是让服务员多推销他们的酒水，打开销路。但生意人是不会做赔本买卖的，瓶盖费早已加入酒价中，例如一瓶 60 元的白酒，其中已经包含了几元甚至几十元的瓶盖费，而这高出的瓶盖费则需要顾客掏腰包。

5.6 最终解释权属餐馆,菜单中的秘密

以“菜单解释权属餐馆”、“图片仅供参考,实物为准”等为借口,一些餐馆在菜单上打主意。一道菜有不同的价格、上桌菜品有时候与菜单上的图片毫不相干等事情也时有发生。解释权在餐馆,顾客碰到这种事常常也只能是哑巴吃黄连。

同菜不同价

不少酒店大厅和包间虽然菜单相同,但是菜价却有差别。包间菜单上的价钱普遍高于大厅的菜单。酒店交营业税时一般都包括酒水的税,但是如果把利润和税款加到顾客的酒水上,顾客不愿买,所以不少酒店都是见客下菜单,用两色菜单折算“包间费”。

一进包间,服务员就抱着一本大红色的菜单跟了进来。“你们这儿能自带酒水吗?”丁先生问。“可以。”见丁先生从包里拿出了一瓶白酒,服务员来了句“我去帮您拿杯子”,就拿着菜单退了出去。当丁先生欣喜之时,服务员夹着菜单、拿着杯子进来了。打开菜单一看:椒盐花生米15元、宫保鸡丁28元……不对吧?一个朋友忽然觉得这本菜单的封面是棕红色的,而服务员刚才拿进来的是大红色的。朋友到大厅服务台取来一本大红色的菜单,上面标明:椒盐花生米8元、宫保鸡丁15元。“这是怎么回事?”看着两本颜色不一的菜单,服务员支吾了半天。

同样,辽阳市张先生带朋友去他经常光顾的一家餐厅吃饭时也碰到这样的问题。因为人多,张先生订了个包间,结果服务员拿上菜单,他发现菜价与平日不太一样,就询问服务员怎么价格变了,服务员称,最近菜

价上涨，所以价格也上涨了。可据了解，菜价最近并没有上涨，甚至在下跌。后来，张先生趁着上厕所出来，翻了一下外面大厅的菜单，价格还是跟以前的一样，张先生就去找经理理论，这才给他们按合理的价格算。

在不少酒店，包间菜单上的价钱高于大厅的菜单，这已成为餐饮行业的一种“行规”。餐饮店不能把酒水的税收明目张胆地加到顾客的酒水上，就用两种不同的菜单，把包间的费用变相加到菜品上。

菜单上价格含糊

同一种食品统一标价，但又没有标明所售食品属哪一类别或等级，或没有标明例外的情况。不少餐馆会在菜单定价时采用这种“含糊价格”。饭店、餐馆都备有菜单，表面上看是做到了明码标价，但细究起来，个别餐饮店却在“明码”菜单中做文章，导致消费者吃“暗亏”。有些餐馆菜单上也确实标有“大中小”碟的不同价格，但是摆出来的碟若没有比较，顾客还是分不清究竟是大碟还是小碟。而这种价格含糊的现象更多地出现在餐宴中。

“请问10人一桌的标准是根据什么来定的，菜是大盘还是中盘，土鸡是一只还是一斤，如果定2188元一桌的年夜饭10人不够吃怎么办？合约能将菜单分解出来，明确标明各类菜肴的品名、规格以及价格吗?”面对顾客的疑问，酒楼负责接待的工作人员表示，酒楼的标准是厨师根据平时顾客用餐来制定的，酒楼不方便把每道菜的材料、规格(或重量)和价格明确标明和写在合约里。

年夜饭每桌688元、888元、1888元、2188元……在年夜饭火爆的同时，餐饮店菜单大部分含糊不清。能提供详尽的年夜饭菜单的不到三分之一，普遍酒楼对菜肴、点心没有标明品名，对主料重量以及价格，对酒水、饮料等商品没有标明品名、产地、计价单位和价格，对鲜活水产不能做到现场过秤、顾客确认。此外，和平常消费不同的是，预订的年夜饭一般以饭店配菜为主，结账以桌为单位，可大多数菜单上只有菜名，顾客对鱼有几斤、蟹有几两、虾有几只都不得而知。

不少菜单“图过其实”

菜单配图风靡一时，不管是中小型餐馆，还是高档酒店，越来越多餐饮店都给菜单配上了图片，让顾客在点菜时一目了然，即使是路边的米线店、拉面馆，墙上也贴有设计精美的让人垂涎三尺的图。然而一些饭店的菜品实际上却很难达到图片上的效果，明明一些肉类为主的菜品，上桌后肉类却成了零星点缀，通过这种主料、配料的颠倒，从而达到节减成本的效果，侵害了顾客权益。

顾客丁先生和朋友去饭店吃饭，点菜时服务员推荐说菜谱中有一道手撕鸡，荤素搭配，价格也十分合算。就这样，赵先生点了这道手撕鸡。不一会儿，服务员开始把菜一一端上桌，丁先生和朋友吃惊地发现，这道手撕鸡与菜谱上的图片相比，完全成了另外一个样子，图片中的手撕鸡，肉块和素菜明显是一起炒制的，酱色的鸡块配上几种时令蔬菜混在一起，看上去十分可口，而以鸡块为主的搭配也符合手撕鸡这个称呼，可眼前锅里除了鸡块干瘪且明显是摆放上去的以外，底部全都是混炒的蔬菜。

从菜谱上看色香味俱全的手撕鸡，端上桌时却成了另一个模样：鸡块、蔬菜既没有一起烹炒，菜谱上占主要地位的鸡块也成了搭配。面对丁先生的质疑，服务员解释说菜谱上已经标注了图片“仅供参考”以实物为准。更离谱的是，丁先生在附近相邻的饭店看到，两家饭店的不少相同菜品的配图竟然一模一样，不知道的人还真以为两家饭店是一个老板开的呢！

饭店菜单频现“时价”潜规则

同一家店，同一套菜，间隔不过两天，价格却有天壤之别。深究其因，都是“时价”设的局。多数饭店给海鲜、时令蔬菜及时令果汁定价为“时价”的情况并不少见。

2月份，陈小姐跟朋友两人去一家餐厅吃饭，边品尝美食边回味大学时光。晚餐后，服务员递上的收银单把她吓了一跳。两个人，6个菜，竟吃掉了近1000元。而她在前两天，用同样的菜谱宴请一名客户时，价格只是现在的一半。

“你点的‘6月黄’最近价格波动很大，还有明虾，昨天和今天的进价每公斤就差了近10元，所以价格会有些偏差。”面对质疑，服务员指着菜谱上的“时价”两个字进行解释。虽然得到了解释，可陈小姐仍感觉“像吃了一只苍蝇”般不舒服。

很多餐饮店老板表示，一般标“时价”的，是河、海鲜类产品和蔬菜、果汁等。因市场价格变动大，菜谱制作耗时、价高，所以只好以“时价”示之。但按照《价格法》的要求，明码标价就是要求商家有纸面标价，如果餐馆都标“时价”，则涉嫌侵犯了消费者的知情权。

5.7 赚钱有新招，“鲜榨果汁”行规多

当一扎扎、一杯杯带着浓郁果香，泛起果肉泡沫的芒果汁、木瓜汁、玉米汁等端上餐桌时，很少有顾客会想到：许多酒楼、星级宾馆销售的所谓鲜榨果汁，并非全用新鲜水果现场榨汁，而是以少量水果兑入大量水和添加剂调配而成。据商家称，“鲜榨果汁”制作已经高度专业化，其中有相当的“科技含量”。所谓的“鲜榨果汁”，并非是完全由水果榨成，其实只是商家吸引顾客的一个幌子。

鲜榨果汁不“新鲜”

武汉市王小姐与朋友一起吃饭，去的是单位附近一家中档餐厅。点完菜大家商量喝点什么，服务员在一旁热心推荐，“不喝酒的话，可以喝果汁。”她称，餐厅里的果汁都是完全用鲜水果榨的，果汁富含营养、又健康又开胃。酒水单上木瓜汁、西瓜汁等是48元/扎，奇异果汁58元/扎。选来选去，48元一扎的鲜榨西瓜汁得到了王小姐她们的一致认可，这年头健康最重要嘛。

席间大家聊得很开心，鲜榨西瓜汁下的也很快，喝完西瓜汁，王小姐拿餐巾纸擦了擦嘴，但在餐巾纸上却发现了一些红色的印迹，这个红色看起来不太自然，如同口红一般，王小姐有些怀疑，难道这西瓜汁还添加了别的东西？为了证实自己的猜测，她又试着用餐巾纸在装果汁的玻璃杯内壁上擦了一圈，结果餐巾纸上立刻留下了一片鲜艳的红色！毫无疑问，这个鲜榨果汁肯定添加了别的配料。

餐厅的服务员表示，因为做真正的鲜榨果汁是件相当有技术含量的事情，一般的餐馆做起来恐怕会有很大的难度。第一，从水果中直接榨果汁，要想提高出汁率很困难，成本相当高；第二，鲜榨的果汁很容易变色，放几分钟就变色，质地不均匀，还容易发生沉淀，这可不容易解决；第三，由于季节因素，原料不断地变化，鲜榨果汁的品质很难保持一致，甚至有些原料会断档。

而顾客呢？早就吃刁了嘴，既不能接受果汁变色的事实，也不能接受鲜榨果汁不够甜、不够香、不够均匀、不够稳定的事实，让他们等很长时间才能喝到，自然更不能忍受。在这种情况下，就只好由“科技”提供解决方案了。

餐厅“鲜榨果汁”的原料一般从经营饮品原料的商店就能拿到。商店里这些原料可谓应有尽有：各种口味的优果粉、果味浓缩汁以及名为“鲜榨果汁伴侣”的配料。此外店里还有增稠剂、增酸剂、苯甲酸钠、日落黄、亮蓝等10多种配制“鲜榨果汁”的添加剂销售。原料店老板说，店里卖的各种原料都是正规厂家生产的，不少销售鲜榨果汁的饭店、饮料店都从他这里进货。1 瓶 1 升的果味浓缩汁批发价格 10 元至 40 元不等,1 升浓缩剂可兑 12 升水,制作鲜榨果汁时,再榨少量水果汁,配上优果粉,很有赚头。

鲜榨果汁的“技术含量”

由于真正的鲜榨果汁技术含量高,且质地、口感不好,难以满足顾客的要求。许多餐厅一般会用最简单的方法制成“鲜榨果汁”——浓缩果汁调配。以浓缩果汁为主,配少量鲜果榨汁,然后加糖和水稀释一下。这种做法不违反道德,也不会引入什么污染。不过,这种果汁的成本仍然显得高了些。还有成本更低廉的路子:现在的水果香精味道足以乱真,用糖、酸、增稠剂、水果香精、色素等兑水来配果汁,实在是轻而易举。

大多数顾客都喝过果珍。它在配料表上诚实地告知人们,它是一种完全靠 20 多种原料人工调配而成的、有很高技术水准的水果味饮料。然而,它的风味之好,实在是超过我们日常吃的橘子和橙子。在市场上,纯果汁永远卖不过只含 10% 果汁的果汁饮料,因为鲜水果不是按人类的口味精确设计出来的,而果汁饮料却可以做到按大众口味来调配。

既然顾客喜欢那些风味“纯正”,保存容易,又非常时尚的果汁,专业公司自然可以通过技术手段做出来。这一点也不奇怪,而且目前也没有任何法规禁止这种做法。虽然“果汁伴侣”里面的添加剂都属于国家许可的添加剂,但仍需要严格控制其使用量。

其实,使用食品添加剂来配制水果味饮料并不是罪过。市场上很多饮料就是这样配出来的。关键是,它的鲜果汁成分大打折扣,而添加剂含量较多,却打着“鲜榨果汁”的旗号来糊弄顾客,这就是一种欺诈行为了。

鲜榨果汁利润高

随着健康风越刮越盛,顾客去酒楼就餐,鲜榨果汁往往成为饮料类的首选。可一扎这样的果汁,在城市各大酒楼的售价一般都在40~60元不等。它们是否真的物有所值呢?

李先生在一家酒店吃饭时,点了服务员推荐的鲜榨玉米汁,结账时发现一杯玉米汁竟收了68元,他怀疑是否弄错了就拿来酒水定价单验看,这一看吓了一跳,最便宜的鲜榨西瓜汁也要48元,而鲜榨木瓜汁价格更是高达200元。李先生感到不可理解,不过是一点水果榨出的汁为何会卖那么高的价?一般,大中型酒店的鲜榨果汁价格的确不低,最低的也要卖到15元一杯,就餐顾客大多觉得其价格高得离谱。

对此,一家海鲜酒楼内的负责人解释,酒店内的鲜榨果汁制作讲究,原材料都是选最好的。比如一扎750毫升的橙汁,需用到5~6个正宗的进口新奇士橙。一般一公斤橙子才能榨出一扎果汁,每斤橙子售价8~10元,就需20元;再加上水电、员工工资等成本,酒店几乎不赚钱。然而,事实是否真的如此呢?所谓成本高只是酒店给出的借口。鲜榨果汁的定价是综合考虑酒店的档次、人工服务成本、原料成本以及投资利息等多方面因素而制定。也许一扎果汁的成本是不高,但是酒店得把种种因素都考虑进去,不可能做什么价,卖什么价。

在酒楼制作鲜榨果汁的周女士坦言,如果偷工减料的话,一扎售价48元的鲜榨果汁,酒楼可赚近40元。周女士说:“一般做橙汁,一只橙子就可搞定,再加上一点糖浆,原材料成本不过二三元。即使再算上购买榨汁机器、员工工资等成本,不过10元左右。如果是果汁制造商在酒楼驻点,利益一般对半分。”

第六章

换汤不换药，挣新鲜感的钱

►6.1　自助式经营,我的餐馆你当家
►6.2　在菜单上做文章,要的就是这股新鲜劲儿
►6.3　餐馆就餐有条件,新鲜怪招引客来
►6.4　各式主题餐厅,满足顾客新鲜追求
►6.5　别出心裁,菜品新鲜客自来
►6.6　特色服务进餐馆,顾客叫绝人气高
►6.7　过犹不及,新鲜怪招惹的祸

6.1 自助式经营,我的餐馆你当家

现在的年轻人比较有自主精神,性格也独立活泼开朗,“我的地盘”尚且“我做主”,更何况是“我的饮食”呢?所以他们喜欢自己也来掺和一把,自己当自己的主厨,酸甜苦辣咸和生熟老嫩,均由自己一手掌握。不少餐馆为迎合年轻顾客追求新鲜的心理,以“自助”为主打,推出烧烤、亲手炒菜之类的自助式餐饮方式。这些新鲜的就餐形式一经推出就流行起来,并且越来越受到广大顾客的欢迎。

炭烤、电烤都很火

传统的餐饮方式,一般都是我们下馆子,点完菜然后由厨师一道一道地精心做出来,我们慢慢品尝,享受着被人服务的饕餮之感;当然这也省去了自己动手所能获得的乐趣。自助式烧烤就能满足一些崇尚 DIY 的顾客,想怎么烧就怎么烧,想怎么烤就怎么烤,新鲜!

烧烤也分很多种,比如蒙古烧烤,韩国烧烤,日本烤肉……巴西烧烤虽然也是烧烤,但是巴西烧烤是由厨师烤好之后,找几个高大威猛的侍应生提着一棵树一样的肉串子满餐厅游走,顾客要的话他就殷勤地切一两片搁盘子里头,所以还不算是真正的自己动手的自助式。杭州一家连锁的蒙古烧烤店就特别火,每次到了吃饭时间,店里就挤满了二十出头的年轻人,在那里上下翻滚满面红光地烤着肉串。整个店里都是烟雾腾腾的,因为这家店还是用炭火烧烤的。

韩国烤肉起初也是用炭火烤的。不过现在很多韩国料理店都改良过了,用的烤炉要么用小罐液化气,要么用电,环境和空气都清洁了好多。

赢利心经

某些韩国料理店是由服务员帮忙烤的，烤完了之后才端上桌来，这样的烤肉确实火候掌握得比较好，不会太焦也不会太生，样子也好看，但是同时也就失去了“自己动手，丰衣足食”的乐趣。所以要想吃得有乐趣，还是得自己动手烤肉。新手烤肉的话，一般肉没放好或者没有掌握好火候就会粘在烤架上，所以要不停地翻动烤架上的食物，要注意给它们翻身，这样才能烤得里外四面都均匀。这样的就餐方式给顾客提供了个学习烧烤的机会，许多尝试过的顾客都表示自己过了把厨师瘾，乐趣十足，一定找机会再来过。

DIY 菜棚餐厅

农家风味的餐厅之所以成为众多顾客青睐的对象，不仅仅因为餐厅菜肴天然、味道纯正，更因为在这些餐厅就餐的过程中，可以让顾客大显身手，乐趣无穷。

将餐桌摆进特菜大棚里，让顾客自己动手，想吃啥菜就随时去摘。北京市大兴区出现的一家顾客自助(DIY)菜棚餐厅，一开张就迎来了红火的生意，每天都有近千人次前来就餐。

这家蔬菜大棚 DIY 餐厅，竹子制成的建筑古色古香，门前一派绿意盎然的景象，小桥流水、热带植物，一畦畦青翠的西芹、羽衣甘蓝、鲜嫩的紫背天葵以及娇艳的草莓、圣女果；清澈见底的池中鱼、虾游动，点缀其中，每个餐桌都与菜地、鱼池相邻。与占地 1500 平方米的生态餐厅相连的 1.3万平方米的蔬菜采摘大棚里，种植了 30 余种特色蔬菜，每种蔬菜旁边还有文字标志，顾客可以采摘自己喜欢的蔬菜食用。

还没到午餐时间，40 套餐桌就已经坐满了人，顾客们穿梭在“田间地垄”中寻找自己想吃的蔬菜；摘下的蔬菜送到餐厅服务员手里，是炒好了上，还是洗净了涮，全由顾客自己决定。

据餐饮部张经理介绍，所有的蔬菜、畜禽全部采用安全、无公害方式生产,在源头上保证了食品的绿色新鲜。顾客直接采摘棚里的新鲜蔬菜,现采现吃。

慕名前来的黄先生表示:“在这里可以自己动手,既有情调,又能让都市人享受了田园的乐趣。”

DIY餐厅的负责人介绍,当初把餐厅开进蔬菜大棚的主要想法,就是为了满足人们回归自然、融入自然的需要,吸引更多追求新鲜感的人来这里休闲放松,真实地接近自然。

“顾客炒”餐馆

餐饮业一直是人们创业的主要领域。随着竞争的激烈,价格大幅下降,很多餐馆都关门了事。只有赋予传统的餐饮店以新的概念,不断给予顾客新鲜有趣的感觉,才能以新奇取胜。“顾客炒”餐馆就是这么一个绝佳的例子。

其实,很多喜欢烹饪的顾客,都有自己一个或几个拿手菜。平时,他们只能在家中一显身手。如果能给他们提供一个在其他人面前展示自己厨艺的机会,他们会乐于进行尝试。

贵阳南平区就开了这么一家允许顾客到厨房炒菜的餐馆,既可以使一些顾客向朋友亲戚“炫耀”自己的厨艺,又能使顾客品尝到不同口味的美食,而且其形式也非常新鲜有趣,具有独特的吸引力。

在餐馆的厨房,老板专门开辟一两个供顾客炒菜的灶台。在餐馆的门口,打出“顾客炒”的招牌。许多顾客看到这个新鲜的招牌,都忍不住想要满足自己炒菜的愿望。顾客可以在现场提出或提前预订菜名和所需的原料、作料等,餐馆就会将所有的原料和作料切好、配好,然后由顾客掌勺炒菜,炒好的菜端到顾客就餐的餐桌。当然,餐馆也可以按照顾客意愿,把灶台、炒勺等工具搬到台前,让顾客在大家面前展示自己的厨艺,使顾客更有成就感。

赢利心经

对于顾客炒的菜，餐馆只收取工料的成本费用，或小幅度地加价，使其价格低于厨师炒的菜，这样更加凸显顾客手艺的价值。当然，一桌酒菜一般只是由顾客炒其中的一两个菜。如果顾客要求主要或是全部由自己去炒，则需要对菜的价格作适当的上浮调整。顾客炒的某个菜确实很有特色或很受好评，餐馆也会向其学习借鉴，将这个菜列入饭店的菜谱之中。

附带市场的餐馆

见过自己掌勺的餐馆，自己买菜交给餐馆做可不常见。

提着菜篮到市场内转一圈，买些海鲜、活禽，再把购物篮交给厨师，不多会儿，热腾腾的饭菜就上桌了。但吃饭的地方不是自家饭厅，而是一家餐馆。在餐饮业竞争日趋白热化的今天，餐饮店什么招儿都有。一种新颖的餐饮经营方式——附带市场的餐馆已渐渐成为追求新鲜的顾客的新宠。

对餐饮顾客来说，自助餐、自助火锅已屡见不鲜，但自己买菜（菜价不高于当日农贸市场菜价），向餐馆交加工费做饭菜却是头一回。加工费明码标价，标准 2 ~ 10 元。周末假期就有更多的顾客前往买菜、就餐。部分顾客表示，除价格这一因素外，自己动手的乐趣也挺吸引人的。

据有关负责人介绍，为了保证菜价不高于当日市场价，餐馆引入多家摊贩，免费提供场地，只从他们每日营业额中抽取约 5%。此法为都市餐饮业提供了一种新的经营方式。看着餐馆门前来来往往提着菜篮子的顾客就知道这家餐馆有多么的受欢迎。

6.2 在菜单上做文章，要的就是这股新鲜劲儿

如何增加餐饮店的人气？答案是，利用那张小小的菜单。追求新鲜，想尝试新玩意的顾客不在少数，而且大有增长的趋势。许多餐饮企业也努力在各方面推陈出新，甚至连一张小小的菜单也不放过。而不少顾客也正是被那些新鲜“菜单”所吸引。

“另类”菜名取悦顾客

“蚂蚁上树”、“金玉满堂”、“龙爪”，如果单从字面上看，知道这是餐馆酒楼的菜名吗？即使看到了菜单，顾客知道这些菜是什么玩意吗？为了吸引顾客眼球，不少餐馆酒楼的菜名正呈现出一种“百花齐放”的趋势。

一些顾客反映，去餐馆酒楼吃饭时，他们经常为点菜伤脑筋，因为不少菜名让人摸不着头脑，有时根据菜名点了菜，等到菜上来后才发现与自己想象中的菜有些出入。南宁市民朱先生说，有一次他和朋友去餐馆吃饭。朋友让他点菜。他看到一道名叫“金玉满堂”的菜，以为是新鲜菜就点了，谁知菜上来之后才知道：一盘极其普通的南瓜而已。为此，朱先生非常纳闷地说：“一盘普通的南瓜为什么要叫‘金玉满堂’？这样的菜名从字面上理解有几个人知道是南瓜？”当听到服务员涉及到更多的文化内涵在菜单里面时，朱先生才感觉到另有新意，先前的不快顿时抛诸脑后。

其实，这样的菜名在一些餐馆酒楼屡见不鲜。粉丝上撒一些肉末名曰“蚂蚁上树”，蕨菜叫做“龙爪”，蛇和鸡炖汤是“龙凤汤”……

赢利心经

珠海市一家餐馆的经营者称，特色、新鲜是餐馆赢得顾客的主要手段，但是现在餐饮业之间竞争激烈，各家餐馆菜式雷同的现象越来越严重，就算餐馆推出了新的菜式，没过几天也会被竞争对手“偷走”。为了吸引顾客，他们除了在菜式的口味上不断下工夫之外，在取名上也绞尽脑汁，尽可能取一些新颖的菜名。有时候，一道同样的菜会不断地变换菜名，然后再在菜的味道上稍加改变，就起一个新菜名。因此，现在的菜名不但越来越新奇，同样的菜在不同的餐馆其味道也千差万别。

这些有点“另类”的菜名真的能取悦顾客吗？不少顾客认为，菜名是为了吸引顾客，适当给菜取一些新鲜的名字无可厚非，偶尔让人猜猜谜语也是件挺有乐趣的事。

没有菜单的餐馆

习惯了下馆子就看菜单点菜的顾客，碰到没有提供菜单的餐馆会是什么反应呢？好奇、新鲜，抑或是抱着试试看的心理？

点菜看人下菜碟儿，没菜单价格不明细。这就是位于北京东直门簋街一家菜馆的“江湖菜”特色经营方式。

这家位于北京市簋街上一条小胡同内的餐馆，店门口刀剑并立，酒旗迎风。迈进店门，《射雕英雄传》的主题曲首先飘入耳际，入口处放着一盆水，墙上有告示云：“凡入本庄侠客均需金盆洗手，重江湖义气方显英雄本色。”这里的店主姓毕，自称庄主。

除了前面说的这些“噱头”，这里最主要的一个特点是没有菜单，庄主摆明了：“我们这儿就是看人下菜碟儿！”庄主毕先生称，他们这儿是按人均菜价配餐的。人均消费 35 ~45 元，但吃什么可不由顾客说了算。顾客坐毕，庄主会上来询问有无忌口，根据顾客人数、性别、年龄等特征，庄主负责亲自代为配菜。“我们一般会先按照最低价位标准配，避免浪费。

报完消费总价，顾客可计算人均消费价格。”

该店的这种经营方式虽独特，但也引来了一些顾客的质疑。付了钱却不能事先知道能吃到什么，价格不透明，令人不免担心被宰。对此，店主自有一番解释：“很多人点菜要占用不少时间，犹豫再三，我们这样做可以减少这方面的麻烦。”配菜都会按照营养健康适量原则荤素搭配，“我们这也是专业人做专业事。”毕先生这样说。

另外，店主提到“人在江湖，身不由己”这一源自武侠的理念，“有时候并不一定想吃什么就有什么”。他说，店里来的大部分都是回头客。他们的目标顾客为16～40岁的年轻人，来这儿吃饭图个新鲜好玩，如果不能接受这种新鲜方式店家也不勉强。

餐馆不设菜单，这现象在花莲的一家餐厅也已成为一些老顾客的美谈。

来到花莲这个充满原住民色彩的观光大县当然要找一家属于原住民风味餐的餐厅来品尝一下当地菜肴的特色，而这里最当红的当数这家原住民风味餐厅。

第一次来到这家餐厅的顾客，可别急着要找菜单点菜，因为这里根本没有菜单，一切都只需交给老板去处理，顾客只需告知大约多少人多少预算，不一会功夫就会有一道道充满原住民风味的料理呈现在顾客眼前，所有的美味佳肴绝对都是新鲜现采的山产与下海现捞的海味，因为原住民的特色就是这样。

这家原住民餐厅的菜色虽然没有像大餐厅那样丰盛，但绝对会让顾客惊喜，有很多老主顾即使经常光顾也会觉得菜色都不太一样，但每次都会吃的津津有味，况且老板不断的研究菜色，除了兼具养生、美味之外，更以传统食材融合西式餐饮的概念及方法，颠覆传统。独特的点菜方式，外加新颖的美食，顾客又怎能拒绝呢？

菜单浪漫化

习惯了餐馆里“规规矩矩”的菜单，偶尔看到经过变革的浪漫化菜单，顾客肯定耳目一新，对这家餐馆的印象也不知不觉好了许多。

位于曼哈顿熨斗区的印度风情餐厅 Tabla 从 2008 年开始进行了一场说大不大说小不小的“变革”，这一切都源于老板丹尼·梅耶“旧貌换新颜”的创意。

Tabla 餐厅的招牌菜“布迪老太的秘制鸡肝”就是“菜单学”的绝佳范本，因为布迪老太正是餐厅主厨弗洛伊德·卡多斯的母亲。经过修饰的菜单，顾客第一眼觉得新鲜，习惯了却觉得很温馨。餐厅老板表示，顾客都喜欢在某某菜、某某汤前面看到厨师的母亲、祖母，或者其他什么亲戚的名字，比如老祖母的南瓜饼、王大叔的鸡蛋灌饼、张阿姨的糯米粥等。

与 Tabla 餐厅类似，“蜗居”私房菜在菜单的创新上也颇有创意。

“既然没法涨价，我们就只能寻找其他的利润点”，“蜗居”私房菜的行销副总裁苏珊·弗兰克说，“比如把招牌性的东西浪漫化”。菜单上那些听起来有些老土的“鸡蛋卷”和“橘汁”早已焕然一新，变成了“来自天国的鸡蛋卷”和“美汁源橘汁”。同时，负责菜名创新的负责人也发现了菜单中存在的问题——过多的印度烹饪词汇让顾客产生距离感。于是，他们把印度词汇削减大半，只留下那些美国人熟悉的“泥炉炭火烹饪法”、“凝乳干酪”等。

此外，“蜗居”私房菜还选用诸如“涂了三次奶油的”、“纯手工制作的”、“文火慢煨的”等来形容原本平凡无奇的菜肴。经过浪漫化的菜单吸引了猎奇的顾客，餐厅业绩也明显有了提高。

6.3 餐馆就餐有条件，新鲜怪招引客来

餐馆开门做生意都是巴不得顾客前来，然而有些餐馆却反其道而行之，对顾客提出种种要求，有些甚至将“不合条件”的顾客拒之门外。习惯了中规中矩的就餐方式，偏偏就有顾客喜欢上餐厅的这些“怪招”。

“特殊人士”不接待

“说明了，下列人士不接待：斗地主赢了钱不说的，买了好车不借的，打麻将专和老丈人的，点菜很积极，买单时上厕所的（或外出打电话的），穿西装打领带的。”重庆南坪一家餐馆标新立异，在墙上显著位置醒目标注，以“怪招”聚集了不少人气。

大多数顾客对此表示匪夷所思，餐馆为何不接待这五种人？不少顾客猜测，老板将自己的缺点写在墙上，让有这些习惯的人达到一种面壁思过的效果。许多顾客听到这一消息，都好奇着想来看个究竟。

这家餐馆的生意也出奇的好，每天中午和晚上吃饭时间，来这里吃饭的人络绎不绝。吃完饭打斗地主，赢了的自觉买单；没打牌的各位也都抢着付钱，有时老板都不知道收谁的好。顾客们看上去都很懂“规矩”，没有看到墙上提到的五种人。

“把西装、领带脱了，要不进不去。”某日，开着奔驰轿车来这里吃饭的杨先生如此提醒同伴。杨先生先生介绍，他已经是这家店的老顾客了，平时经常穿西装打领带，可是每次来这家餐馆吃饭总会换上一套便装。

杨先生说，第一次来到此处就餐时，一身正装的他一眼就看到墙上标

注的"穿西装打领带的不接待",心里很不舒服。在借机和服务员吵架后他准备离开,但朋友却将他拦了下来,并帮他脱掉了上装和领带。"虽然心里还不舒服,但吃起来却很舒心",杨先生随后也发现来这里吃饭的人都穿着便装,没有优越感,也没有压力。

一些顾客认为,老板的做法是种"调侃",点子很新颖。当一些传统的美好的东西流逝时,总会有相应的少数人以各种各样的方式站出来维护,正如这个餐厅。来这就餐的顾客,不仅好奇于餐馆的"规矩",还想体验下这里纯朴的风气。

"米饭任食,吃剩罚款"

很多人平时到餐馆吃饭都会出现饭菜吃不了而浪费的情况。郴州市一家快餐店为此推出了"剩饭罚款"的措施,引导顾客减少浪费。来这尝过新鲜的顾客渐渐习惯了这种就餐方式,明白了老板娘的用心良苦,餐馆回头客源源不断。

冷先生说,他第一次在郴州市一家小餐馆吃饭时发现店主对浪费米饭的顾客进行罚款,觉得很新鲜,后来就变成了欣赏。他认为这种"处罚"浪费粮食行为的手段值得推广。这家餐馆只卖快餐,每份5元,米饭任食。店里几面墙的显眼位置都贴出了一张粉底黑字的标语,写着:"米饭吃多少打多少,请勿浪费!浪费1碗罚款2元,浪费半碗罚款1元。谢谢合作!"贴出标语以后,餐馆生意变好了,回头客众多,而每位顾客都把碗里的米饭吃得干干净净才离开,贴在墙上的标语发挥了很好的作用。

餐馆老板娘表示,这里米饭任吃。以前她常发现有些顾客一下子盛了很多米饭,结果又吃不了,造成浪费。还有些不自觉的顾客明明吃饱了还要盛一碗米饭摆在那里故意浪费。于是,她就萌生出了这个想法。她说:"贴这个标语并不是真的要罚款,有些顾客确实是吃不下了,剩点米饭我们也不会真的计较。但标语贴出来以后,效果很好。很多顾客看到标语自然而然就会注意不浪费米饭，慢慢地就形成一种节约的习惯。”在这吃过饭的顾客都对店主的做法表示理解和支持，他们称来这里吃饭时都会特别注意不浪费粮食。

“米饭任食，吃剩罚款”，餐馆的主意不仅新鲜，而且具有一定的教育意义，受到众多顾客的肯定。

女子餐厅，男士“非诚勿扰”

无论是腰缠万贯的老板，还是开宝马跑车的帅哥，郑州有家餐厅，没女伴的男士是进不去的。这就是河南省首家女子主题餐厅，无女伴的男士“非诚勿扰”。

“对不起，这是女子主题餐厅。带上女伴，您可以来这里就餐。”在郑州市百盛商场附近，李先生一个人想进这家餐厅就餐，不料被拦了下来。一位男服务员解释说，这是女子主题餐厅，男士需要女伴陪伴才能进入。

餐厅内布置得很温馨，碎花沙发，精致吊灯，给人一种家的感觉。餐厅内，可谓美女如云，男士屈指可数。这里的菜单也是专门为女士打造，黄金美容养颜汤、瘦身养颜汤等几个锅底，多和瘦身养颜有关。果汁也是木瓜汁、酸梅汤等，也都是女孩子爱喝的上品。就连卫生间也装修得非常女性化，里面安装着两面镜子，看起来小巧温馨。

餐厅负责人张先生说，男士想要来这里就餐，需要满足几个条件，首先女伴必须是这里的 VIP 客户，并且提前预约过。除此，男士还必须衣衫整洁。

单身男士一般不得入内，但这里的服务员却是清一色的男士。服务员们看起来个个年轻帅气，时刻保持着阳光般的笑容，看起来很时尚。负责人张先生说，这也是该餐厅的一大特色，男士为女士服务更容易沟通。

女子餐厅这种服务方式比较新颖，属性别经济，更是一种有针对性别的个性化服务。市场经济竞争日趋激烈的今天,性别经济逐渐火爆。它摆脱了传统的餐饮业就餐时不分男女千人一面的现象,从提供的菜谱到营造的环境,都更符合女子的生理、心理定位。顾客在这里消费,更能享受到贴心的服务。除此之外,也有不少男顾客出于好奇,频频邀请女伴前来就餐。

6.4 各式主题餐厅,满足顾客新鲜追求

如今,越来越多的顾客去餐厅就餐已不只是单纯为了果腹或享受美食。顾客不断寻找新的生活方式,这就要求餐饮行业必须依据顾客的喜好来提供具有新意的菜品和服务。为了迎合顾客在餐饮消费中的不同需求,卖点突出的动漫餐厅、知青餐厅等主题餐厅悄然出现。这些餐厅主题突出,内容也很新鲜。来主题餐厅消费的顾客除了吃饭以外,更多的是冲着餐厅附加的新鲜活动而来。

"老船夫"——海文化主题餐厅

主题餐厅相对于一般餐厅而言,有别具一格的装饰布置,更有独特的餐饮新概念,使前来就餐的顾客既可以品尝到美味佳肴,同时又能体会到特殊的文化氛围。而顾客经历了从吃饱到吃好的阶段后,吃正逐渐演变成一种文化消费,在品尝美味佳肴的时候,开始关注用餐环境的文化氛围与个性化。这就是老船夫主题餐厅诞生的主要原因。

位于青岛中央商务区,营业面积约为4000多平方米的首家主题餐厅"老船夫大型餐饮广场",把海韵、海情、海魂等构成元素巧妙的融进酒店的设计细节中,海边灯塔、木船、缆绳、船舵、蓝天、海鸥、沙滩、水族等装饰

物把酒店装点成一幅美妙的图画，令人赏心悦目。品尝着“船夫”大餐感受着精神愉悦，无论是山珍野味或是海鲜、野菜，都围绕“山海一色”的主题，经典的器皿，独特口味的新鲜海鲜与酒店的主题统一而协调。

老船夫主题餐厅的横空出世，突破了传统饭店“硬件”和“软件”服务的旧层次，处处体现船夫与海的文化意韵，全新的设计理念，为青岛餐饮酒店业的主题餐厅的繁荣发展做出了典范。不难看出一些经营者在面对市场精明地念着生意经的同时，也都努力地表达着他们的文化追求。这种文化必将成为一种潮流。

另外，老船夫主题餐厅还邀请部分餐饮专家和美食记者试灶。老船夫注重餐厅形式的求新求变，更注重菜品的求变，老船夫避开与普通酒店的直面竞争，在不同时期邀请全国乃至全世界的名厨前来现场指导献艺，为顾客打造餐饮嘉年华。老船夫在菜品上努力满足顾客不断上升的品味追求，椒盐鲍鱼、船夫鲍翅、蟹、海鲜小炒等大量海鲜汇聚，经过大厨的精心烹制，既保留海鲜的原汁原味，还在菜肴的色、香、味、形上下工夫，以惊人的创意烹制出令人垂涎三尺的佳肴。

以海洋为主题，整个餐厅的装饰无不展示着海的魅力，让顾客流连忘返。常换常新的地道美食，更是以全新的口味牢牢地抓住了顾客的胃。

“暴雪”——魔兽世界主题餐厅

伴随着网络游戏行业的发展，网络游戏已经开始慢慢渗透到部分人的生活当中，网游主题手表，网游主题衣服，网游主题酒吧等的出现无不体现了这一趋势。在北京出现的一家以《魔兽世界》为主题的餐厅——“暴雪”更是受到了广大游戏爱好者的喜欢。

暴雪餐厅营业面积1200平米，其中有大小包间12个，可以240~280

人同时在这里一起用餐。配有电脑区、无烟用餐区、任务给予荣誉积分兑换吧台区、魔兽世界模型展示柜、各种魔兽世界视频链接播放，主题背景音乐环绕等。餐厅装修主要以木制为主，墙壁配以林间画面来体现主题中林地的感观，根据时段灯光将有或明亮或幽亮的交替转换……

说到这里就不能不提餐馆的特色菜肴。“暴雪”餐厅所有菜品或者80%的主题菜的命名均采用魔兽世界中的菜品名称，推出主题食谱，并在形状上尽可能的做到与主题中食品相似，同时餐具的配置也与主题相似，增加烧烤多品种特色。所有菜品均为魔兽世界中出现的或和魔兽世界相关的菜品，可阶段性选择一部分作为主题餐厅所用以及更新。这些菜品的名称均源自魔兽世界，能够给顾客带来很强的亲切感，对其有着强烈的吸引力。

主题餐厅虽以环境及服务吸引顾客，但毕竟还是餐厅，美味菜肴肯定必不可少。顾客在这里可以品尝到20种少见的药材泡制的御膳滋补汤锅、环球风情套餐、中西精致面点等风情美味的同时，还可以欣赏到魔兽世界中风情礼品。设计师量身定制的几十款魔兽人物雕塑错落分布，让顾客身处“魔兽世界主题餐厅”就犹如畅游于文化流动的湖泊中并观赏着魔兽世界中的风情。

餐厅里那些与魔兽世界相关的内容提高了顾客的新鲜感，在墙上贴的招贴画、玩家的照片以及原创，还有许多魔兽世界的周边产品都对《魔兽世界》的忠实爱好者有着致命的吸引力。来这消费的顾客无不高呼新鲜、过瘾！

“知青”——乡土文化主题餐厅

这年头，去餐馆吃饭可不只是讲究口味那么简单了，新鲜成了不少顾客的首要追求，餐厅的环境、氛围、情调也都成了顾客挑选就餐地点的考虑条件。主题餐厅通过一个或多个主题为吸引标志的饮食场所，希望顾客身临其中的时候，经过观察和联想，进入期望的主题情境，譬如“亲临”世界的另一端、重温某段历史、了解一种陌生的文化等。以乡土为主题的餐厅就是这么一个例子，带领顾客走进那段尘封多时的历史，体验另一种生活。

以“知青文化”、“黑土文化”为主题的一系列专营东北菜的主题餐厅首先落户于哈尔滨。餐厅里的服务员身着军服或穿得极为“乡土”，包间也以一个村或一个寨的名字来命名，厕所也不叫厕所，而叫“茅楼”。让顾客顿时坠进了那上山下乡的知青年代。

老板的经营主题突出，吸引的就是中老年这个年纪的顾客。餐厅内大都悬挂着当年老三届上山下乡的物品，绿、黄草帽，军用水壶、纪念章、旧照片、旧报纸等，时代特色鲜明。来这里用餐的多数为当年的“知青”或对当年的情形比较好奇的人，一盘窝窝头、一碗棒子面粥、一盏煤油灯，仿佛回到了那蹉跎岁月。

餐饮业的竞争已经进入白热化状态，只有不断创新以追求与众不同，才更能吸引顾客。乡土主题餐厅的出现，正在以其时尚、个性、文化的餐饮新概念，配之别具一格的装饰布置，征服顾客，掀起新一轮浪潮。

6.5 别出心裁，菜品新鲜客自来

对于嗜好美食、追求新鲜的顾客来说，一成不变的菜品肯定满足不了他们的需求。只有不断推陈出新，给顾客连连不断的惊喜，才能使顾客心甘情愿成为餐厅的俘虏。世博菜、时令菜等一系列新鲜菜品推出后立马就成为顾客们的新宠，不正是

赢利心经

菜品唯有“新”才能俘获顾客的最好证明么！

世博菜肴

2010年，“世博”已成为人们热议的话题之一，各行各业更是刮起了一阵“世博风”，餐饮业自是不能例外。利用最新时尚主题“世博”，餐饮企业在菜肴上进行了大刀阔斧的改革创新，给顾客以全新的体验，创下新一轮佳绩。

“海中四宝”这道由一家大酒店推出的世博菜品，在视觉上利用南瓜雕刻的海宝及浪花，体现海宝弄潮的概念。口味上，这道传统的潮汕菜利用四大海鲜——鲍鱼、海参和潮州特色的炸虾枣、炸果肉共同组合而成。对于鲍鱼和海参，只是利用最简单方式进行蒸煮，保持原料最本色的味道。而炸虾枣则采用新鲜的海虾仁配以清爽的马蹄，炸出脆香的口感，荤素搭配，吃起来味道非常清爽。潮州炸果肉，利用了五花肉、高档的瑶柱等原料，用豆腐衣包裹起来进行煎炸，口感柔嫩清香。不管是造型上，还是口味上，无不体现了世博“融合、创新”的理念。

在中高档菜馆推出“世博菜肴”的同时，一些星级酒店也开始筹备。一家大酒店销售部负责人说，他们餐饮部的大厨都忙着开发既代表本酒店特色又体现世博精神的菜肴。他们推出的“世博菜肴系列”将从健康、美味、文化等各个方面，诠释世博精神在饮食上的影响，这也是他们餐饮营销的一个重要手段。

在没有能力开发“世博菜肴”的中低档餐馆，也不愿放弃世博商机，他们基本采用“换汤不换药”的办法或在冷盘、面点上，打个“擦边球”。有一家东北菜馆，菜名让顾客啼笑皆非。一道名叫“海宝”的菜肴，端上来一看，是正常的香椿蒸鸡蛋，只是换了个海宝模型。还有一些街边卖小吃的，直接就着原料改名字。

餐馆在冥思苦想、设计制作菜肴的同时，消费者乐得享受。南京市民吴先生说，他在周六在城东一家饭店吃饭，小姐就向他推荐一道世博菜肴，当时也没问是什么，一听和世博有关，就点了。端上来一看，也就是南京传统的点心米糕，只是造型变成了世博海宝标志。大家就着这道世博菜肴，也热议开来，气氛一下子又热闹起来。

时令菜

实际上，我们吃来吃去，潜意识中都在寻觅新菜。到土菜馆去，就是去吃农村带来的新菜；到粤菜馆去，除了口味的更新，主要还是吃粤菜中原料更广泛的新菜。春天，自己家里做菜，也往往离不开春笋、韭菜等时令菜；到冬天，则希望买到大棚外的菠菜、冬笋。一些餐馆为了吸引顾客，挖空心思，以时令菜为特色，努力创新，让顾客在美食天堂不时发现新大陆。时令菜因其季节性，不是一年四季都能品尝到。餐馆推出时令菜，菜品随着季节不断更新变换，满足了许多顾客求新鲜的心理。

和镇江的时令鱼菜相似，杭州两大型餐厅联手经营的浙大某餐厅推出"野生江鲜鱼，江边家烧菜"美食节，把浙大当年西迁路过地域的野生时令菜肴都汇集一堂，除了钱塘江的鱼虾之外，还有赣江、湘江、乌江等水域的鱼虾江鲜，用当地农家的烧法烹制，这样就集地域性、时令性、乡土气于一桌，主题突出，引人注目。

新店往往有新花样。位于杭州机场路的某特色餐厅，从时令性海鲜到当地的蔬菜，尽量不采购外地的反季菜。杨公堤中段锦绣西湖的"饮湖上"酒店，其得名于苏东坡的诗名，经营宗旨以杭帮菜的湖上帮菜肴为基础，加以新派做法，注重时令性，创新色香味形。据说菜肴和其他店家都不一样，顾客在这里就餐，会产生当年苏东坡饮湖上的快感。

更值得一提的一家粤菜馆，其养生煲汤一年四季都热气腾腾，但一年四季品种都不一样，冬令注重营养滋补，春天注重原料清新，夏天突出开胃"夏补"，秋天则讲究品味硕果。其他的冷菜和热菜，同样因时制宜，粤菜的精细首先体现在原料上。从大酒店到小店里叫卖的时令性野菜、土菜照样受到推崇，如鹿港小炒、南瓜花、绍兴三味。

“唐僧肉”

说到唐僧肉，立马让人回想起《西游记》中的唐僧，各路妖怪为能吃他身上一块肉使尽各种招数。但如果告诉你，成都街头就有唐僧肉卖，信不？在通锦桥路一家小食店就挂出了“唐僧肉”的招牌揽客，如此个性的小食店还真吸引了不少顾客的注意。

“老板，给我来碗‘唐僧肉’！”进店的顾客还没坐稳，就先冲着老板要唐僧肉。正值中午，这家约30平方米的小食店几近满座，而再仔细看看店内四周的墙壁，上面贴了两张醒目的海报：“唐僧肉”就是“糖色＋花生＋巴骨肉”。

最雷人的莫过于店堂里张贴的“CEO最高指示”：本店是民营独资企业，故必须坚持三不打折原则，品位不打折，分量不打折，价格不打折，否则打成粉碎性骨折。再看CEO的“温馨提示”：请不要告诉陌生人，你的肚子是在这里搞大的！“这个老板有点意思哦！”落座的顾客边吃边议论，有的还和老板开玩笑，问“吃了这‘唐僧肉’能不能长生不老？”引来大家一阵笑声。“第一次来这，就是被这招牌吸引了。”餐馆的常客王先生也对老板的丰富想象连连称好。

“唐僧肉”到底是什么玩意儿？面对碗里酱红色的肉块，顾客们好奇得很。

老板说，“唐僧肉”实际上就是猪排骨内侧最好的精肉。制作这道菜时，要将白糖、冰糖炒至焦化不甜，并呈现红褐色，然后用调料代替酱油来提色。“这里面有糖、花生、巴骨肉，糖、生、肉与唐僧肉谐音，”老板说，他从《西游记》里受到启发就取了这个名，并自认“很拽”。

当然，他为其他饭菜取的名也都和唐僧沾上了关系，有“唐僧沙锅典饭”、“唐僧干香饭”……老板说，“唐僧肉”这道菜也是为“白骨精”准备的，就是指白领、骨干、精英，“顾客吃快餐的时候放松一下自己，两全其美。”

6.6 特色服务进餐馆，顾客叫绝人气高

到餐馆吃饭可以免费观看皮影戏，排队等位免费吃水果、瓜子，厕所里有免费的针线、扣子、小剪刀……类似的特色服务已经悄然走进一些饭店、餐厅，让顾客颇感新鲜。但这样的服务究竟是贴心还是噱头？顾客对这些新鲜服务褒贬不一，但不可否认许多餐饮店推出这些特色服务以后，生意火爆了不少。

餐间上演“皮影戏”

流行于北方农村的“皮影戏”在南京夫子庙“东方艺术院”成了餐间必演的传统节目。不仅顾客感到新鲜，外国游客更是看得津津有味，餐馆营业额也为之猛增。这一现象启示我们餐间表演，新鲜特色很重要。

“东方艺术院”是一家餐馆，但它确实又不像餐馆。在店堂大厅，陈列着“脸谱”、“绳结”、“奇石”、“根雕”、“微雕”、“烫画”、“风筝”、“剪纸”等东方艺术品，赫赫有名的八大民间艺人各居一室，为顾客现场创作。餐馆里的老师傅姚先生会玩一手“皮影戏”，每天顾客来就餐，姚先生便带着几位插空的服务员上演一出出“皮影戏”，有“武松打虎”、“仙鹤与乌

龟”等八个节目,每天轮换表演。许多中外来客为这里浓郁的东方文化所陶醉。一位来自北京的顾客说,他走遍了大江南北,只有在南京“东方艺术院”才第一次感受到一种东方文化的魅力!

“皮影戏”成为顾客餐间欣赏的节目与餐饮业流行的餐间时装表演形成强烈的反差。餐馆餐间表演,按一家大型餐馆的老总所说,不过是为了满足顾客“秀色可餐”的心理。因此,一般餐馆里的表演实际上是时装模特队唱主角,而且时装越穿越少。还有一家饭店,觉得本地的模特队不新鲜,特地花大价钱请来了外国模特队,“洋妞”一时间在一些大饭店颇为走红。不过,尽管模特队的名称不同、国籍不同,但万变不离其宗,不过“露”、“透”而已。

饮食行业协会的负责人指出,餐间表演是餐饮业竞争的一个产物,只要这种表演不违背法律法规,也无可非议,但家家如此,内容千篇一律,缺乏新鲜感,顾客就会兴味索然。餐间节目就像餐馆的特色风味菜肴一样,要有自己的特色,才能让顾客耳目一新。顾客的口味是多样化的,餐馆应该像研究菜肴一样精心研究自己的餐间节目,为顾客提供独特、新鲜的文化氛围。

排队等位提供座椅、瓜子

南宁朝阳路一家新开不久、走年轻时尚路线的连锁火锅城因价格便宜、品种丰富,生意相当火爆。这家火锅城不接受电话订位,晚饭时间去晚了,排个把小时长队等位置是常有的事。顾客们饥肠辘辘地等位,时间一久,搞不好就抬腿走人。该火锅城为了留客,专门在门口开设排队区,安排了座椅,提供无限量的绿茶瓜子、五香瓜子等给顾客免费品尝,这一举动让不少顾客愿意留下耐心等候。

这家火锅城在门口一旁专门开设了排位区,摆了30多张靠椅免费提供给等位的顾客,就餐时间常常是全部坐满,部分顾客还得站着等位。一些顾客三三两两围坐着，边聊天边拿着一个小碟子在嗑瓜子，原来是店家提供的小碟分量免费瓜子。一小碟的瓜子用保鲜袋套住，排队的顾客凭号领取，吃完再拿，既保证了卫生，也避免了浪费，同时又让能顾客放心，真实感受到餐馆的服务用心。

前来就餐的三位学生模样的女孩围坐着嗑瓜子，有说有笑。其中一位女孩对餐馆的这一服务频频称赞，“感觉贴心，有得坐，有得吃，可以打发等吃饭的时间。”

厕所摆放免费的针线包

在一家中高档养生酒楼，女厕所的洗手台一角出现贴心的针线、扣子、小剪刀等物品。原来这是酒楼特地在男女厕所摆放的针线盒，以防有顾客的裤子、衣服、丝袜等破了，可派上大用场，免除不少尴尬。

这家酒楼装修不俗，走进洗手间，环境也是十分温馨典雅。灯光柔和不刺眼，崭新的洁具、龙头抹拭得十分干净，洗手台上无积水，洗手液瓶里是满满的洗手液。洗手间里不仅保证有纸提供，还有自动烘手机，可以说小小的卫生间，各种用具、用品十分齐全。在洗手台一侧的圆木盘上，可以看到一个小小的针线盒、4 粒白色小扣子以及 1 把小剪刀，摆放整齐，顾客可随意取用。

第一次来这家餐馆就餐的李女士发现了洗手台上的针线盒，感觉很新奇，说在去过众多餐馆酒楼，都没有见过有哪家酒楼在厕所里摆放这些小东西，感觉这家酒楼真的做得很贴心。另一位中年女士说，这些针线可真是相当实用的小东西，比如她有一次应酬，吃饭期间，发现丝袜无意中被钩破了一个大口子，位置很明显，十分尴尬。她立即躲到女厕里不敢出来，身边的朋友也没有人带着针线出门，她只好拜托酒楼的服务员东奔西走帮她找针线，最后花了大半小时才找到，赶紧缝起来化解尴尬。

赢利心经

做服务就是比用心，想顾客之所想，急顾客之所急，虽然只是小小的、并不昂贵的工具，却因为贴心实用，得到顾客一致称赞，也让顾客对餐厅的别致服务刮目相看。

餐点“坐过山车”

餐厅如果没有服务生怎么送餐？德国纽伦堡有一家餐厅启用的号称全球第一的自动送餐系统，餐点会像坐过山车一样送到顾客面前，让顾客大开眼界。

这家餐厅位于德国纽伦堡，店内高朋满座，不过只有一个服务生怎么忙得过来？原来这里不需要服务生，点了餐，餐点就会像坐过山车一样自动送上来，这是号称世界第一的全自动点餐送餐系统。

顾客在屏幕上点餐，厨房接到点菜就开始准备，料理好之后，餐点就会送上输送带送到顾客面前，上菜像看娱乐表演让许多顾客大开眼界，顾客陈小姐说，“我从来没见过这玩意，觉得很新鲜。”另一名顾客蔡先生也表示，“这东西让用餐变得像是冒险旅程，相当与众不同。”

有了这套自动送餐系统，店家不用聘请服务生，顾客当然也不用再付小费，而且还可以观看到那颇为有趣的餐点“坐过山车”，真的是皆大欢喜。

6.7 过犹不及，新鲜怪招惹的祸

一些餐馆的促销的媚俗、低俗愈演愈烈，餐饮店为招揽顾客使出的“杀手锏”常常令人瞠目不已。如让迎宾小姐穿“学位服”、让保安扮汉奸吸引顾客，以及不伦不类的“行为艺术”等。这些招术让顾客觉得新鲜的同时，也遭到了愈来愈多的非议。不少顾客认为店家的这些举动格调低俗，是在“哗众取宠”、“赚噱头”，还不如什么都不做。

怪异菜名惹非议

“情人眼泪”、“赤身裸体”、“鬼子抓得呱呱叫”……看了这些千奇百怪的词语，你一定如坠云雾中，猜不出它们是什么。其实，这些都是餐饮店在饮食大战中起的菜名。餐饮大战硝烟四起，用稀奇古怪的菜名来招顾客，逐渐成为餐饮店老板们的“时尚”，但顾客对此却反应冷淡，甚至反感。

这些菜名听着稀奇，但都是大路货。“情人眼泪”其实是芥末拌肚丝；“生死恋”是一公一母两只牛蛙炖在一起；炖熟的鸡蛋用几片西红柿一盖就成了“金屋藏娇”；一大一小两只龙虾被称为“龙王喜得子”；几块土豆饼沾上面包渣，油中一滚就成了“黄金万两”；“二牛争春”是在炸牛肉串、牛肉段之间放上一些油菜……面对稀奇古怪的菜名，许多顾客表示：酒店应该把精力放在怎样提高饭菜质量、增加花色品种上，而用大路货的菜冠以怪名，纯属欺骗顾客。

以稀奇古怪的菜名吸引顾客无可厚非，然而有些出格的餐馆采用低俗的菜名，这就难免要引起顾客的不满了。

某市一酒楼把“包二奶”搬上菜谱，以“一道俏菜包二奶”的广告牌招来顾客，引来不少人的非议。酒楼这一道16元的“包二奶”“俏菜”，原来是一盘用奶品炸成的甜品。酒楼服务员介绍说，这道菜原名为“炸奶”，该酒楼一直都有，后来才换成“包二奶”。服务员说，之所以叫“包二奶”，是因为这道菜的主要原料是牛奶和炼奶。她说，当菜名由“炸奶”改成

“包二奶”后，可能是出于好奇，点这道菜的顾客明显增多了。

但也有顾客认为，“包二奶”本是社会不良现象，酒楼把“炸奶”改称“包二奶”，不但有哗众取宠之意，还会败坏酒楼的名声。

餐馆“征婚”广告

“给我 28 块钱，就委身你了。”这种征婚广告词，难登大雅之堂，如今却堂而皇之出现在闹市中。长沙市一家餐馆在店墙外贴出了这么一则“征婚”广告，引来不少顾客。

这幅“征婚”广告挂在某餐馆的外墙上，“征婚”内容如下：“姓名：美人鱼；年龄：瓜熟蒂落；特长：潜水；爱好：谈情；格言：其实你不懂我的味，为爱卧汤蹈火。不求你玉树临风、风流倜傥，只求你手气好，天天吹汤喝水。给我 28 块钱，就委身你了。”

面对顾客疑惑的目光，餐馆一名女服务员颇为骄傲地说：“我们店的特色菜是鱼汤泡饭，‘征婚’广告中的美人鱼就是特色菜中的特色菜。餐馆的老板很幽默，‘征婚’广告就是他想出来的。这样写是为了吸引顾客。”

这幅“征婚”广告面积近 30 平方米，十分抢眼。不少市民经过此处，看到“征婚”内容，很有意见。一位过路的刘姓市民说：“这样写太粗俗了，鱼找人征婚，像什么话！”一些在附近中学教书的教师对此广告意见更大。他们反映：“此类广告太低俗，每天都有中学生上下学路经此处，对他们的成长可能造成不良影响。”针对广告内容越怪越能吸引顾客眼球的说法，一位在这家餐馆用过餐的顾客表示，餐馆的生意应该靠口味和服务吸引回头客，通过这类“故作幽默”的广告招徕生意，有些不合适，搞不好还会弄巧成拙。

“青年点”“文革”遗风

墙上贴着“文革”语，小姐戴着红袖标，这就是以“青年点”命名的饭店里所刮起的一股“文革”遗风。

在众多的餐饮店中，“青年点”可谓显眼得很，门窗上贴着大大的“忠”字，本来很整洁的店面，非要插上一些半死不活的松枝，一个高音喇叭怪模怪样地吊在上面。几面半新不旧的彩旗，懒洋洋地摇曳在深秋的寒风中。屋内，旧报纸糊墙，小姐叫做红卫兵，单间雅座变成了民兵排，生产队等。尤其是菜名叫得更是“文革”味十足：一盘西红柿叫做“红彤彤”，苦瓜撒点糖是“忆苦思甜”，一盘土豆丝不知道为什么成了“斗私批修”，更令人哭笑不得的是把茄子辣椒胡萝卜丝佐以豆油米醋大酱盐等胡乱一炒就成了“五湖四海”。其他什么“一棍子打死”、“批倒批臭”、“砸烂狗头”等就不知道是什么名堂了。

十年浩劫给整个中华民族带来的深重灾难是人所共知的，把那个时代的一些特殊用语拿到今天的餐桌上牵强附会地大肆渲染，且不说政治上如何，至少是不严肃的。

此番“怪招”一出，据说还真吸引了一些顾客，但新鲜劲一过，生意便淡了起来。早些时候有过宫廷之类的饭店，人员一律长袍马褂，男的几乎就差一条辫子了，可一段时间后就倒闭了。于是，有餐饮店便玩起了“洋”的，找来些不知是什么国籍的洋姑娘站在饭店门前招引顾客，可时间不长，门口照旧贴上了“此店外兑”的字条。显然，这些招都不灵。据说有个极“聪明”的店家准备来个刺激的，开个“神农架野人餐馆”，店内不设桌椅，顾客就餐席地而坐，以“生猪活驴”为招牌，让顾客体验茹毛饮血、生吞活剥的野人生活，服务员也是披头散发，再以树叶草皮遮住羞处。真是“绝顶”之设想，如此以来，想必管市容的该坐不住了！

赢利心经

所以说,“怪招”是解决不了根本问题的,充其量是新鲜一阵儿,顾客更看重的是质量。上好的菜品,优质的服务,淡雅的环境再加上合理的价格才是餐饮店生意兴隆的保证。

第七章

餐前餐后的赚钱绝招

►7.1　吸引顾客方赚钱,上菜中的学问
►7.2　“化妆”,菜肴上桌前的必修课
►7.3　先入为主,餐厅环境让顾客驻足
►7.4　多元化餐前食物,顾客捧场才是理
►7.5　餐饮服务真功夫,点菜推销的窍门
►7.6　餐后服务更贴心,给顾客爱上你的理由
►7.7　信息技术,餐后联络感情赢得回头客

7.1 吸引顾客方赚钱，上菜中的学问

对于顾客来说，餐饮店的餐前服务能够起到先入为主的效果。先不论一家餐饮店的菜色如何，贴心周到的餐前服务能够给顾客一种宾至如归的感觉。上菜是餐前服务相当重要的组成部分。“上菜”服务做得好坏与否，有时候能够决定一家餐馆的成败。

限时上菜

就餐高峰期去餐馆吃饭常会遇到上菜慢的情况，餐馆上菜时间没有期限，顾客往往等得不耐烦，对餐馆的印象也大打折扣。许多餐馆为赢得顾客好感，推出了限时上菜服务。

“先生、女士，谢谢点菜。下面是我们的计时服务，如果10分钟之内没有上第一道菜，或者40分钟菜没有上齐，我们将赠送您一道菜。”服务员说完按下计时钟的按钮。赵先生在一家餐馆吃饭时，第一次碰到点餐计时这件新鲜事，“以前上菜速度慢，跟服务员说了几次都不理人，一说退菜就给你讲已经下锅了。现在餐馆主动提高上菜速度，我觉得很不错。”赵先生说。

赵先生就餐的这家餐馆，还没到就餐时间10多个包间就已满座，每个包间的桌上都放着一个计时钟。如果餐馆没能按时上菜，就免费赠一道菜品给顾客作为补偿，顾客都表示很满意。餐馆大堂经理说，生意好的时候，上菜速度慢是很正常的，以前餐馆为此接到过不少顾客的反映。为

了监督自己员工提高顾客满意度，餐馆特意在包间推出了计时钟服务，给顾客承诺10分钟内上第一道菜，40分钟内上完全部菜品（特殊菜品除外）。如果没有做到，顾客可以在蟹子白菜、红糖小锅盔、卷皮盐煎三道菜中任选一道，免费获赠。而这道菜的钱，就由超时的厨师，或传菜太慢的服务员埋单。餐厅推行这项服务之后，有几位员工为此埋了单，但顾客评价非常好。

除了推出限时上菜服务，一些餐馆还增添了一项新的竞争内容：比谁上菜上得快。某知名大酒店对外公开承诺，顾客在该酒店用餐，5分钟内茶水、纸巾、凉菜没有上桌，结账时按7折收费；点菜后8分钟内没有上第一道菜，30分钟内顾客所点菜品没有上齐，也按7折收费。此举推出后大受顾客欢迎，该店的生意也日渐红火。随后其他一些酒店、餐馆也纷纷推出各具特色的限时上菜服务。酒店此举既节省了顾客的时间，又提高了酒店的翻台率，可谓一举两得。

上菜绝活

上菜限时赢得众多顾客的掌声，独特的上菜方式更是受到顾客的青睐。在就餐前能够观看各式各样的“上菜绝活”，顾客怎能不为之叫绝？在顾客享受美食之余，餐饮店也赚了个满堂彩，何乐而不为？

中午就餐10分钟，一家火锅店七八桌顾客围坐在一起等候上菜。传菜开始，只见20岁出头的小伙子在1.8米高的独轮车上，双手端着菜盘，头上顶着冒着热气的小吃，向餐桌边滑行。当抵达门口时，进来几个顾客，他稍微往后一倾，独轮车在原地前后摆动。

轮到3号桌上菜时，两名服务员已在两旁恭候，独轮车绕过人群，穿过凳子平稳固定在3号桌旁，两手排开，服务员快速接过菜盘。上菜时，小伙子前后微滑了几下，头轻轻向下一低，头上的小吃“乖乖”地落在他手上。送完菜向顾客一个鞠躬,又滑着独轮车“飞”回到厨房门口。

小秋子送完菜,接着给顾客表演了拿手绝活:高车踢碗。一个菜盘在他的右脚上,左脚在踏板上前后45度摆动。在他两旁的顾客都十分担心,害怕出差错盘子飞出砸中自己,纷纷腾出空间站在一旁。小伙子右脚一抬,盘子腾空而起,正好落在自己头上。整个火锅店顿时响起了热烈的掌声,“绝、好”声此起彼伏。

观看过独轮车表演,另一项上菜绝活“打盆”同样让顾客拍手称赞。

一张长200厘米、宽25厘米的木板,顶在上菜师傅的头顶,木板上均匀摆放着8碗佳肴,不用手扶,木板照样保持平衡,师傅双手再端上两碗菜,以示“十全十美”。这项民间绝活,俗称“打盆”,已有200多年的历史。

上菜师傅一边单手递菜,一边不时用眼角余光环视周边“障碍”,再缓缓地扭动脑袋以挪动木板位置。走直路时,整个人健步如飞;只有在转弯时,才缓缓停顿下来;有顾客欲帮忙挪动其头顶木板,被其大声喝住:“让我自己来!”

只见上菜师傅屏住呼吸,停顿了足足两秒钟,然后突然定身扭头,使面门正对顾客,而头顶上的木板颤颤地晃了两晃后,依然稳稳当当地停在其头顶,而木板已随之转了角度;而后,他缓缓转身,站定后轻松通过——见状,顾客无不拍手称快,尖叫不断。

特殊菜肴上菜法

在餐馆就餐,顾客可以发现服务员并不是每次都直接用托盘端着菜肴上菜的。针对特殊的菜肴,特殊的上菜方式能够更好的展现菜肴的美味。一个小小的附加动作,带给顾客的却是完美的享受。下面让我们来看看一些特殊菜肴的上菜方式。

1. 上拔丝菜,如拔丝鱼条、拔丝苹果、拔丝山芋、拔丝荔枝肉等,要托热水上,即用汤碗盛装热水,将装有拔丝菜的盘子搁在汤碗上用托盘端送上席,并附上凉开水数碗。托热水上拔丝菜,可防止糖汁凝固,保持拔丝菜的风味。

2. 如果有的热菜跟佐料、小料等,应同热菜一起上齐。如清蒸鱼配有姜醋汁,北京烤鸭配有葱、酱、饼等,在上菜时可略作说明。

3. 上易变形的炸爆炒菜,如高丽虾仁、炸虾球、油爆肚仁等,一出锅即须立即端上餐桌。上菜时要轻稳,以保持菜肴的形状和风味。

4. 上有声响的菜,如锅巴海参、锅巴肉片、锅巴什锦,这些菜一出锅就要以最快速度端上台,随即把汤汁浇在锅巴上,使之发出响声。做这一系列动作要连贯,不能耽搁,否则此菜将失去应有效果。

5. 上原盅菜品,如冬瓜盅,上台后要当着顾客的面启盖,以保持盅品的原味,并使香气在席上散发。揭盖时要翻转移开,以免汤水滴落在顾客身上。

6. 上泥包、荷叶包的菜,如叫花鸡、荷香鸡,要先上台让顾客观赏后,再拿到操作台上当着顾客的面打破或启封,以保持菜肴的香味和特色。

所有这些餐前动作无不为了把最完美的佳肴呈现给顾客,店家的良苦用心顾客岂有不感动之理?

7.2 "化妆",菜肴上桌前的必修课

俗话说"人是桩桩,全靠衣裳",包装更风光,菜肴也是一样。顾客到餐馆就餐,并不只是追求菜肴的美味,菜肴的外观当然也是必不可少的卖点。一道菜新鲜出炉,在端至顾客面前时还要经过细致的包装,以增加菜肴的特色。这里的包装不但包括菜品本身,也囊括了食器的使用。佳肴配美馔,两者相得益彰,顾客怎能不为之心动?

菜品包装各有方

菜品的重新包装很重要，在一些大酒店，顾客消费层次较高，对菜品的要求也会更高些。很多经过“装扮”的菜品上桌后，顾客会觉得很新鲜，很有欣赏价值，甚至会叫餐馆的厨师过去，商量着该怎么吃。这就是菜品包装的魅力。包装菜品包含多个步骤，但重点是在菜品成型之后。

“川式刺身虾”，这是一道高档酒楼里的招牌菜肴，价格不菲。在刺身风气影响下，川菜慢慢出现了刺身虾这类菜肴。但是当初那会，大多数顾客对虾是否可以作刺身菜肴心存疑虑，所以销量并不好。万幸的是，这道菜的创意被很多厨师看好，于是另有厨师在当年刺身的基础上，改平放虾身为立体造型，并用泡菜水腌制过的青红椒做色泽点缀，同时，把例菜装盘改为每人每位。经过这样的改动，刺身虾从形、色方面看上去，就显得比较有档次了。如此一番，刺身虾逐渐流行开来。任何一道菜都有它的亮点，菜肴包装的任务是，把它的亮点再放大无数倍。试想，如果当初没有这些后期的包装运作手段，谁还认同刺身虾这个创意呢？

青椒爆鸭下巴不是什么新鲜的菜，但是以前的爆鸭下巴是在锅里炒完后直接装盘，鸭下巴在盘中散乱无序，不美观。而经过厨师重新包装设计的爆鸭下巴，首先更换了盛器，又改变了鸭下巴的摆放形状，最后，用大量的辅料青辣椒圈从色泽和造型上做呼应，而不是像以前那样，满盘子的干辣椒和花椒。如此经过包装设计后的爆鸭下巴，从味道上说，清淡中多了一丝辣椒的清新；从形状上看，感觉更时尚，升华了这道江湖菜肴的乡土气。

又如“日式沙律芥辣明虾”，以前是将沙律酱直接放入小碟子，用虾蘸食，而经过包装的明虾将虾从背上开刀、腌制后用牙签串成直的，然后再入油锅炸到外皮起脆，最后取杯子状的盛器，里面盛入沙律酱，将“身材挺拔”的虾插入其中，卖相非常美观。

给菜品美容还有比较重要的一点：尽量使用纯色、比较平的盘子，放入的菜品只占盘子的三分之一，剩下的空间可以使用天然花草制作盘头，这样看上去很大方。

美馔配佳肴

嫩葱、老姜，充其量不过是人们烹饪中的两味佐料而已，不过如何利用这两味佐料却已发生了新的变化。“美食不如美器”的时代亦悄然而至，顾客吃饱吃好的一个重要前提也从食物、佐料转移到食器上面来。

提出“美食不如美器”的清代诗人袁枚，是著名的美食家。他总结餐具与美食的关系时说，菜肴出锅后，该用碗的就要用碗，该用盘的就要用盘，“煎炒宜盘，汤羹宜碗，参错其间，方觉生色。”

现在去餐厅吃饭，特别是高档的餐厅，也有这样的讲究。因为餐具的级别与饭菜的档次和顾客的身份、地位直接相关，所以昂贵的餐费中有一部分是为精致的美器付的费。大饭店里，较一般的摆桌是用高档骨质瓷餐具；高档些的是银饰装点的口布、银筷以及镶银的套碗、套盘；再高档的就该全换成金的了。

但是，在追求标新立异的今天，跟“美”沾边的东西往往不能抱着老理儿不放。难怪一家五星级饭店的副总，出国时偶然见到一种造型独特、非常漂亮的水晶盘子，愣是买下了人家的所有存货，小心翼翼地背了回来。摆上餐桌，果然让整张桌子一亮，很多顾客酒足饭饱之后还爱不释手。

精美别致的食器不言而喻能够很好地增加菜肴的魅力值。红花要有绿叶配，好菜要有好器装，一盘色形味美的菜品配上一个不合时宜的低等或缺损器皿，自然损害了菜品的整体水准。反之，一盘普通的菜品，配上雅致质优的器具，更能体现菜品的规模和档次。新创菜肴如果配上美观大方、别具一格的餐具，必定能引起顾客的强烈反响并产生新奇的效果。

当然，餐馆食器的选择并不是以高档为首选。比如，一些小餐馆就没有必要非选高档的茶具和食具，只要颜色、款式、造型和餐厅的经营风格一致就好。比如，餐馆经营风格是带有乡土气息的，就不宜选择细瓷餐具，不妨试试粗瓷大碗。而如果经营风格是带有强烈民族色彩的，餐馆最好是寻找与这种民族色彩相搭配的盛器。

各色元素巧搭配

到粤风阁餐厅用餐的顾客，在赞美菜肴味美的同时，都夸奖这里的菜很漂亮。能得到顾客这般好评，厨师长江师傅在对菜品质量严格把关的同时在菜品的装饰上可谓独具匠心。

粤风阁餐厅的菜肴“包装”是立体的。从盛装器皿到菜品装饰，一应俱全。让顾客在动筷子之前，已经被菜肴的样式深深吸引。让独具个性的菜肴，在上桌时便已经赚足了印象分。

热衷于求新图变的江师傅对传统的白色器皿不感兴趣。他巧妙地将不同样式的盘子粘起来，形成一个立体的组合，放眼看去，很有层次感。不仅丰富了器皿的颜色与样式，还化平凡为神奇，为菜肴增色不少。同时，一些立体感很强，很别致的器皿也得到了江师傅的青睐。形态奇特的纸锅，用来放云吞鸡，更显得别致；火爆异常的石锅，让三杯鸡的味道更加浓郁；还有荷叶一样的盘子，将龙井虾仁的诗意挥洒到极至……平凡无奇的盘子在江师傅手中展现了价值，成为一道道名菜不可或缺的一部分。

菜肴包装不仅仅讲究菜品与器皿的搭配，同时，还对每道菜品中的原料搭配很有研究。黑雪龙牛肉的质地细腻，口感与营养颇得顾客的赏识，而其不菲的价格却让平凡的原料没有资格与之搭配。选用松脆馨香的酥皮，托起牛柳的细腻品质。让顾客在品尝牛肉独特芳香时，更感叹菜品的典雅与华丽。而可以吃的酥皮，不但好看，更让意犹未尽的顾客，在吃过牛肉之后，品尝到了别样的味道。

此外，味道浓郁却油腻的鹅肝，吃起来总有油腻的感觉。这时，选择一片烤过的金黄色的面包，在点缀了色泽暗淡的鹅肝同时，轻巧地将鹅肝的油汁吸走，同时还浸进了烧汁的浓香。如此妙招，让菜品增色不少。

将看似不相干的不同原料互相搭配，使之在悦目之外又有了新的特色，这是菜肴装饰的真谛。

7.3 先入为主，餐厅环境让顾客驻足

优雅的餐厅环境，给顾客自然悠闲的享受。“民以食为天”“食以味为先”，如今顾客对饮食的消费观念已不再是过去单纯地只为一饱口福，而是更加注重对就餐环境的选择。餐厅的环境能影响顾客就餐时的心情。刚刚踏进一家餐馆，还没品尝其菜肴就已深深地为这里的环境布置所震撼，店家所追求的不正是顾客的这种反应么！

原生态世外桃源

饮食是一种文化，更是一种心境。顾客用餐有一个明显的倾向，就是环境需求的提升和眼界的放宽，他们已不仅仅注意菜品本身，而更注重服务的质量和周边的环境。于是，生态酒楼这一创意自从诞生之日起，就势如破竹，深深地征服了渴望自然的顾客。湖南一家美食生态园让顾客在就餐之前先欣赏这里的四季美景，全方位地与自然生态环境零距离接触。仅仅是生态园的优雅环境就已经让顾客流连忘返了。

进入酒楼，犹如来到了与外界隔离的世外桃源，让人远离都市的喧

嚣，在小桥流水、鸟语花香、鱼儿跳跃、翠色环绕中享受一种油然而生的美好心情。在这15000平方米的营业面积中，丝毫没有传统酒楼的那种拥挤与古板，而给人以幽静典雅的感受。这里的包间都有一个雅致的名字，诸如别有洞天、碧水风荷、莺歌燕舞、奇域水帘、独木成林、绿岛风情、陶然亭等，与周边的飞瀑、溪流、假山、怪石等景致相呼应。

更让人感受深刻的是，这里不只有秀美的东方美景，更有欧美的盛景。白色的廊厅下面，是一架架完全融入自然景观中的秋千椅，几个朋友、一对对情侣在这里荡着秋千，品着菜肴，观看美景，怎能不叫人心情舒畅。一幢幢欧式建筑，组成一间间别致的雅间，却大气地以西欧、北美著名城市为名，比如伦敦、纽约等。里面更让人惊叹，不仅有整洁的餐具、桌椅，还有衣柜、电视、餐具柜、消毒器、沙发等，透过落地窗帘斑驳的光线，家一样的舒适、温馨。再往里看，花丛、流水、木桌、藤椅，云雾缭绕，给人一种久违了的轻松与惬意。据说，是这家美食生态园特意从台湾进口的智能喷雾制冷设备。

香喷喷的饭菜——养胃；天然的美景——养目；好听的音乐——养耳。看罢美景，再观赏一场优美的舞蹈，吃饭之余，再听一场独具特色的音乐会，那将是身心的一种极佳享受。过去，这些对于忙碌的都市人来说可能是一种奢望，而这家美食生态园恰恰就为都市人创造了这一神话。

之所以有这种效果，该美食生态园的设计、施工人员可是费了一番心思。他们专门引进了荷兰的高科技智能温室玻璃材料构成现在的主体结构，这种主体结构不仅具有良好的透光效果，而且能使酒楼保持四季恒温恒湿，让顾客在四季常青的美好就餐环境中享受美食。

虽然有秀色可餐之说，但毕竟顾客来酒楼的目的是以吃饭为主。这家餐厅美食生态园充分考虑到顾客的这一根本目的，而且把它体现得淋漓尽致。菜肴以口味温和的吉菜为主，兼顾川、湘、粤、杭帮等菜系，品种丰富，能满足不同消费层的需求，引人垂涎。

赢利心经

正是餐厅的经营者对于餐饮的独特领悟力，在倡导健康饮食文化的同时，为顾客提供了一个回归自然生态的绝美环境，在就餐之前能够饱览如此胜景，已经是不虚此行了。

不要豪华要温馨

享受人间美食可说是人生一大乐事。而时代在改变，人们除了在味觉上追求满足外，同时也重视视觉及心灵的美好感受。

餐厅首先要考虑功能配置。像酒柜、备餐台、冰箱等都是必不可少的，同时也是一种装饰。酒柜不仅仅是装饰品，还要实用，如放一些用来招待顾客的精美茶具，名贵的葡萄酒等，既有装饰作用又有储藏作用。备餐台及冰箱更是举足轻重的实用器具。除了必不可少的器具外，营造餐厅的气氛也显得格外重要。

并非所有的顾客在就餐的时候都追求豪华的享受，对于资金有限的餐馆来说，布置餐馆以温馨为主题，在细节上给予顾客“家”的感觉更能打动他们。这样，既能节省开支，又能赢得顾客好感，一举两得。当然，要在餐厅营造出温馨舒适的用餐环境可要花一定的心思。下面让我们来看看具体的环境布置该注意些什么。

1. 餐桌与整体风格协调

餐厅老板孙小姐为餐厅选了一套漂亮餐桌。等家具送到家后才发现，这套家具与餐厅的整体风格不搭配。孙小姐买的这套玻璃餐桌以黑色的钢化玻璃台面，搭配白色的椅子，时尚简约。但是摆放到餐厅里，却与餐厅的中式古典风格格格不入。一家餐厅，除了硬装修，其整体风格还要靠餐桌、餐具来体现，如果硬装修是古典风格，选择一套金属或玻璃材料餐具，就会显得很不协调。

不同款式，不同材质的餐桌搭配的装修风格不同，一般而言，玻璃餐桌对应现代、简约风格；深色木餐桌对应中式、简约风格；浅色木餐桌对应自然风格、北欧风格；金属雕花餐桌对应传统欧式风格。只有将餐桌质地与整个餐厅的风格有机结合起来，才能为顾客营造一个温馨舒适的就餐环境。

2. 用色简易显明丽

要营造一个温馨的就餐氛围,除了要注意餐厅风格的和谐外,还要注意餐厅的色调。餐厅的空间无论是小巧精致,还是气派大方,都必须是亲切的、温馨的。若空间较小可用淡色调,比如淡绿、粉蓝、纯白等,以色彩来扩大空间感;若空间很大则可以用重色来突出它的沉稳,再用轻快的色彩来点缀,使整个餐厅稳重却不沉闷。

要营造一个温馨的餐厅,就不能乱配颜色。餐厅的整体色调,一般不要超过三种色彩。选择餐桌时不但要注意其与墙面颜色的协调,同时要注意窗帘、墙饰等与餐桌色彩的协调。

3. 用鲜花、小饰品来点缀餐厅

在餐厅内布置一定的绿化及小饰物。比如:放上桐棕或铁树作背景能让顾客体会到热情又迷人的热带雨林气氛;中国古典餐桌配上富贵树则又是一派热闹情意。在餐桌上放上千姿百态的鲜花会给顾客用餐带来好心情。小饰物的作用也不可忽视,像一套精美的茶具、几个玲珑剔透的酒杯、一瓶色泽诱人的美酒都能让人为之动心!

4. 迷人的餐厅照明

选择主灯,要根据餐厅的装饰风格,在日本式的餐厅内可放置古朴的木质吊灯,而在线形流畅的现代风格餐厅内可置上造型简洁、优美的金属吊灯或玲珑的玻璃吊灯。局部照明也是不可缺少的一个环节,它能使细节越发显得青翠可人;茶具、酒杯更加精巧细致。

7.4 多元化餐前食物,顾客捧场才是理

在外就餐多了,顾客就会注意起每个餐馆的餐前茶或者餐前碟,也就是开胃小吃。顾客刚落座,店家马上就会端上“餐前茶”、“餐前碟”,这些诱人的餐前食物可

以在顾客口水快要流下来,而让顾客正餐还没上桌的情况下,给味蕾来一段开场白热热身。有些餐馆的餐前小点做得精致华丽,有些味道地道独特,让顾客在主菜还没上桌就已深深喜欢上这家餐厅了。

餐前茶“翻身大变样”

酒店对餐前茶进行“翻身大变样”早已不是什么新鲜事,不过当初主打的普通绿茶或白开水已不再是主流,餐前茶在遍地开花的时候,花样也越来越多了。到餐馆就餐,端起餐馆服务员送上的“餐前茶”喝上一口后,你会发现自己喝到的可能是现磨豆浆、酸梅汁、红枣茶、姜茶……相比之下,喝到平淡无味的茶水的机会在悄悄变少。

某天中午,陈女士约朋友到一家酒楼就餐,之所以选择这家餐馆是因为她有一点“私心”——在这里可以喝到味道不错的现磨豆浆。这家酒楼在2004年一次美食节上推出豆浆作为饮品后,因顾客反映良好,所以一直延用到现在。在采用豆浆作为餐前茶之前,餐馆一直用普通绿茶招待顾客。试用一段时间后,酒楼发现,虽然现磨豆浆成本比茶水略高,但吃饭很少有人单点茶水,而有营养的豆浆还能让顾客主动掏钱续杯。此后酒店便规定首杯豆浆免费、如果续点一扎价格为15元。这样的“创新”很快获得了回报,“某种角度看豆浆给餐馆带来了回头生意,现在有一些顾客就是冲着豆浆来的。”该店餐饮部副经理冯先生介绍道。尝到了餐前茶带来的甜头后,该店还针对顾客天热容易胃寒,流虚汗而推新的免费茶水——姜茶,许多顾客对餐馆这一贴心的服务表示赞许。

别看这小小的餐前茶,还真有点神奇功能——那就是能让顾客容易记住酒店的这一特色服务,对此顾客黄女士颇有同感:“自从喝过酒店特色枣茶后我就一直念念不忘。”而另一方面,越来越多的餐饮店也看到了餐前茶的特殊功能，纷纷推出特色饮品吸引顾客眼球。有趣的是，一些餐馆推出的特色餐前茶甚至成了畅销饮品。另一家餐厅主打特色饮料是酸梅汁，首杯免单，续杯 8 元一杯。28 元一扎的定位也让顾客觉得合情合理。

另外还有店家将餐前茶精耕细作，按季节更替餐前茶品种。有一些餐厅有个规律，夏天供应的茶水是降暑饮品，冬天则提供驱寒功能饮品。在餐馆，包括云南缙红、菊米绿茶、菊花茶、普洱茶等都列入了免费茶水名单，只不过免费是有限制的，一般以 3 杯为限。

免费餐前茶这小小的“贿赂”功效很大，有些顾客还可能会因为尝了免费品而觉得歉疚，点菜消费更多些。若免费品有特点招人喜欢的话，就容易引发顾客二次消费。商家无疑是从中赚了一笔，更赢得了顾客的好感。

餐前小菜惹人爱

除了那花样翻新的餐前茶，餐前小菜更是受顾客青睐。或是餐馆自家腌的酸豇豆和泡菜，显示本地特色；或是丝丝入扣的冰糖山楂，让人浑身酥软；抑或是几根香蕉，吃了香蕉“长相交”等，这些餐前小菜，有粗鲁的，有做作的，有马虎的，有敷衍的，有吃力不讨好的，但更多的还是起到了成功的“挑逗”作用，让顾客在这之后胃口大开。

王府大街上的一家桂林米线馆每逢“饭点”，人头攒动，除去店里色浓味厚、麻辣鲜美的正宗广西水煮米线，特别值得一提的倒是自制的餐前小菜。挑选个头大、青皮多、水分足、甜味浓的白萝卜精心泡制数日后，切成剔透的薄片，莹白里泛着水红，点缀着些许红辣椒，简单白净的小碟盛着，很是可人。当嘴巴被香醇的汤汁辣得火烧火燎时，夹一片酸甜的泡萝卜放在口中，那清新爽口的滋味，与麻辣的水煮米线相得益彰，叫人不忍停箸。

有时与餐前小菜相遇会颇觉意外。龙虾时节，和家人去小区旁的饭馆过过嘴瘾，龙虾的味道平平，却是那餐前奉上的小碟凉拌海带丝让人喜爱，一入口五味俱全。顾不上消灭龙虾，吃空一碟海带丝又再要一碟，一旁的服务员早已是明里强装笑颜暗里怒目相向。因为餐前小菜是不要钱的。偶尔吃到的另一道餐前小菜——香橙瓜条则颇费心思，把冬瓜去水后以橙汁慢慢浸泡入味，吃起来凉爽，舌头似用冰块按摩过一样舒展，冬瓜固有的清甜中带着一点俏皮的橙子酸，平添风情万种。

有一家老川菜馆子，有很正宗的干切牛肉和麻辣牛肚。在这吃牛肉面还能尝到了一道风味独特的餐前小菜——凉拌芫荽。青花的小碗装着些陈醋麻油，一大把嫩生生的芫荽叶尖浸入其中，最上面则撒了一层孜然和细碎的虾皮，虾皮颜色微黄而油香。将各种配料充分搅拌后，立刻有股难以形容的清香扑入鼻翼，真让人不忍下咽。

相较中餐馆餐前小菜的分量，韩国料理餐前是满当当花样常换的六至八道小菜，一端上桌就让顾客有种很满足的感觉。腌萝卜汁当算韩国小菜中的异类，透明的碗中清浅的腌萝卜汁，几片雕成花形的萝卜片飘于淡红色的水面，轻啜一口，酸酸甜甜，比饮料来得清爽。日式餐馆的开胃小菜则秉承了日式料理一贯的精致特点，方形青色瓷碟中几丝切得很薄的牛蒡，浅白的芝麻缀在其上。问了服务员才了解，牛蒡是一种细细长长的植物，日式料理中的炒菜和天妇罗经常会用到这个原料，营养很是丰富。经过油炸后牛蒡口感有点像薯条，加上点缀的颗颗芝麻，嚼起来很脆很香。

于是，好吃的顾客每逢就餐前就会来一句："上些餐前小点来！"这一句饱含了顾客对这餐前小菜，当然还有对餐馆的喜爱。一碟餐前小菜就已收买了顾客的味蕾，店家能不笑逐颜开么！

餐前可爱小面包

在许多西餐馆，餐前给顾客送上的则是小巧玲珑的面包。一些西餐厅餐前赠送的小面包已经开始象征性地收费了。餐前面包受到重视，不再不起眼，它越来越能够不动声色地体现出一个餐厅风格的独到或者品位的高尚。

有着绵香口感的餐前小面包，脆韧与酥嫩交融，是一家法式餐厅一开始就带给顾客的绝妙体验。对法国菜异常钟爱的顾客贾先生对此有着相当高的评价，“这家餐厅也是大名鼎鼎的米其林餐厅中的一分子，厨师在对面包甜品的处理上，天赋难以言喻，所以我每次来都对餐前面包和餐后甜点有所期待。”

作为西餐中不可或缺的一部分，小面包彰显着餐厅独到的风格和沉淀，展示着店内厨师的技艺与精华。如果西餐厅的小面包仍被当做小配角，任其粗糙和普通，那餐厅的品位就会被拉下马。倘若一次满意的用餐经历让顾客对餐厅留下了美好的印象，那么餐前小面包的功劳绝对不可小觑。

位于北京的一家西餐厅的黑麦脆皮面包，湿软可口，配上番茄和香料制成的蘸酱，意大利别样的风味就融入了对食欲的满足。另外还有些餐前小面包样子虽然普通，却有着骗不了人的好味道，直接吃口感嫩香酥软，蘸着银鳕鱼酱就是另一番好滋味。如果觉得十分可口，便可再续，这里的餐前面包是不限量的。

小面包对顾客的意义不仅仅是免费送、不限量这么简单。如果一家餐厅有奢华的装修和昂贵的价格，但餐前面包却不能第一时间让顾客沉浸在美味里，那它还是失败的。面包就像是一个缩影，从餐前小面包里，就能窥见餐品的内涵和大厨的技艺。餐厅的品位高低，就在小面包和每一个细节上完整体现着。一流的西餐厅,不能没有可口的餐前面包。就像一个有品位的男人,不能穿着破了洞的袜子。

7.5 餐饮服务真功夫,点菜推销的窍门

点菜这一过程看似简单,其实内在学问却很大。如果餐饮店能够善于利用点菜这一时机,给予顾客真诚、实在的服务,站在顾客的立场上考虑其需求,在给餐馆赚得利润的同时也让顾客享受到美味的佳肴。餐饮店做好点菜这一环节的工作,还能开创另一番佳绩。

看成品点菜

用做好的成品菜样代替菜单,顾客点菜时对菜的造型、分量一目了然。位于汉口竹叶山的某大型酒店就采用了这种别具一格的点菜方式。

该酒店内特设一点菜区,左右两侧立着一排立式冰柜,里面放着当季热销菜样,有成品和半成品,每道菜都标明菜名、单价、配料、制作方法,菜样多达五六十种。

顾客点菜时,点菜员会带其到点菜区,顾客边看菜样边听点菜员介绍。酒店负责人解释,现在有的酒店爱在菜名上做文章,但内容却与菜名相差甚远,让顾客吃得不明白。看实物点菜更加直观、清楚。该负责人介绍,下一步他们将把精品菜、高档菜做成成品菜,顾客可品尝后决定点不点这道菜。

这种点菜方式突破了传统看菜单点菜模式,顾客再也不用担心上桌菜品与菜

单图谱相去甚远，却被餐饮店一句“菜品以实物为准”顶了回来。

餐前签协议

就餐前先签协议，这种促销方式比较新颖，不过签订协议后顾客就能拿到优惠幅度非常大的优惠，很具诱惑力。餐饮行业竞争压力大，就连一些知名大酒店也得想出各种促销方式吸引顾客，更何况是一些小餐饮店。深圳福田有家饭店就提出餐前签协议的优惠促销活动：只要顾客签署一份协议，就可以在指定期限内多次以188元的价格，享受原价388元每桌的超值特惠餐，且消费10餐之后，还能免费获赠1餐。

某公司职员小杨和同事来到深圳福田区的一家饭店用餐，小杨翻开菜谱准备点菜，服务员便递上了两张宣传单，介绍该店最新推出的特惠团餐。根据服务员的介绍，饭店从2月份起推出了公司特惠的团餐，188元每桌的餐食，可供10人享用，一共包括12道饭店的特色美食。特惠时段限于周一到周五工作日的午市，晚市、周末、节假日则恢复到388元每桌的原价。小杨一行人当即被如此大幅的优惠力度所吸引，但却被告知：要享受特惠的价格，必须先签署一份特惠团餐的协议。该协议上，除了服务员介绍的那些内容之外，也提到了其他一些限定，诸如团餐接待期间每餐上限为5桌，不得与其他优惠同时使用等。小杨在协议上签了字，并从服务员手上拿到了一张协议客户卡。最终，一行人也以188元每桌的价格享受了这套特惠团餐。

点菜时，不是直接向顾客推荐某些菜品，而是介绍饭店推出的特惠团餐。在享受特惠团餐前还得签署一项协议，这样子，顾客享受了实惠，餐饮店也赢得了顾客的多次光顾，可谓是双赢。

菜品导购与推销

餐饮店的一切经营活动都是围绕着饭菜的推销进行的。如果饭菜推销不出去,其他的事情做得再好都为零,所以引导顾客消费、推销饭菜,自然成了服务员工作的重中之重。当然,引导顾客消费、推销饭菜,绝非一日之功。因为服务员要接待的人相当复杂,且就餐目的各不相同,顾客的经济情况也相差悬殊,在口味上也有各不相同的要求等。

面对如此复杂的人群,餐饮店该怎么办?一句话:看人下菜碟。这句话的正面理解应该是说,根据不同的消费层次、消费对象,给予正确恰当的引导和推介。

“看人下菜碟”可分为两个方面,一方面是“看人”;另一方面是“下菜碟”。“下菜碟”要了解和掌握一定的烹调知识,以便向顾客介绍,引导消费;“看人”则是接待顾客时的观察和应变能力。两者对比,“下菜碟”需要一些烹饪知识,而“看人”则要面对形形色色的活生生的顾客,二者的差别是显而易见的。

服务员是酒楼中和顾客直接接触的最主要的人员,通过他(她)可以了解顾客对酒楼各个方面的意见和建议,是酒楼与顾客之间的桥梁。服务员要了解和掌握一定的烹饪知识,特别是本地、本店的著名菜点的用料、制法、特点等,这好比商店里的营业员必须熟悉所经营商品的有关知识,才能更好地向顾客介绍商品,给商店带来较好的经济效益,还能使顾客满意。好的服务员也能推销更多的菜点,给企业带来较好的经济效益,还能使顾客吃得满意,可谓一箭双雕。

另外,在导向和推销菜品时要考虑到顾客的实际情况,切不可单纯地为了经济效益而推销饭菜,这样不但不会提高经济效益,反而会受到顾客的冷落。作为餐饮店,一定要从服务的角度考虑如何更好地做好服务工作,让顾客满意。譬如针对“场面型”的顾客,这类顾客的就餐目的主要是表现气派,服务员在引座时可以选择豪华包间或雅座,推荐高档名优菜品,菜品要注重色和形的搭配,上菜速度要适度,不宜太快,必要时可以推荐特制菜品,以显其豪华气派。而“饱腹型”的顾客重数量,服务员可在推荐菜品时以低、中档菜为主,并且上传速度要快。另外一种类型的顾客属于不懂吃、不会吃的，此类顾客需要服务员对菜品作全面的介绍，根据实际情况进行引导。

推销的门道

“看人下菜碟”是一个相当笼统的概念，操作起来也并不简单。当然，导购推销也是有一些具体方法可循的。服务员在接受顾客点菜时应主动向顾客提供多种建议，促使顾客消费数量增多或消费价值更高的菜点、饮料，一般可采用以下方法。

1. 形象解剖法

服务员在顾客点菜时，把优质菜肴的形象、特点，用描述性的语言加以具体化，使顾客产生好感，从而引起食欲，达到推销的目的。比如，“香酥鸭是四川名菜，这鸭吃起来外面的皮又酥又香，里面的肉嫩且味道鲜美，与其他鸭相比，别具一格，不妨尝试一下”。

2. 解释技术法

即通过与顾客的友好解释，消除其对菜肴的疑义。比如顾客说这个菜肴的价格太高，服务员切记不可马上回答顾客说这菜的价格不高，这样直接把顾客的疑问顶回去，会使顾客不高兴，而应说：“是的，这个菜的价格是比较高一点，不过这菜的原料特别好，厨师的技术水平又高，做出来的味道特别可口，别处是吃不到的，看起来的确高了一点，其实不算高，不妨尝试一下。”让顾客听了之后觉得你讲得有道理，就消除了疑义。

3. 加码技术法

对一些价格上有争议的菜品，服务员在介绍时可逐步提出这道菜肴的特点，给顾客以适当的优惠。在对价格的争议上，筹码不是货物本身，而是商品给顾客带来的好处和利益，比如说，这个菜不但味道好，而且营养丰富，经常食用还有医疗作用，可以延年益寿等。

4. 加法技术法

把菜肴的特色和优点不断地加深和强调，让顾客形成深刻的印象，从而产生购买的欲望。

5. 减法技术法

与加法技术法相反,即是向顾客说明如果不买这个菜品将失去什么好处。比如,鲥鱼味道特别鲜美,如果不吃,不但不能饱尝口福,而且过了这个季节想吃都吃不到了,使顾客觉得不能错过这个机会,于是下决心购买。

6. 提供两种可能法

针对有些顾客求名贵或廉价的心理,为他们提供两种不同价格的菜点,供顾客挑选,由此满足不同的需求。

7. 利用第三者意见法

即借助社会上有地位的知名人士对某某菜点的评价,来证明其高质量、合理的价格,值得购买。

8. 代客下决心法

当顾客想点菜,但或多或少还有点犹豫,下不了决心,服务员可说:"先生,这道菜我会关照师傅做得更好一点,保您满意。"

9. 利用顾客之间矛盾法

如果来就餐的两位顾客,其中一位想点这道菜,另一位却不想点,服务员应利用想点的那位顾客的意见,介绍这道菜的特色,使另一位顾客改变观点,达到使顾客购买的目的。

7.6 餐后服务更贴心,给顾客爱上你的理由

想要把一个餐饮企业做大,"顾客至上"的服务理念必不可少。放眼望去,你会发现,生意火爆的餐饮企业提供的服务肯定是不会差到哪去的。餐前服务规则早已为餐饮企业所吃透,餐后服务越来越成为店家吸引客源的必争之地。"酒后代

驾”、“餐后主动打包”等餐后服务让顾客宾至如归，顾客再次光顾只是迟早的事情。

“酒后代驾”服务

在唐山市抗震纪念碑广场举行的“珍爱生命、拒绝酒后驾驶”主题宣传日活动暨集中整治酒后驾驶违法行为启动仪式上，唐山某餐饮集团总经理代表全市百家酒店、千名服务员向广大驾驶人士发出倡议：“饮酒不开车、开车不饮酒。”据悉，已有不少酒店推出了“酒后代驾”服务。

餐饮集团总经理表示，“我们的8个直营店和12个连锁店全部提供无偿代驾服务。”一般喝酒或醉酒顾客走得都比较晚，酒店内保安也已忙完，看到喝酒的顾客后便会上前提醒：“先生，您喝酒了，不能开车，您去哪里，我们可以送您过去。”得到允许后，酒店将派有驾照的保安为顾客代驾。该集团还对20个酒店内的1500名服务员进行了培训和宣传，要求服务员在顾客用餐前进行提醒服务，提醒用餐顾客中的驾驶员不要饮酒。

此外，很多饭店，大多也已推出“提醒服务”。餐前提醒，“饮酒不开车，开车不饮酒”。

“我们有责任提醒顾客拒绝酒后驾车。”一家饭店负责人王先生说，他们对熟悉的顾客也会进行提醒。

不管是“餐前提醒”还是“酒后代驾”都充分体现了餐饮店服务的体贴周到。餐饮店能够在餐后仍然抱着对顾客负责的心态，实在难能可贵。

餐后派送避孕套

如果你在餐馆用餐后，工作人员免费派发避孕套，你会做何反应？福田区某社区的一餐馆在顾客用餐后送上避孕套，由于受热捧，该活动已持续多时。

这一举动给光顾该餐馆的顾客留下了深刻印象。常客李小姐说，有一次她和家人到该餐馆吃完后，餐馆工作人员很大方地送上避孕套并介绍防艾知识。“听到工作人员说，我才想起当天是艾滋病日，”李小姐说，面对免费发放的避孕套，周围多数顾客不知所措。不过她觉得这种做法挺有意义，起码对当天是“艾滋病日”留下了深刻印象。

对上述做法，该餐馆负责人扶小姐表示，这是餐馆提前半个月精心准备的活动。她称自己此前在政府部门工作，对防治艾滋病知识有一定了解，于是提前联系福田区计生部门，从那里领取了1600多个避孕套。“艾滋病日”当天，工作人员向每位用餐完毕后的顾客免费派发，并做相关知识的宣传。她说多数男顾客比较大方地主动接受，而女顾客则比较腼腆，但他们都表示支持，周围不少小区居民还主动过来参与活动，周边工厂外来劳务人员也都积极参与。

大家的积极热捧给了扶小姐信心。“活动一直持续着，”扶小姐说，餐馆还打出牌子宣传此项活动，将继续派发避孕套。许多顾客也对餐馆的这一活动给予支持，参与到防范艾滋病的宣传活动中来，而餐馆的生意也空前地红火起来了。

“烟瘾君子”饭后坐豪华车吸烟

越来越多的公共场所禁烟，让许多瘾君子感到既不方便又不自在。在实施严格禁烟令的美国纽约，一些餐饮店则想出了“好方法”——把超长豪华礼车开到餐厅外，让顾客在犯烟瘾时，可以像巨星般坐进加长型礼车，尽情享受吞云吐雾的乐趣。

点根火柴来根烟，快乐似神仙，但是对于不吸烟的人而言，烟味的可怕让人避之唯恐不及，偏偏这年头拒吸二手烟的风气盛，许多瘾君子到了公共场合，总觉得自己遭人歧视，一种莫名的罪恶感油然而生。没关系，瘾君子的心声，有人明白。

一家餐厅老板为了让顾客有宾至如归的感受,特别在餐厅门口停了一辆加长型豪华礼车,里面可以坐24个人。

许多瘾君子说,坐在礼车里面抽烟,感受自己就像超级巨星;就连不抽烟的人,也觉得这种方案挺理想。餐饮店还打算在餐厅外头设个抽烟专用马车,甚至不排除开艘抽烟专用游艇,为的就是让吸烟人士不再有受到歧视的感受。

饭后在豪华车上吸烟,餐饮店对特殊人群照顾之周到可见一斑。

7.7 信息技术,餐后联络感情赢得回头客

信息技术的发展将餐饮业的竞争带入了一个全新的时代。从菜式的竞争、价格的竞争、环境的竞争、规模的竞争到服务的竞争,餐饮业在高速、蓬勃发展的同时,层出不穷、花样繁多的竞争手段也无所不用。正当的竞争给了餐饮业的发展无穷的动力。那么,互联网的日渐普及又给餐饮业带来什么机遇和挑战呢?

靠博客留住顾客

网络给了餐饮店一个更好的与顾客沟通的平台,这就是博客的运用。我们会常常被这些风格各异的博客经营风格所吸引,无论是闻名世界的大公司,还是中小企业,甚至是小到一个设计师,安装师,裁缝师,餐馆,他们的不同之处,是各有各的风格,相同之处,都是通过博客延伸在线对话风格,拉近和顾客之间的距离。

Horsefeathers 是位于新罕布什尔州北康韦镇的一家餐馆,当地附近是最受欢迎的滑雪胜地之一,滑雪是本地的经济支柱,观光客带来了当地经济的繁荣与房地产的增值。

赢利心经

Horsefeathers 餐厅，在 1976 年创建，由于经营得当，一直生意较好。但由于很多竞争者的加入，他们要想吸引潜在顾客，保持老顾客的忠诚度，就需要考虑一些方式。

他们经营过一份电子新闻报纸，借此联络老顾客，方法是很管用，但后来垃圾邮件泛滥，大宗邮件和新闻报纸的效果明显下降。他们也建有网站，网站上只有一些照片和菜单，也很少更新，根本不能吸引顾客。

最后，他们尝试建一个餐厅博客。目标是留住顾客，而不是拉拢陌生人前来用餐，因为满意的老顾客口碑相传，就足以帮他们做宣传了。

他们在博客上大谈本地发生的大小事情，例如滑雪地和河流的状况，描述本地射箭场，还提供一些关于塔克曼峡谷的历史珍闻。从来不推销他们餐厅本身。餐厅的主人很清楚，没有人会喜欢听他们吹嘘自己有多棒。

他们经常更新文章，提升餐厅在搜索引擎上的排名，间接拓展新的客源，google 搜索引擎还把餐厅列入观光客必访名单。

Horsefeathers 博客推出一年的时候，平均每天都有 150 ~ 200 人通过网络造访他们，每天光顾网站的顾客和餐厅可容纳的座位数目相当。星期四一般是最忙的，吃过午饭，网络流量立刻暴增，这些点网站的人可能正是餐厅的顾客，他们来查看周末有什么活动。

这家餐厅就是这样利用博客与顾客“零距离”交流，使生意蒸蒸日上，而且减少很多的广告费用。

客户数据库的妙用

信息技术除了带给餐饮企业与顾客交流沟通的高效、便捷外，最大的好处可能就是通过餐饮管理软件和网站来建立自己的客户数据库。而对于餐饮企业、特别是大规模的连锁餐饮企业，拥有自己的客户数据库，无疑于在信息时代占领了市场竞争的战略制高点。

餐饮市场营销的潮流，已经由传统的大众行销转向差异化行销，由“市场占有率”转向“忠诚顾客占有率”。市场营销实践中著名的 2～8 法则，即 20% 的顾客，往往造就 80% 的业绩，而谁是餐厅最理想的客户呢？答案就在客户数据库里！餐饮企业建立的客户数据库能够帮他们找出餐厅的忠诚顾客、最有价值顾客，与顾客建立双向对话关系，不断地、适时地找准机会把这些最有价值的顾客培养成餐厅的忠实顾客。

著名的快餐连锁店必胜客（PizzaHut）在全球范围内每天要完成 40 万笔交易。为什么必胜客要运用客户数据库营销？毕竟他们只是卖比萨。答案是因为他们卖很多很多比萨，一年卖 48 亿美元。必胜客用数据库营销来了解他们的顾客，并知道他们的需求。顾客会改变，品位与习惯也会改变。餐饮店必须与顾客保持联系、与他们聊天、倾听他们的需求。必胜客借助客户数据库了解了，要如何做才能将业绩在 5 年内扩大一倍，哪些顾客是最有利润的，哪些顾客又是最有机会的，形势会有什么样的变化等。通过使用客户数据库，必胜客认识到：

1. 顾客是公司重要的资产。
2. 每个消费者都是独一无二的。
3. 信息即力量。

这是我们必须向必胜客学习的地方：顾客才是公司最重要的资产，而非商品、服务或是不动产。信息即力量，这是藏在每一个客户数据库中的宝藏。

不仅仅是必胜客，许多餐饮企业也是借助客户数据库的力量，成功地给他们带来的客源。某连锁餐厅利用客户数据库提供 45 万名顾客生日优惠，结果有 33% 的兑换率，逾 40 万名的顾客光临，带来 310 万美元的业绩，而成本仅为 63 万美元。某大型酒店提供假日优惠给数据库中的 1.25 万名顾客，创造了 9391 次光临次数，业绩为 7.64 万美元。一张邀请 45

万余名老顾客参加店庆活动的明信片，其中共有 10 万余名再度光临，总人次近 26 万，创造了逾 150 万美元的业绩。所有这些，都证明了客户数据库的巨大价值。

建立属于自己的数据库

要发挥数据库的潜力，首先还得建立属于餐饮企业自己独一无二的客户数据库。以前对于一些中小型企业来说遥不可及的数据库，现在有了餐饮管理软件和互联网，就可以非常方便、经济地建立自己的客户数据库。

餐饮企业建立客户数据库一般来说有三种方法：传统的电话定餐的顾客资料可以立刻输入到管理软件的客户数据库中去；如果餐馆拥有自己的独立网站，还可以通过网站允许顾客定餐，顾客必定被要求留下相关的资料；另一种方法是在网站上提供更多有价值的资料，比如经常提供自己餐厅招牌菜的烹饪方法、提供自己餐饮店各类菜肴的营养价值测定数据、各类微量元素的含量、提供各类促销活动信息等以便吸引顾客来网站注册，通过注册会员的方法可以获取更加详细的顾客资料。

拥有属于餐饮企业自己的数据库并不表示就可以高枕无忧了。如何正确使用客户数据库还是个很大的问题，如果不去使用或者是使用错误的话，世界上任何客户数据库的资料都是没有价值的。而且这些投资无法增加餐饮店的销售与利润，投资在数据库上的成本就会变成浪费，对餐饮店来说，得不偿失。

要想达到吸引顾客的效果，餐饮店使用客户数据库时必须和公司的营销计划有机地结合起来。

首先，客户数据库会帮助餐饮店选准目标市场。餐饮店是想吸引新的顾客还是现有的企业客户？顾客主要是金领、白领等高层次消费者还是居民区的普通消费者？他们的比例是多少？他们的消费额通常是多少？他们为什么来？为什么会离开？对客户数据库的分析会发挥作用，帮助餐饮店挑选出最合适的人群。

其次，决定接近顾客和潜在顾客的最佳途径。是寄信、发电子邮件还是打电话？广告或促销信息用什么媒体最能让你的目标客户群所接受？对以往营销活动的分析有助于解决这个问题。

此外，利用客户数据库并不只是生搬硬套，而是需要创造性。通过数据库分析，你会发现，对某类顾客，打不打折效果会有很大的区别；某些顾客对新的产品比另一些顾客回应率更高等等。

好的客户数据库可以做到找出带给餐厅最大利润的那些20%到30%的顾客，餐厅应当在他们身上作更大的投入，统计表明，每月来餐厅用餐达2次的顾客，假如你能使它在一年中多来3次，即一年中来餐厅消费27次，那么你的销售业绩可以提升12%左右；同样，你还可以用客户数据库对你在不同的媒体、不同的促销活动中得到的回应率，分析出对什么样类型的顾客，用什么样的媒体，用什么样的促销活动效果会最好。

客户数据库对像餐饮业这样直接面对消费者的行业，作用会越来越大。建立一个数据库需要花费一些时间、作一些投入，但一旦建好以后，餐饮店就离不开它。好好利用客户数据库，并不断更新数据，客户数据库就会成为餐饮店最有价值的资产。

第八章

餐饮巨头是这样狂赚的

►8.1　小肥羊，来自草原的特色美味
►8.2　老舍茶馆，京味儿十足话茶艺
►8.3　全聚德，皇城老字号的辉煌
►8.4　净雅，传统产业的新生之路
►8.5　小蓝鲸，“餐饮改革”的神话
►8.6　赛百味，品牌快餐的经营之路
►8.7　星巴克，演绎咖啡神话传奇

8.1 小肥羊,来自草原的特色美味

"小肥羊"的第一家店面于1999年8月亮相包头,在传统涮羊肉的基础上进行大胆革新,开创"不蘸小料涮羊肉"的全新风格。此后,"小肥羊"凭借其独创的特色火锅和连锁经营战略,在短短的几年时间内迅速成长为全国大型餐饮连锁企业。如今,在"吃"上相当挑剔的顾客却在"小肥羊"火锅店排起了长队,具有浓厚草原特色和蒙古民族餐饮文化的"小肥羊"自开业以来,每天都是人流如潮。许多人都不解:"小肥羊"为啥这样火?

美味之源

小肥羊在"3·15"品质月推出以"只为天然优品保证"为主题的系列促销活动,鲜美的小肥羊加上趣味活动,吸引了大批顾客参与。据介绍:"小肥羊的锅底汤料和肉品生产都是业界所熟知的,唯一的不同就是小肥羊坚持了标准化生产,保证餐桌上的每一片羊肉都是天然优质的,每一锅汤底都是小肥羊的特色。"

为了保证肉品的天然优质,小肥羊从源头的养殖开始抓起,在锡林郭勒和巴彦淖尔建起了两个肉业基地。为了保证小肥羊的每一片肉都是最优的,小肥羊的每一种肉品,都严格按照标准生产。

为了保证调味品的统一,小肥羊的每个火锅汤料产品都经过营养专家、食品专家的营养分析和测试,产品一旦研发成功,标准化的配方将严格规范所有产品原料的配比。在调味品供应上,小肥羊建立了自己的羊肉供应基地、辣椒生产基地、调味料研发生产基地、枸杞等中药生产基地。

同时配套建立了国内最大的羊肉物流运输系统，做到食材的集中采购和统一配送，保证了产品质量安全和各分店口味的统一。

“我们对顾客提供的任何一个产品，都必须要有一个严格的、持续的、高标准的食品安全保证。我们的目标是将小肥羊打造成百年老店并培育成世界性的知名品牌，让全世界更多的人品尝到小肥羊的美食和快乐。”该店负责人如此描绘小肥羊的希望和远景。

小肥羊包括餐饮、物流、生产、养殖的多种业态的经营模式在业界是绝对不可复制的，正是借此，小肥羊才在短短10年时间里筑起了雄伟的“商业帝国”，顾客也才能快乐品尝天然、味美的优品羔羊肉。

品味更高档

2008年8月3日，小肥羊全国首家旗舰店——小肥羊北京军博店盛大开业。此前小肥羊内部有商务店、主流店、社区店之分，新开张的小肥羊军博店在环境、菜品、服务等方面全面提升水准，目标定位于针对商务宴请等高端餐饮的精品店。从锅底到肉品，以及海鲜、酒水全方位升级，预示了小肥羊将打破火锅业整体大众化经营、利润率较低的局面。小肥羊军博店在服务方面将提供更加周到的人性化、个性化服务，努力打造精品、精致、精细的高端旗舰店形象。

在小肥羊首份高端菜单中，有40%左右的新产品，与以往小肥羊的社区餐厅、主流餐厅大相径庭。增加了鲍鱼滋补锅等大众消费难见的食材；肉品方面，该店将被细化的20余种分割羊肉按质论价；另外，精选肥牛产品中，美国多汁牛肉、澳洲雪华肥牛、极品雪花肥牛、日式神户牛肉等众多高端品种也出现在菜单上；锅底方面新增清凉锅底。

结合日本料理中对高级肥牛的应用，小肥羊军博旗舰店以极高的肉品质量，向广大顾客宣告这样一个态度，以极简之烹饪，品肉精绝之鲜美。

小肥羊的澳洲雪花肥牛采用的是进口谷饲特级牛脊背前部肉，每头800公斤以上的肥牛身上，出这样品质的肉也不过是3～4公斤。它的脂肪均匀沉积于肉质中，形成了极具美观的大理石花纹。食之松软滑嫩，久涮不老，满口溢香。

不仅在菜肴上突破了以前的大众化，小肥羊在就餐环境上更是精益求精，力求高档。

小肥羊军博旗舰店店内装修把时尚元素与内蒙古元素巧妙结合，以现代化的表现手法及绘画技巧突出层次感、空间感，别树一格地呈现蒙古民族风情，给顾客营造了一种耳目一新、回归自然的就餐环境。店面采取一体化装修，抽象富有艺术感染力的云朵便是羊文化的化身和发展，以此作为整个风格定位的设计原子，辽阔、宁静、隽永并赋予力量。

店内拥有15个特色豪华包间，装潢大气庄重的包间像五星级酒楼，摆有青花瓷、油画等，完全脱离了火锅是一种大众化消费的形象。每个包间都是以有小肥羊分店的城市命名，有包头、深圳、蒙特利尔、多伦多、旧金山等。这种包间命名方式展现了小肥羊分店遍布全球的实力，增加了品牌传播力度。

所有的火锅排烟道都是内置式的专利设计，并且因为餐厅整体也进行了内置式的排烟道设计处理，因此顾客始终都闻不到空气中有什么浓厚的涮火锅味道，吃了一顿火锅之后，身上依旧清清爽爽。

全面标准化

2004年是小肥羊的信息化元年。这一年他们不仅提出了信息化建设的目标，还快速组建了信息中心。2008年小肥羊有三分之二的店面实现了信息化管理，但信息的及时性、准确性带来的业务效果却非常好，标准化、规范化管理成效也已经显现。在信息系统的“规范”下，小肥羊餐厅内的每一种原材料，包括羊肉、蔬菜、汤料、调味品等在入库的同时，全部需要录入系统，每一笔销售也都依赖系统进行，以实现食材全面标准化。

小肥羊供应的菜品，大部分都是不需要烹调的，店面后厨只须洗净、切好就可直接装盘。因此小肥羊想要保证菜品的标准化，除了严把原材料采购关外，还要对每盘菜的重量和质量标准进行把关。以羊肉为例，所有店面的羊肉全部是通过小肥羊总部羊肉基地配送来的，也就是说一卷羊肉的重量是一个标准值。小肥羊规定一盘羊肉的重量是400克，每卷羊肉除去损耗，能被切成多少盘羊肉也是一个标准值，再加上羊肉进货和每盘羊肉的销售，信息系统都有记录。

如果说像羊肉这些不需要烹调的食品具备标准化的可能性，那么对于小肥羊提供的多种凉菜，又如何做到标准化？在小肥羊每家餐厅，每种菜品都有明确的配料表，比如一盘凉拌黄瓜，对黄瓜、油盐酱醋等材料的重量规定全部精确到克，只允许有2%的误差，后厨的量菜师需要严格按照标准执行，厨师操作时也要根据配量表，拿着专门的刻度量杯和小勺量取调味品。每种蔬菜、调味品的进货数额按标准能够产生多少盘菜都有预先设定好的理论值，每天盘点后只需拿实际值和理论值对比，就可监控厨师是否按照标准操作。小肥羊由此实现了菜品制作标准化、口味标准化。

通过统一的IT平台，小肥羊的总部还可以灵活地根据需要，进行菜品的增加、变价、原材料调配等操作，总部相关业务部门只需要在系统中更改某菜品的价格，全国各家门店的系统内的相关数据就会自动变更。在IT的支撑下，小肥羊在价格上的统一与标准化轻而易举得到了实现。

8.2　老舍茶馆，京味儿十足话茶艺

老舍茶馆是一家以人民艺术家老舍先生及其名剧命名的茶馆。始建于1988年，坐落在北京市前门箭楼的西南侧，其正门虽不大，但它那古色古香的门楣，却能屡屡留住顾客的脚步。老舍茶馆经过30多年的打拼，由当初的小茶棚发展成现在

有4000多平方米营业面积的综合性文化企业。今天,它已不仅仅是一个单纯的商业企业,同时也是一个生产精神产品和传承中国传统文化的大舞台。中华文化与茶有着千丝万缕的情缘,老舍茶馆更是演绎了茶中的精髓,老舍茶馆因茶而生,茶因老舍茶馆得以弘扬。

从“二分钱”大碗茶一路走来

从创始人尹盛喜摆“老二分”茶摊起,老舍茶馆就是一个有灵魂有精神的实体。“大碗茶广交九州宾客,老二分奉献一片丹心”是尹盛喜当时提出的创办宗旨,他说到了,也做到了。创业伊始的“二分钱”大碗茶30多年来价格一直都没有改变过,即使亏损,茶馆还是坚持把“老二分”卖下去。“老二分”不仅是个价格不变的承诺,更是当年老舍茶馆创业精神的延伸,雷锋精神的延伸。

同时,出于对中国传统文化的热爱,尹盛喜在1988年创建老舍茶馆的同时,提出了“振兴古国茶文化、扶植民族艺术花”的经营宗旨,并作为对联挂在舞台两侧。在尹盛喜不懈的努力下,戏曲文化舞台拉开了帷幕,戏曲名家马三立、骆玉笙、侯宝林等都曾在老舍茶馆登台献艺。从此慕名来茶馆看戏、看曲艺表演的各方宾客接踵而来,也为老舍茶馆成为“京城名片”打下了基础。

老舍茶馆接力棒传到了新一代掌门人尹智君手中,她继续开拓,做足茶馆的“茶”文章,用心书写“振兴古国茶文化、扶植民族艺术花”新篇章。

2004年伊始,以尹智君为总经理的新一届领导班子大胆创新,开设了四合茶院,创出了“老尹”牌大佛龙井和茉莉花茶。四合茶院的出现使老舍茶馆的经营结构日趋完善,茶馆形式更加丰满;“老尹”牌大佛龙井和茉莉花茶不仅提升了茶馆的茶叶品质,也迎合了时代需求,得到了顾客的认同。

2006年,老舍茶馆在一楼又进行了新的突破,开设了“新京调茶餐坊”,新京调茶餐坊依旧是民族传统、北京特色,以宣南文化为主调,引入古老又时尚的皮影戏、女子民族乐坊等多种表演，戏院式的茶餐坊简约、雅致又现代，为青年顾客休闲娱乐提供了绝佳去处，成为茶、戏、餐三位一体的“大茶馆”。自此，老舍茶馆完成了茶馆结构的立体化构建，具备了京城历史上六大茶馆类型：野茶摊、餐茶馆、书茶馆、清茶馆、大茶馆、二荤铺。

历经30多年风雨，辛勤的耕耘结出了累累硕果，老舍茶馆不仅仅是家茶馆，更成为展示中国传统文化的商业窗口。

特色茶菜扑鼻香

推门进入老舍茶馆大厅，满目书画楹联，顿觉一股浓浓的书香气息，而那整齐排列的八仙桌、靠背椅，屋顶上悬挂着的一盏盏宫灯，以及一侧柜台上挂着标有龙井、乌龙等各式名茶的小木牌，使人感到这里京味十足。身临其境，如同进入一座老北京的民俗博物馆，令顾客赏心悦目。

坐在八仙桌边，用细瓷盖碗冲上一杯香茶，一边品尝着宫廷糕点和北京风味小吃，一边欣赏着来自曲艺、戏剧等各界名流的精彩表演，的确是一种高雅的享受。而从乌龙茶、文式茶、农家茶、茉莉花茶等各类名茶茶艺的表演中还能体会到茶文化的精髓。

在老舍茶馆的配套设施大碗茶酒家内，经营有京味传统炒菜和烤鸭，而其特色茶宴则在京城独树一帜，不可不尝。由于烹制茶菜的厨师从茶叶的特性知识，到与菜肴的合理搭配，烹饪时的火候掌握都达到了娴熟的水平，因此做出的茶菜既保留了菜点本身的色泽口感及营养成分，也融入了茶的许多营养元素，如蛋白质、氨基酸、茶多酚、维生素C等。而这些茶营养元素和药效成分，则可以起到养生、保健、祛病功效。

厨师长赵先生在老舍茶馆已经做了8年的茶菜，“茶菜考虑的是靠茶提味、遮掩主料的缺点，同时还要考虑哪种茶叶和哪种食材配到一起能提升营养”。“就拿这新推出的‘茶香素牛排’来说，是把上等祁红茶浸泡后加入用大豆蛋白做成的

‘牛排’中，茶汁也一起加入烹制。”祁红茶本身有暖胃功效，大豆蛋白做成的牛排既有肉的口感，又具有极高的营养价值，其中又有淡淡的茶香。

茶菜味道独特，制作精细讲究，价钱却是相当大众化。30 元以下的茶菜占总数的一半以上，其中最便宜的“炸雀舌”才 12 元。物美价廉，也难怪茶馆天天爆满。

与百姓亲密接触

初一至初五在陶然亭庙会上，迎风舞动着的黄底红字“大碗茶老二分”幌子格外醒目耀眼；粗瓷蓝边的大碗、诱人的茉莉花茶香，纯正的京味吆喝……吸引着逛庙会的京城百姓。每当春节来临之季，老舍茶馆就会走进陶然亭公园庙会，给京城百姓送上新春的祝福。

“大碗茶，二分钱”，随着头戴瓜皮帽、身着青色大褂、肩搭手巾把儿的小堂倌的叫卖吆喝，引发了来往顾客浓厚的兴趣，大家带着疑惑的目光不住地询问：“现在还是两分钱一碗吗？”“是，二分，没有变。”惊喜之余，大家纷纷围拢在摊位前，争着要喝上一碗热腾腾、散发着袅袅茶香的大碗茶。

在寒风习习的冬日里，端起香香暖暖的大碗茶，不少人热络地攀谈起自己和大碗茶的故事，回忆着曾经走过的岁月。在人群中有一位中年人，边喝着大碗茶，边注视着展板上大碗茶公司创始人尹盛喜先生在前门卖茶的照片。端详了一会儿之后，他对身旁的老舍茶馆工作人员说：“黑白照片上的那个喝茶的年轻小伙是我，没想到我能出现在你们老尹总创业时的照片里，这也把我带回了年轻时的岁月。此时喝着这大碗茶，我感到还是那么的过瘾，那么的香醇。”这真是一次奇特的偶遇，在场的每一个人都感到兴奋，这不但是茶缘，也是大碗茶深入人心的一次印证。

老舍茶馆的“老二分”茶摊，不仅成为陶然亭庙会上的一处民俗文化景观，而且由茶馆服务生装扮成卖糖葫芦、香烟的小贩，再现老北京五行八作走街串巷叫卖的情景，引来游客纷纷上前合影留念。

庙会上，工作人员不时向聚拢在摊位前的顾客介绍老舍茶馆经营产品和服务项目，发放着手中的宣武特色旅游宣传资料和虎年福贴，送上一份真诚的祝福。老舍茶馆，俨然成了百姓生活中不可或缺的一部分。

8.3 全聚德，皇城老字号的辉煌

世界上最出名的鸭子有两只：一只是美国迪斯尼的唐老鸭，另一只是中国的全聚德烤鸭。唐老鸭象征了美国式的诙谐幽默，全聚德烤鸭则代表了典型的中华美食。俗话说，“不到万里长城非好汉，不吃全聚德烤鸭真遗憾”！“全聚德”早已成为北京皇城的标志之一，名扬海内外。

挂炉烤鸭风味纯

要说全聚德烤鸭之所以能够成就今天的辉煌，就不得不提到其独特的烤鸭技术。

全聚德烤鸭距今已有140多年的悠久历史，其创始人杨全仁初到北京时在前门外肉市街做生鸡鸭买卖，后于同治三年(1864年)创立全聚德烤鸭店。接着他重金礼聘了一位专为宫廷做御膳挂炉烤鸭的孙姓老师傅，掌握了宫廷御膳挂炉烤鸭的全套技术。孙老师傅把原来的烤炉改为炉身高大、炉膛深广、一炉可烤十几只鸭的挂炉，还可以一面烤、一面向里面续鸭。经他烤出的鸭子外形美观，丰盈饱满，颜色鲜艳，色呈枣红，皮脆肉嫩，鲜美酥香，肥而不腻，瘦而不柴，为全聚德烤鸭赢得了“京师美馔，莫妙于鸭”的美誉。现已形成了以全聚德烤鸭为代表、集全鸭席及400多道特色名菜于一体的全聚德菜系。

全聚德烤鸭历史悠久、蜚声中外,采用挂炉、明火烧果木的方法烤制而成。其选购鸭子的饲养期不能超过90天,羽毛要有光泽,洁白无瑕,翅短背长,腿粗而短,胸部丰满,体躯肥壮。鸭子为5斤半到6斤,过小则肉柴,过大则有肥腻之嫌。鸭子宰杀去血、褪毛,掏去内脏,剁去鸭翅、鸭掌,经过打糖色、风干,制成鸭坯,重量在3斤到4斤左右。烤鸭成熟时间为45分钟左右。烤好的鸭子大概重2斤4两,要求片下80片到100片,一只烤鸭片下的肉大概在1斤2两左右。顾客要半只大概就是4~6两肉。其成品特点是:刚烤出的鸭子皮质酥脆,肉质鲜嫩,飘逸着果木的清香。鸭体形态丰盈饱满,全身呈均匀的枣红色,油光润泽,赏心悦目。配以荷叶饼、葱、酱食之,腴美醇厚,回味不尽。

与焖炉烤制法不同,全聚德烤鸭为挂炉烤制。挂炉不安炉门,用枣木、梨木等果木为燃料,鸭子入炉后,要用挑杆有规律地调换鸭子的位置,以使鸭子受热均匀,周身都能烤到。由于果木木质坚硬,耐燃烧,底火足,所在采用挂炉法烤制有无烟、底火旺、燃烧时间长的好处,鸭子受热均匀,火力强烈,皮下脂肪会被烤化掉,使鸭子皮脆肉嫩,而且带有一种特殊的果木香味。

经过一个多世纪的风雨洗礼,全聚德生意越做越大,声名远扬,享誉海内外,曾接待过无数政界显要、商界名流,据说凡是到北京去的外国元首,几乎没有不吃全聚德烤鸭的。

“智能烤鸭炉”

时代在发展,餐饮业只有紧跟时代步伐,创新技术才能有新的突破。全聚德烤鸭在这方面成功地表现为“智能烤鸭炉”的运用,使每一只鸭子都是一个味儿,创造了中餐标准化的奇迹。

百余年来,全聚德烤鸭一直以“外形美观,丰盈饱满,颜色鲜艳,色呈枣红,皮脆肉嫩，鲜美酥香，肥而不腻，瘦而不柴”赢得中外人士的一致赞誉。不过今天，尽管顾客们在全聚德各门店品尝到的烤鸭还是那么“皮酥肉嫩”，却可能并非出自传统的果木挂炉，而是全自动智能烤鸭炉的杰作。据姜俊贤介绍，这已经是全聚德研发的第四代烤鸭炉了，时间、温度和湿度全都由电脑芯片自动控制，其烤出的鸭子，“口感绝对不比人工烤制的差。”

事实上，自从定下了连锁经营的发展战略，标准化问题就被全聚德提上了重要议事日程，因为连锁的前提就是标准化。中餐的标准化一度被认为“不可能”，可全聚德不信这个邪，偏要做“第一个吃螃蟹的人”。

“过去，中国人炒菜哪讲什么标准，都是‘温火’、‘旺火’、‘盐少许’之类的模糊概念。可‘温火’是多少度？‘旺火’是多少度？‘盐少许’是多少克？‘薄如镜’究竟指多厚？如果没有个统一的标准，就很难保证菜品口味的一致性。”全聚德董事长姜俊贤说，为了制定全聚德特色菜品的统一操作标准，全聚德的厨师还真是费了一番功夫。他们用天平来称花椒的重量，用红外线测温仪来测量炉火的温度，用千分尺来量薄饼的厚度……经过 1 年的努力，40 多道特色菜品的标准被制定了出来，全聚德又通过讲课等方式，将标准在各门店贯彻下去。

除了制定菜品的操作标准外，全聚德还特别注重专有技术的物化。比如研发各种全聚德的专用调料配方，由厨师长统一控制；开发烤鸭的专用设备，用智能烤鸭炉替代传统的明火果木挂炉工艺等。“这样一来，不仅能够保证各门店菜品风格一致，而且有利于全聚德保留自己的传统秘方不泄密。”姜俊贤表示。全聚德烤鸭所专用的鸭坯、甜面酱、荷叶饼等，均已实现了产业化生产。

文化营销造品牌

拥有百年历史的全聚德，文化韵味源远流长。全聚德在技术改进的同时，更加注重文化历史的传播，让更多的顾客了解全聚德，打造文化品牌。

2010 年，正值“全聚德挂炉烤鸭技艺”进入第二批国家级非物质文化遗产名录一周年,同时“全聚德”也在7月底迎来建店145周年。为此,全聚德前门店作为“全聚德”品牌的起源店,进一步挖掘与丰富品牌文化的表现与传播形式,与“北京龙在天皮影文化公司”合作,用传统戏剧“皮影”的艺术形式,来表现“全聚德”传统技艺与文化的起源、沿革与发展。

全聚德集团有关负责人介绍,当年北京人民艺术剧院一部经典话剧“天下第一楼”,让更多的人认识并了解了“全聚德”。这次皮影版的“全聚德的故事”,从剧本的编写,场景、人物的设计,到语言的运用等,不仅尊重历史,有着浓郁的京味特色,而且特别增强了故事性与趣味性,力求从不同的侧面,用一个全新的艺术形式,展示“全聚德”烤鸭制作技艺,演绎“全聚德”文化。此次“全聚德”与皮影艺术的联手,不仅仅是传统餐饮文化与戏剧文化的结合,更是中国千百年流传下来的文化精髓的互相融合。

百年全聚德具有深厚的历史文化底蕴,文化营销早已深深烙刻在管理者心中。为了更好地向顾客展示全聚德的文化内涵,管理者在和平门店腾出整整一层楼的面积,建立了自己的展览馆,向来宾展示全聚德的百年历程。此外,全聚德还将散落在档案馆中的史料挖掘出来,出版了一系列介绍全聚德的图书,如《全聚德故事》《全聚德史话》《全聚德与名人》等,并针对儿童推出了介绍全聚德历史故事的小人书。看来,肯德基、麦当劳从娃娃抓起的营销策略也被全聚德借鉴了过来。2004年,以全聚德历史故事为背景的32集电视连续剧《天下第一楼》登上银屏。在节目播出的2个月时间里,全聚德几乎店店排队,营业额增长了50%以上。文化营销对全聚德品牌的推动力由此可见一斑。

“全而无缺,聚而不散,仁德至上”是周总理对全聚德金色牌匾的精辟诠释。如今,这块闪光的金匾,不仅为我们讲述着全聚德的百年沧桑,更记录下新一代全聚德人的创新故事。

8.4 净雅，传统产业的新生之路

源于山东的鲁菜，主要分为胶东、济南两个分支，一直被誉为中国八大菜系之首。明清后，鲁菜在京一统天下。一句民间谚语说得好："东洋的女人西洋的楼，福山厨师盖全球。"然而，这一红火局面自 20 世纪后半期渐行渐远。伴随着川、粤、淮扬等菜系迅猛上升，鲁菜风光不再，甚至一度显出一蹶不振的颓势。这种颓势于 21 世纪初才得以扭转。其中最受关注的突破，就是净雅的崛起。

净雅食品集团有限公司，前身是 1988 年诞生于威海的一家牛肉包子铺。经过 20 年的艰苦创业，目前已发展为跨地域、跨行业经营的大型餐饮企业集团，成为山东餐饮业第一品牌。在胡润财富排行榜餐饮类排名中，净雅位居 13 位，在全国范围内大大提升了新时期鲁菜的地位。

净雅，从传统的包子铺一路走来，能够创下今天的佳绩，背后又有多少经验值得我们学习、借鉴呢？

鲁菜传统上的"中式海洋餐饮"

任何行业的成功，都离不开对这一行业规律性的深刻认识和理论支撑。净雅的成功，证明了这一点。

鲁菜风光不再，很大程度上是由自身特点所决定。黑乎乎、黏乎乎、咸乎乎的量大味重的鲁菜，与生活富裕后清淡、健康的饮食追求出现了明显背离。这一缺陷如此明显，甚至一度使人产生了鲁菜是否会走向末路的疑问。

而净雅的成功，首先是立足于充分发挥鲁菜精华的一种坚定信念和执著追求。正如净雅掌门人张永舵所认真思考的：中国菜的核心技术有三：第一就是讲究汤，第二讲究火候，第三特别讲究爆锅带来的口味和香度。而这三个重要特点，也正是鲁菜的传统优势。也就是说，从文化底蕴角度上讲，鲁菜是最优秀的、最具有中国菜特点的一个菜系。只要与社会发展同频共振，吸取现代烹调技术的精华，调整鲁菜体系，重造鲁菜新优势就完全可能。

秉承这一信念，净雅开始了以创新发展为核心、重造鲁菜新优势的探索，并最终形成了具有海洋文化特色的“中式海洋餐饮”。具体说，就是以黄海产高档海鲜、有机蔬菜为原料，通过全过程标准化加工，融合独具特色的海洋生鲜烹调技术形成的新鲁菜。

这种“中式海洋餐饮”，首先是坚持了鲁菜传统烹饪技法原材料的基础，并进一步发挥其精益求精的鲜明特点。比如对原材料新鲜度的要求。净雅取材全部源于山东丰富而优良的产品，海鲜全部是来自威海的活海鲜，蔬菜则基本选用寿光无公害、无土栽培蔬菜。在加工过程中，则精细得更近乎于苛求：凉拌茼蒿，只选顶尖四个嫩叶；萝卜丝炒虾皮的萝卜必须用潍坊萝卜；炒大头菜只选中间的几瓣。

同时，面向餐饮习惯的转变，围绕口味清淡和营养健康的特点，对菜品进行了全面创新。如在用油方面，抛弃中式酒店通用的色拉油，完全采用了价格虽高但有较好保健治疗作用的橄榄油，从 2008 年 8 月份开始，净雅又全部改用更加健康绿色的纯天然山茶油；再如净雅的知名海鲜菜品中，几乎不采用调味品，从而尽可能保持菜品的清淡和新鲜。如鱼翅的传统做法是使用清汤和浓汤来做，燕窝传统上一般都是甜味的做法比较多，而净雅则以高档海鲜相搭配。鱼翅是用自制的海鲜桂花酱一起炒制而成，御品炒燕是用胶东野生大虾和血燕一起炒制而成，口味微咸，更加符合现代餐饮的消费需求。

实践证明，“中式海洋餐饮”的菜品创新，因契合了现代饮食追求而使传统鲁菜大放光彩。净雅所到之处，其独具特色的菜品令天下食客趋之若鹜，不断刷新

"满座率"纪录:在济南的净雅店,一年四季上座率达到了难以置信的120%,而在北京的净雅店,甚至出现排队等餐的现象……

意想不到的服务体验

在菜品价格不变的情况下,还想保持高上座率。很重要的一条,就是提高服务水准,让顾客体验到更高的用餐享受。静雅高调宣布"不打折、不降价、不取消服务费"后仍然生意火爆,让顾客意想不到的服务体验才是保持客源不断的根本。

在净雅用过餐的顾客,一定对"立如松、行如风"的服务员印象深刻。净雅所有的服务员上岗以前,都需要在威海培训基地经受一个半月的集训和一个星期的军姿练习。

最为顾客津津乐道的,是净雅"感动服务"给人的温馨感觉。不久前,一位顾客去净雅用餐,点菜时提醒服务员席上一位朋友不能吃海鲜,席间还聊起这位朋友的血酸有点偏高。没想到过了不久,服务员端来一碗清炖蛋清,还有两页复印资料,提醒这位朋友在饮食上注意哪些食物。

另一位顾客也有过同样的经历。有一次他们一家人到净雅用餐,停车时车窗却怎么也关不上,停车场的服务员主动找来酒店的司机,把车开到修理厂维修,还没吃完饭,车钥匙及修车发票已送过来,酒店司机还为他们垫付了修车费。

如此用心地为顾客服务,怎么能不让顾客发自内心地赞美。

"抓住顾客最根本的需求、给顾客全新的服务体验。"这是净雅多年总结出的一条经验。一位企业家曾经说,他不缺钱,但是请客人吃饭,就怕兜不住,一桌饭菜两三万,到底还是有点心疼,你宴请重要的客人,服务员拿来茅台,你能说换五粮液吗?服务员向你推荐极品松茸海参汤,你能拒绝不要吗?

净雅会细心倾听顾客的心声,在行业内率先实行"最高人均消费"标准,人均消费不高于550元，如果超出这个额度，各酒店负责人将被处罚。经过专业训练的服务生会以适当的方式帮助顾客将消费限制在某一标准以内。虽然消费量有所下降，但是净雅相信，这种服务模式和管理模式，将会带来长期的回报。

超越自我回报社会

以宽厚的胸怀、宽广的视野奉献社会，是净雅对社会的积极回报。张永舵说，社会的每一分子都是扶持净雅成长的重要力量，企业发展了就应该积极地回报社会。为此，净雅集团多年来一直坚持救助贫困大学生、扶助孤寡老人，无论在哪个城市，遇到需要捐款捐物救助弱势群体，净雅总是走在前面，献出自己的爱心。

逢年过节，净雅人会精心组织一台晚会，邀请周边"邻居"参加，在欢声笑语中缔结更深的友谊和亲情；净雅人经常走进所在城市的社区，从事清扫"白色垃圾"、清理小区楼道卫生等公益活动，为城市增加一份姿彩。

伴随着净雅的成长，净雅文化声名远播，很多企业慕名前来学习，有的企业甚至派出专门的骨干入住净雅创业中心，和净雅的员工一道接受培训。他们有的来自银行、医院，有的来自小型私营企业，还有的来自国际知名大企业。净雅总是敞开大门迎接，把自己的管理经验、文化精髓毫无保留地奉献出来。肥城一家钢铁企业的高层管理人员仅仅在济南净雅吃过一顿饭，就被净雅精益求精、以人为本的服务所吸引，专门来到威海净雅人才创业中心，学习净雅的培训、管理、服务。参观完毕，这位管理人员不住地赞叹："没想到一个餐饮企业的细节管理可以如此到位，管理水平直追高端，确实受益匪浅。"

值得一提的是，净雅管理的超越之举引起了国内外一些研究机构的高度关注。在参加"中国科学技术博览会——北京创意成果展"后，净雅获得了专家这样的评语："体验中国餐饮行业的形象创新，首推净雅。净雅以宽广的全球视野，积极的本地行动，挥洒着传统文化的精华和现代意识的卓越，塑造了中国餐饮业领跑者的形象。”在ICIC协会中国创意论坛上，希腊创意艺术家乔治·塞邦尼迪斯说：“参观净雅是我此行最难忘的时光，我会永远铭记中国企业带给我的美好感觉。”

净雅，毫无保留地奉献精神，怀着一颗感恩的心回馈社会。胸怀宽广，定能在餐饮这条成功路上越走越远。

8.5 小蓝鲸，“餐饮改革”的神话

23年的风雨，大浪淘沙。刘国梁从开小餐馆开始。当年的“小南京”从7张半台子起步，现已发展成了拥有20多家连锁店的“小蓝鲸”，员工5000多名。2007年营业额2.1亿元，连续四年居湖北省餐饮龙头，累计纳税已超过一亿元。先后荣获省市国、地两家税务局颁发的“A级纳税人”企业、“全国首家营养餐厅”、“中国餐饮百强企业”、“全国十佳餐饮连锁企业”、“鄂菜十大名店”等诸多荣誉，而这一切则来自于小蓝鲸以下几个方面的革命。

厨房革命：让上菜时间减少半小时

物质短缺的时代，下馆子是很奢侈的。餐馆难找，服务很差，从点菜到上第一道菜，往往要等三四十分钟。原因很简单：从买菜到洗、切、配、炒，就靠一两个人。

1983年，刘国梁从黄陂乡下来到汉口，接手经营“小南京”餐馆时，一人身兼数职：采购，切菜、配菜，还要掌勺。因为做得一手好菜，顾客越来越多。刘国梁忙得四脚朝天，上菜依然很慢。

受一家铝业加工厂流水作业启发,刘国梁决定进行一场“厨房革命”:分工负责,各管一块。买菜、洗菜、切菜、配菜与炒菜分离,这样不就可以加快上菜的速度了吗?刘国梁请来一帮亲友上阵,让他们各管一道工序,自己只负责炒菜,上菜速度提高一倍以上。一个仅7张桌子的小店,高峰时仅顾客打包带走的白切鸡就有四五十份。

这只是厨房革命的第一步。1992年,位于建设大道武汉电视台对面的“小南京”扩建,刘国梁进一步改造厨房生产工艺流程,对厨师进行更细的分工。5分钟左右就能上菜,“小南京”一时名噪三镇,日营业额达几万元。

“小南京”上菜极快!这引发同行高度关注,许多厨师慕名取经。为了打造自己的品牌特色,1997年“小南京”更名“小蓝鲸”。

得益于厨房革命,一批航母级餐馆在三镇拔地而起。为了能以最快的速度、最稳定的质量向顾客提供美食,“小蓝鲸”的厨房分工达到极致,随时处于“待命状态”。一名厨师只炒一两个菜,点菜信息由通过电脑联网从餐桌直通厨房,不到10分钟,满满一桌十几道菜就能上齐。厨房革命从根本上提升了“小蓝鲸”的劳动生产率,菜品质量极佳、上菜极快,给“小蓝鲸”树立了良好的品牌口碑。

经济革命:把“产供销”颠覆为“销供产”

20世纪80年代中后期,“顾客就是上帝”的理念进入中国。刘国梁意识到,光喊口号没有用,必须对企业的经营理念、体制、流程进行彻底改革。颠覆“产—供—销”这种僵硬的经营模式,改为“销—供—产”。小蓝鲸从顾客方入手,首先研究什么是受顾客欢迎的“好菜”。其次抓好供应,小蓝鲸炒什么菜,如何定价,都由“销”来决定。

小蓝鲸在两件事上做足功课:一是市场调查。在开新店、推新菜前,做深入的市场调查，作为决策依据。小蓝鲸成立武汉首家“菜肴研究所”，不断地推出大量顾客喜爱的菜品。其二是研究同行。从市场竞争中找生存缝隙，跳出同质化竞争怪圈，走差异化、专业化发展之路。

经过一段的实践，刘国梁发现，中餐连锁不能照搬西方快餐连锁的模式，必须在“差异化”上做文章，让同处一城的“小蓝鲸”连锁店给顾客带来不同的体验。一整套“错位经营，打造品牌个性”的思路逐渐完善。

通过大量的调查论证，制定了“差异化连锁，错位经营，办特色店”的经营策略，提出新的连锁模型：在小蓝鲸连锁文化不变的前提下，根据各个城市、各个地域的消费特点实行特色化经营。在武汉市各店实施差异牌，一店一格；在省内其他地方打“武汉牌”，做武汉知名酒店的特色精品菜；在省外实施“湖北牌”，把全省各地市州的菜搬到省外，体现湖北风味；事实证明，这条路子走对了，差异化经营让顾客惊喜连连，“小蓝鲸”经济效益逐年攀升。

营养革命：奉献好吃又营养的中餐

在空前重视食品安全和健康、营养的全球化背景下，“全国首家营养餐厅”小蓝鲸将引领中餐走出“高油、高糖、高盐”的传统误区，打开一条既美味诱人又健康营养的新路，它必将引起一场全新的中餐“营养健康”革命。

刘国梁始终不忘将社会责任统一到企业经营中去，“把餐饮业当事业做”，“吃出健康来”，是小蓝鲸人多年的追求。为此，小蓝鲸做了大量的健康科普工作。2004 年以来，刘国梁先后受邀在武汉市委党校、华中科技大学、清华大学 EMBA 课程班等单位，进行 20 余次营养健康知识讲授。

“为了您的健康，请使用双筷双勺。”“为了您的健康，我店免费为您做一次营养健康配餐指导。”……这些服务用语无论是耳熟能详的还是新鲜有趣的,都凝结了小蓝鲸人为“吃出健康来”的理想付出的汗水与智慧。

为了把营养健康型餐饮企业的理念落到实处,刘国梁要求企业严把原料和烹饪环节质量关。2006 年 8 月份至 10 月份小蓝鲸厨务部分别制作了图文并茂、富有健康营养特色的主菜单三套、养生食谱一套、季节菜单一套,其中收录了小蓝鲸创导的健康五级台阶、中国居民膳食平衡要素、各式特色菜肴的营养分析点评、酒水饮料饮用的营养与禁忌。

此外,小蓝鲸还推出特殊人群的饮食养生以及各式营养套餐,为特殊顾客提供个性化健康服务。营养革命迎合当代人注重健康的追求,小蓝鲸以先驱的身份引领起餐饮行业的新时代潮流。

菜肴革命:“即食海参”可带回家吃

小蓝鲸全方位的革命,肯定少不了在菜肴上多费功夫。随着高档的鲍参翅肚等顶级菜肴逐渐大众化,餐饮企业在这方面的竞争也越加激烈。为此,小蓝鲸特邀中华名厨、鲁菜掌门人、“海参大王”颜景祥大师传授技艺,提高小蓝鲸烹制海参的水平。小蓝鲸力推海参菜肴,是因为海参作为传统的高级滋补品,已经有千年的历史了,在悠远历史的美食长廊里,海参一直作为“海八珍”之首。

21 世纪是健康的世纪,海参作为稀有天然营养品越来越受到广大消费者喜爱,“海参热”正在很多市场兴起。海参种类很多,经济价值较高的有刺参、梅花参、乌参等,尤其是产于黄海、渤海的刺参最为名贵。海参是名贵的海产品,肉色清润,质地细嫩,含有蛋白质和人体所必需的多种矿物质和维生素。营养学家称海参为“天然营养库”,海参也是唯一不含胆固醇的动物性食品。

葱烧海参乃鲁菜的杰出代表,享誉全球,而山东海参则又数济南最为有名。济南海参首席大师、“海参全席”创始人颜景祥大师在小蓝鲸烹制的海参,比其他海参娇软滑糯,更富弹性,回味绵长。正宗的海参菜肴在小蓝鲸各连锁店均有出售,且价格实惠,顾客还可以直接把“海参”打包回家。“买了就能吃的海参”,既满足顾客的口腹之欲，又免去烦琐的加工制作。让顾客不一定非要到酒店，就能品尝美味的海参。

8.6 赛百味，品牌快餐的经营之路

全球87个国家超过30342家加盟店，全球特许经营第一品牌，全球特许经营企业家杂志的年度特许经营企业500强名单中连续15年列居第一……提起赛百味，你一定早已联想到那满眼的绿色，在快餐店林立的时代，还能够生意如此红火，赛百味靠的究竟是什么呢？怎么经营的呢？

绿色健康品牌

1965年，一个17岁的美国男孩考上大学后为了能自力更生挣学费，开创了第一家赛百味，提供超大潜水艇型三明治，让这种简单的食品变得更丰富、更美味。更为可贵的是，在赛百味，顾客不再是坐在那里被动地等待；走进赛百味，顾客会发现自己才是决策者，自己选择面包、肉、蔬菜、酱料，成为自己口味的主人。当天新鲜烤制出来的面包、各种美味的肉品、多种新鲜的蔬菜以及不同口味的酱料在那里迎接顾客。每一种新鲜、每一种美味等着顾客按照自己的喜好把它们组合在一起，组合成特有的新鲜的、独特的三明治。

与我们熟知的洋快餐品牌不同的是，"赛百味"倡导健康、绿色、个性化和时尚，禁止使用油炸和明火烹调，以制作各种新鲜的冷热特大美式三明治为主。白面包、麦面包、香奶酪面包和蜂蜜燕麦面包四种美食家面包；金枪鱼、鸡肉类、牛肉类、火鸡类、火腿类、培根类、萨拉米等低脂无油

炸肉类;西生菜、西红柿、青椒、黄瓜、酸黄瓜、元葱、黑橄榄等新鲜蔬菜;蜜汁芥末酱、双琼根辣汁酱、甜辣酱、甜葱酱、特拉亚酱、烧烤酱等9种口味西式酱汁。不同材料之间的排列组合可以达到5000种之多,比如贝意加上胡椒来代替酱料,顾客可以根据自己的口味随意选择。

在新鲜美味的同时,赛百味时时刻刻关注着顾客的健康。新鲜菜蔬与各类高品质肉类,多样组合,为顾客提供天然维生素。每一道工序都有严格的要求,保证了食品的新鲜。赛百味产品包含的健康饮食理念,受到了各国人士的喜欢,这也使得赛百味的食品在美国、英国、加拿大、澳大利亚、新西兰等17个国家成为餐饮顾客的首选。现在提供新鲜健康三明治的赛百味在全球已经超过3万家,说明了顾客对拥有新鲜、美味、健康的赛百味产品的喜爱。

在赛百味,经常能够看到许多外国友人的面孔,一位美国常客说,他喜欢赛百味,以前在美国的时候,就很喜欢吃,来到了中国,他很高兴还能够吃到家乡的食品,他喜欢赛百味,是因为它的健康、新鲜、低脂。“不论在美国还是中国,低脂健康都在成为主流的饮食观念。”赛百味的负责人说,他们正在用各种方法改变高脂肪高热量的洋快餐模式,比如建议顾客使用橄榄油、醋来代替奶酪、沙拉酱,用蜂蜜燕麦面包来增加纤维素摄入量。这样,不但是外国朋友,年轻人也越来越喜欢赛百味的口味和这个品牌所传递出的时尚、健康的餐饮理念。

儿童市场营销

赛百味早已是国际速食业大军中的一个领先者,但相对于麦当劳和肯德基,赛百味一直保持比较低的市场营销预算,更青睐于采用迂回曲折的外围营销路线,以避免同快餐巨头们的直接较量。自2005年初新管理层上任后,就专注于开发儿童市场。

赢利心经

2007年秋天，赛百味开始了其专门针对儿童的营销活动。他们借助拍摄儿童喜欢的体育短片等店外营销活动结合以一些店内营销活动，加强其在儿童当中的品牌知名度。同时，赛百味也十分关注儿童肥胖问题，活动期间，注重为儿童提供一些更加健康营养的食品。

2008年夏，赛百味与美国最大轮滑鞋制造商Vans结成品牌联盟，再度展开一场儿童营销战，以扩展儿童顾客的范围。这次营销主要针对8～13岁或年龄更小的儿童。赛百味的营销总监Michelle Cordial的理念是：花同样的钱但可以让孩子们吃得更好。赛百味还延续了2007年的"赛百味更适合你"的菜单，这样一来，既能够吸引到8～13岁的儿童，又没有让再大一点的孩子感到被忽视。

由于赛百味是唯一同Vans建立联盟关系的快餐品牌，它更有机会赞助许多由Vans赞助的体育赛事，比如冲浪比赛、滑雪比赛以及滑冰比赛等。这些体育比赛正好可以吸引很多儿童的注意力，从而能够保持并扩大其在儿童市场上的市场份额。

目前，赛百味已将其儿童营销计划列入其营销战略当中，此举实际上已经促进了赛百味的销售额增长。

特许经营开拓新天地

特许经营作为一条开创新事业的成功之路已日益受到人们的关注。强大的品牌效应以及授权商的鼎力支持使得投资者很容易建立起自己的加盟店。国际知名餐饮巨头赛百味由当初一家小小的销售新鲜潜艇式三明治的店铺发展至今，"特许经营"可谓是功不可没。

赛百味三明治及色拉店创办至今已有30多年的历史。这一特许经营体系的发展源头要追溯到1965年当创始人之一的Fred DeLura先生刚从高中毕业的时期。当时,Fred 必须自己挣钱来支付高额的大学学费,于是他向家族里的一位朋友寻求帮助。那位朋友建议与他合开一家销售新鲜潜艇式三明治的店铺,并贷款 1000 美元作为开业资金。

一年以后,当 Fred 的大学学习计划还未实施时,他们已开设了第二家店铺,不久又开设了第三家。此时他们在努力寻找一种有效的方式来扩展这项诞生不久的业务。经过几年的奋斗,最终他们发现特许经营将会是达到目标的最佳方案。1974 年,第一家赛百味特许经营店终于开张了,此时共有 16 家店铺在正常运转。如今,已有 14000 多家赛百味连锁店每天为数以百万计的顾客提供新鲜美味的三明治和色拉。而这其中的 11000 家店铺是在最近的 11 年里发展起来的。由此可见特许经营的独特魅力!

在这一发展时期,以美国为主要市场的赛百味公司觉察到国外市场巨大的发展潜力。旅游者、当地居民及在国外工作的美国人都将是赛百味三明治的潜在顾客。于是,赛百味于 1984 在巴林开设了第一家海外连锁店。

由于不同的市场对经营者有不同的要求,赛百味在必要的时候会调整其经营方式以适应当地市场。促销政策,总体运作方式甚至连菜单都经过仔细的修改来适应各个国家特殊的市场环境。这种适当的调整使赛百味在国际连锁业务中获得了巨大的成功。赛百味的三明治和色拉已遍布世界各地,顾客可以在美国以外 70 多个国家的特许经营店品尝赛百味的优质产品。

8.7 星巴克，演绎咖啡神话传奇

星巴克的成功是一个奇迹，它从西雅图的一家小公司，发展成了拥有 5000 多家门店的大型企业。2001 年，星巴克营业额为 26 亿美元，利润 1.81 亿美元，成为全球最大的咖啡零售商、咖啡加工厂。2003 年 2 月，《财富》杂志评选全美最受赞赏的公司，星巴克名列第 9。在华尔街，星巴克早已成为投资者心目中的安全港。过去 10 年间，它的股价在经历了四次分拆之后攀升了 22 倍，收益之高超过了通用电气、百事可乐、可口可乐、微软以及 IBM 等大公司。是什么创造了星巴克奇迹？

时尚的代言

星巴克，大家都知道。是咖啡吗？它当然不仅仅是咖啡，它总是与时尚联系在一起。不管是狭义的时尚，还是广义的生活方式或者品位格调。星巴克被赋予了太多超越其本身的象征意义。在某种意义上，星巴克真真正正地成为了有关时尚的一个代言。也许很少有其他的事物或物品如同它一样，如此深入人心而又自然的与时尚联系在一起，宜家可能是，但依然不足以超越它。

在 2009 年秋冬米兰时装周上，深受明星喜爱的 Dsquared2 在秀场上表现了一回被“帕帕拉基”狗仔队包围的明星街头秀。模特带着超大墨镜、长围巾，穿着春天感觉的服装走秀，更有趣的是模特手里还拿了一杯星巴克咖啡，就好像我们一直看到的洛杉矶街头抓拍明星照一样。穿着波希米亚感觉的让人想起 Mary - KateOlsen，而复古摇滚穿着的则有些像 SiennaMiller 的风格。

这不是星巴克的时装表演，也不是星巴克赞助的时装秀，但是星巴克杯子却成为了这个时装秀上最出色的配件，星巴克与时尚如此紧密相连，又怎么不让人佩服它的时尚魅力呢。

星巴克，在欧洲国家，不仅仅代表着高端时尚，更代表着一种生活方式。对于爱喝咖啡的顾客来说，想要节省时间又要享受美味的双重要求之下，星巴克一直是个不错的选择。

佩雷先生说："我们必须保护咖啡馆文化。一个缺少了咖啡馆、学校、药房、面包店和市政厅当中之一的城镇还算得上是城镇吗？咖啡馆是连接乡镇与外部世界的一个舞台。若没有了咖啡馆，人们就失去了社交带来的热闹欢乐，也失去了结交友伴的机会。不少商业合约也是在咖啡馆里谈妥的。"

是的，咖啡，一杯小小的咖啡，竟然影响到了人们的生活方式。星巴克作为一种时尚品味，早已融入到了人们的生活之中。

星巴克本土化

在星巴克点一杯碧螺春？从现在开始，这个设想成为现实。继"遭遇"麦当劳"麦咖啡"的冲击之后，星巴克的本土战略再次升级，把全球其他市场成熟的茶饮料复制到中国市场，并开发了三款颇具中国风的白牡丹茶、碧螺春茶以及东方美人乌龙茶。在咖啡领域长袖善舞的星巴克为何要加入茶饮大战？

星巴克大中华区市场、产品及传播副总裁黄丽敏表示，星巴克在中国以外的市场经营茶饮料已经有 40 多年的经验，比如印度红茶、伯爵红茶等等均是全球其他传统茶饮国家的经典品。中国是茶饮料大国，推出这些茶饮料是为了丰富产品线，满足顾客的更多需求。

而 20 元左右的价格也表明，星巴克并没有把茶当作附属产品，却是按照新增长点来培养的新业务。星巴克认为，虽然茶产品在星巴克所有产品中所占比例并不算大，但星巴克茶应该像咖啡一样，不仅要品质上乘，且能提供那份久久留有余味的茶体验。而这正是星巴克茶与普通中式茶馆茶相比的核心竞争力所在。

“星巴克不愿意成为一个单纯的茶饮品售卖者，而是希望在为顾客提供一系列高品质茶饮品的同时，创造一个舒适、温馨、开放的空间，让更多爱茶之士悠享独特茶体验。”黄丽敏坦言，正是因为看到了中国顾客的需求，所以做出了这样的举动。星巴克茶的推出代表着星巴克致力于以顾客为导向的创新实践，并提升顾客体验，满足中国顾客追求高质量现代生活的需求。星巴克茶推出以来，在咖啡销量没受影响的情况下，新增了许多星巴克茶的购买者，因此单店收入提高不少，远远超出了想象。

用人情味留住顾客

要说星巴克崛起之谜，其中关键一点就在于添加在咖啡豆中的一种特殊的配料——人情味儿。星巴克自开业以来就一直贯彻着这一核心价值。

星巴克把自己的咖啡店定位在相对于家庭和办公室的“第三空间”上，这使星巴克一直在努力追求自由、宽松、非正式的环境，让人备感温馨。培育情感关系是世界上绝大多数成功企业之所以成功的关键所在，星巴克的成功与此也有着密切的关系。虽然一些公司会把情感关系当作任何一次交易的幌子，但顶级公司却能超越交易层面，把重点放在发展以信誉为基础、互惠互利、长期的联系之上，尤其在顾客、供货商、联盟伙伴及自己的员工上。星巴克已成为这种新型的以情感关系为核心的组织的典范。

自1971年以来，星巴克就以咖啡为纽带，致力于为顾客提供家庭和办公之外的“第三空间”。调查显示，星巴克2000万客户中有90%是互联网的用户时，星巴克立刻决定要为他们奉上一道新的甜点：高速无线互联网服务。只要顾客进入具有无线支持能力的星巴克咖啡店，就能够立即自动检测并连接到网络。客户在星巴克里上网会比在家中更容易，甚至在顾客说完一句“来一杯卡布基诺”之前，已经完成了连接。顾客在星巴克上网，使其逗留在店内的时间更长了，结果卖出的咖啡也更多。星巴克的努力影响了许多人的生活习惯，甚至有人这样描述他一天的时间安排：我不在办公室就是在星巴克，不在星巴克就是在去星巴克的路上。

星巴克连锁式的扩张，得益于星巴克给自己的品牌注入了价值观，并把企业文化变成一种时尚，一种能够感受到的内容和形式，它不仅仅是在卖咖啡，更多的是在为顾客营造温馨的“第三空间”。

附录一:食不厌精,菜系大全

一个菜系的形成和它的悠久历史与独到的烹饪特色分不开。同时也受到这个地区的自然地理、气候条件、资源特产、饮食习惯等影响。有人把“八大菜系”用拟人化的手法描绘为:苏、徽、浙菜好比清秀素丽的江南美女;鲁菜犹如古拙朴实的北方健汉;粤、闽菜宛如风流典雅的公子;川、湘菜就像内涵丰富充实、才艺满身的名士。中国“八大菜系”的烹调技艺各具风韵,其菜肴之特色也各有千秋。鲁菜宋以后就成为“北食”的代表。明、清两代,鲁菜已成宫廷御膳主体,对京、津东北各地的影响较大,现今鲁菜是由济南和胶东两地的地方菜演化而成的。其特点是清香、鲜嫩、味纯而著名,十分讲究清汤和奶汤的调制,清汤色清而鲜,奶汤色白而醇。济南菜擅长爆、烧、炸、炒,其著名品种有“糖醋黄河鲤鱼”、“九转大肠”、“汤爆双脆”、“烧海螺”、“烧蛎蝗”、“烤大虾”、“清汤燕窝”等。胶东菜以烹制各种海鲜而驰名,口味以鲜为主,偏重清淡,其著名品种有“干蒸加吉鱼”、“油爆海螺”等。新中国成立后,创新名菜的品种有“扒原壳鲍鱼”。

1. 八大菜系之鲁菜

鲁菜的形成和发展与山东地区的文化历史、地理环境、经济条件和习俗尚好有关。山东是我国古文化发祥地之一。地处黄河下游,气候温和,胶东半岛突出于渤海和黄海之间。境内山川纵横,河湖交错,沃野千里,物产丰富,交通便利,文化发达。其粮食产量居全国第三位;蔬菜种类繁多,品质优良,是号称“世界三大菜园”之一。如胶州大白菜、章丘大葱、苍山大蒜、莱芜生姜都蜚声海内外。

山东菜简称鲁菜,是中国著名的八大菜系之一,也是黄河流域烹饪文化的代表。

山东菜可分为济南风味菜、胶东风味菜、孔府菜和其他地区风味菜,并以济南菜为典型，煎炒烹炸、烧烩蒸扒、煮氽熏拌、溜炝酱腌等有50多种烹饪方法。

济南菜以清香、脆嫩、味厚而纯正著称，特别精于制汤，清浊分明，堪称一绝。胶东风味亦称福山风味，包括烟台、青岛等胶东沿海地方风味菜。该菜精于海味，善做海鲜，珍馔佳品，肴多海味，且少用作料提味。此外，胶东菜在花色冷拼的拼制和花色热菜的烹制中，独具特色。孔府菜做工精细，烹调技法全面，尤以烧、炒、煨、炸、扒见长，而且制作过程复杂。以煨、炒、扒等技法烹制的菜肴，往往要经过三四道程序方能完成。“美食不如美器”，孔府历来十分讲究盛器，银、铜等名质餐具俱备。此外，孔府菜的命名也极为讲究，寓意深远。

2. 八大菜系之粤菜

广东菜简称粤菜，是中国著名八大菜系之一。由广州、潮州、东江客家菜三种地方菜构成。而三支地方菜又有各自不同的特色。

广州菜是粤菜的主要组成部分，以味美色鲜、菜式丰盛而赢得“食在广州”的美誉。广州菜有三大特点：一是鸟兽虫鱼均为原料，烹调成形态各异的野味佳肴；二是即开刀、即烹和即席烹制，独具一格，吃起来新鲜火热；三是夏秋清淡、冬春香浓，深受大众的喜爱。

潮州菜是在广东菜中占有重要的位置。潮州菜主要以海味、河鲜和畜禽为原料，擅烹以蔬果为原料的素菜，制作精炒，加工多样。可分为炒、烹、炸、焖、炖、烧、烤、焗、卤、熏、扣、泡、滚、拌，刀工讲究，汤菜功夫尤深，其中以清炖、红烧、汤泡最具特色。

东江菜又称客家菜，用料以肉类为主，原汁原味，讲求酥、软、香、浓。注重火功，以炖、烤、煲、焗见称，尤以砂锅菜见长。做法上仍保留一些奇巧的烹饪技艺，具有古代中原的风貌。

广州菜包括珠江三角洲和肇庆、韶关、湛江等地的名食在内。地域最广，用料庞杂，选料精细，技艺精良，善于变化，风味讲究，清而不淡，鲜而不俗，嫩而不生，油而不腻。夏秋力求清淡，冬春偏重浓郁，擅长小炒，要求掌握火候和油温恰到好处。潮州菜属闽南系，潮州菜源于潮州，已有数千年的历史。据史料记载，潮州菜可追溯到汉。盛唐之后，受中原烹饪技艺的影响，发展很快。唐代韩愈临潮时，对潮菜美味赞叹说:“……章举马甲柱,所以怪目呈。其余数十种,莫不可叹。”至明末清初,潮州菜进入鼎盛时期,潮州城内名店林立,名师辈出,名菜纷呈。近代,由于潮籍海外华侨的往来,潮州菜博采海内外名食之精华,菜式更加丰富多彩,质量精益求精。时至今日,潮州菜已经发展成为独具岭南文化特色、驰名海内外的我国名菜之一。潮州地处亚热带,南临大海,海产丰富。潮州菜的最突出特点,是以烹制海鲜见长。对海鲜的烹调选料考究,制作精细,至于以酱碟佐料,达到新鲜美味,清而不淡,鲜而不腥,郁而不腻。如鸳鸯膏蟹、生菜龙虾、红炖鱼翅、蚝烙、清炖乌耳鳗、清汤蟹丸等,是潮菜海鲜类的代表名作。其语言和习俗与闽南相近。

3. 八大菜系之川菜

四川菜简称川菜,是中国著名的八大菜系之一,历史悠久,风味独特,驰名中外。

随着生产的发展和经济的繁荣,川菜在原有的基础上,吸收南北菜肴之长及官、商家宴菜品的优点,形成了北菜川烹、南菜川味的特点,享有“食在中国,味在四川”的美誉。

川菜讲究色、香、味、形,在“味”字上下工夫,以味的多、广、厚著称。川菜口味的组成,主要有“麻、辣、咸、甜、酸、苦、香”7 种味道,巧妙搭配,灵活多变,创制出麻辣、酸辣、红油、白油等几十种各具特色的复合味,味别之多,调制之妙,堪称中外菜肴之首,从而赢得了“一菜一格,百菜百味”的称誉。

川菜在烹调方法上,善于根据原料、气候和食者的要求,具体掌握,灵活运用。38 种川菜烹调方法中,现在流行的仍有炒、煎、炸、烧、腌、卤、煸、泡等 30 多种。在烹调方法中,特别以小煎小炒、干烧干煸见长。川菜与四川风景名胜一样闻名于世,扬名天下。

川菜系也是一个历史悠久的菜系,其发源地是古代的巴国和蜀国。据《华阳国志》记载,巴国“土植五谷,牲具六畜”川菜之代表菜“宫爆鸡丁”,并出产鱼盐和茶蜜;蜀国则“山林泽鱼,园囿瓜果,四代节熟,靡不有焉”。当时巴国和蜀国的调味品已有卤水、岩盐、川椒、“阳朴之姜”。在战国时期墓地出土文物中,已有各种青铜器和陶器食具,川菜的萌芽可见一斑。川菜的形成大致在秦始皇统一到三国鼎立之间。现代川菜主要诞生于清朝,与元代之前的川菜有较大的出入。现代川菜的定型时期大约从1906年到1937年,即从清末新政时期开始,到抗日战争爆发前夕。改革开放后,一大批川渝饮食企业和创业先驱走出盆地,把川菜带到了全国各地。丰富了我国的饮食产业,加深了人们对川菜的印象,扩大了川菜在全国的影响力。

4. 八大菜系之湘菜

潇湘风味,以湖南菜为代表,简称“湘菜”,是我国八大(浙菜、苏菜、湘菜、川菜、闽菜、粤菜、徽菜、鲁菜)菜系之一。

湖南省,位于中南地区,长江中游南岸。这里气候温暖,雨量充沛,阳光充足,四季分明。南有雄崎天下的南岳衡山,北有一碧万顷的洞庭,湘、资、沅、澧四水流经全省。自然条件优厚,利于农、牧、副、渔的发展,故物产特别富饶。湘北是著名的洞庭湖平原,盛产鱼虾和湘莲,是著名的鱼米之乡。《史记》中曾记载,楚地“地势饶食,无饥馑之患”。长期以来,“湖广熟,天下足”的谚语,更是广为流传。湘东南为丘陵和盆地,农牧副渔都很发达。湘西多山,盛产笋、蕈和山珍野味。丰富的物产为饮食提供了精美的原料,著名特产有:武陵甲鱼,君山银针,祁阳笔鱼,洞庭金龟,桃源鸡,临武鸭,武冈鹅,湘莲、银鱼及湘西山区的笋、蕈和山珍野味。在长期的饮食文化和烹饪实践中,湖南人民创制了多种多样的菜肴。据考证,早在两千多年前的西汉时期,长沙地区就能用兽、禽、鱼等多种原料,以蒸、熬、煮、炙等烹调方法,制作各种款式的佳肴。随着历史的前进,及烹饪技术的不断交流,逐步形成了以湘江流域、洞庭湖区和湘西山区三种地方风味为主的湖南菜系。

湘菜,是我国历史悠久的一个地方风味菜。湘西菜擅长香酸辣,具有浓郁的山乡风味。湘菜历史悠久,早在汉朝就已经形成菜系,烹调技艺已有相当高的水平。湖南地处我国中南地区,气候温暖,雨量充沛,自然条件优越。湘西多山,盛产笋、蕈和山珍野味;湘东南为丘陵和盆地,家牧副渔发达;湘北是著名的洞庭湖平原,素称“鱼米之乡”。在《史记》中曾记载了楚地“地势饶食,无饥馑之患”。

5. 八大菜系之闽菜

福建菜俗称闽菜,以福州菜为代表,素以制作细巧、色调美观、调味清鲜著称。

福建菜以海鲜类为主，口味方面则咸、甜、酸、辣具备，咸的调味品有虾酱、虾油、豉油等；酸的有白醋、乔头等；甜的有红糖、冰糖等；辣的有胡椒、芥末等；香的有红糖、五香粉、八角、桂皮等。福建菜对清汤的调制特别讲究，一般都以油鸡、火腿、蹄膀为用料。方法是先用小温火将油鸡、火腿、蹄膀等熬出汤汁，并过滤；另将生鸡骨斩碎，加水和盐调和，放入汤内，继续用小温火边烧边搅匀（又称吊汤），然后再过滤一次，便成为莹洁鲜美的清汤，用来调制菜肴，对色、香、味均有帮助。

福建菜也有煎、炸、炻（如煮）、烤、炖、拌、醉、卤、扒、糟、煨、扣、溜、炒、熏、焖、扛、腌、炝等，其中最具特色的是糟，有扛糟、炝糟、爆糟、炸糟之分。

闽菜系历来以选料精细，刀工严谨，讲究火候、调汤、作料，和以味取胜而著称。其烹饪技艺，闽菜之代表菜“太极明虾”有四个鲜明的特征，一是采用细致入微的片、切、剞等刀法，使不同质地的原料，达到入味透彻的效果。故闽菜的刀工有“剞花如荔，切丝如发，片薄如纸”的美誉。如凉拌菜肴“萝卜蜇”，将薄薄的海蜇皮，每张分别切成2～3片，复切成极细的丝，再与同样粗细的萝卜丝合并烹制，凉后拌上调料上桌。

6. 八大菜系之浙菜

浙江菜简称浙菜，是浙江地方风味菜系。

浙江是江南的鱼米之乡。浙菜发展到现代，是精品迭出，日臻完善，自成一统，有“有佳肴美点三千种”之盛誉。归纳起来，浙菜有如下几大特征：一是用料广博，配伍严谨。主料注重时令和品种，配料、调料的选择旨在突出主料、增益鲜香、去除腥腻；二是刀工精细，形状别致；三是火候调味，最重适度；四是清鲜嫩爽，滋、味兼得；五是浙菜三支，风韵各具。

浙江菜主要由杭州、宁波、绍兴三支地方风味菜组成，携手联袂，并驾齐驱。杭州素有“天堂”之称。杭州菜制作精细，清秀隽美，擅长爆、炒、烩、炸等烹调技法，具清鲜、爽嫩、精致、醇和等特点。宁波地方厨师尤善制海鲜，技法以炖、烤、蒸著称，口味鲜咸适度，菜品讲究鲜嫩爽滑，注重本味，用鱼干制品烹调菜肴更有独到之处。绍兴菜品香酥绵糯，汤浓味醇，富有水乡古城之淳朴风格。

南菜系以杭州、宁波、绍兴三种地方风味菜为代表，成名较早。浙菜系的历史也相当悠久。京师人南浙菜之代表菜“西湖醋鱼”下开饭店，用北方的烹调方法将南方丰富的原料做得美味可口，“南料北烹”成为浙菜系一大特色。如过去南方人口味并不偏甜，北方人南下后，影响南方人口味，菜中也放糖了。汴京名菜“糖醋黄河鲤鱼”到临安后，以鱼为原料，烹成浙江名菜“西湖醋鱼”。

7. 八大菜系之苏菜

苏菜系即江苏地方风味菜。江苏是名厨荟萃的地方。我国第一位典籍留名的职业厨师和第一座以厨师姓氏命名的城市均在这里。制作野鸡羹供帝尧食用，被封为大彭国，亦即今天的徐州，故名彭铿，又名彭祖。夏苏菜之代表菜“狮子头”禹时代，“淮夷贡鱼”，淮白鱼直至明清均系贡品。“菜美之者，具区之菁”，商汤时期的太湖佳蔬韭菜花已登大雅之堂。春秋时齐国的易牙曾在徐州传艺，由他创制的“鱼腹藏羊肉”千古流传，是为“鲜”字之本……

江苏的历代名厨造就了苏菜风格的传统佳肴，而古有“帝王洲”之称的南京、“天堂”美誉的苏州及被史家叹为“富甲天下”的扬州，则是名厨美馔的摇篮。江苏菜系正是以这三方风味为主汇合而成的。

概括起来，江苏菜有如下几个特点：一是选料严谨，制作精细，因材施艺，按时治肴；二是擅长炖、焖、煨、焐、蒸、烧、炒等烹饪方法，且精于泥煨、叉烤；三是口味清鲜，咸甜得宜，浓而不腻，淡而不薄；四是注重调汤，保持原汁。其中南京刀工细腻，火工纯熟，菜肴滋味醇，兼有四方之美，适应八方口味，尤以鲜香酥嫩取胜；苏州菜口味趋甜，以烹制四季佳蔬、江河湖鲜见长；扬州菜史称淮扬风味，刀工精细，火候精微，色调清新，造型别致，突出主料，强调本味，清淡可口，适应面宽，尤以擅长制汤而著称。

8. 八大菜系之徽菜

徽菜是徽州菜的简称，不等于安徽菜，不包括皖北地区，主要指徽州地区，安徽省江南地区徽菜名中“徽”字就是由徽州而来。是中国八大菜系之一，起源于黄山麓下的歙县，即古代的徽州。后因新安江畔的屯溪小镇成为“祁红”、“屯绿”等名茶和徽墨、歙砚等土特产品的集散中心，饮食业发达，徽菜的重点逐渐转移到屯溪，在这里得到进一步发展。宋高宗曾问歙味于学士汪藻，汪藻举徽菜之代表菜“葫芦鸭子”梅圣俞诗对答“雪天牛尾狸,沙地马蹄鳖”。牛尾狸即果子狸,又名白额。徽菜系在烹调技艺上擅长烧、炖、蒸,而爆、炒菜较少,重油、重色、重火功。

徽菜的特色“一是就地取材,以鲜制胜。徽地盛产山珍野味河鲜家禽,就地取材使菜肴地方特色突出并保证鲜活。二是善用火候,火功独到。根据不同原料的质地特点、成品菜的风味要求,分别采用大火、中火、小火烹调。三是娴于烧炖,浓淡相宜。除爆、炒、熘、炸、烩、煮、烤、焐等技法各有千秋外,尤以烧、炖及熏、蒸菜品而闻名。四是注重天然,以食养身。徽菜继承了祖国医食同源的传统,讲究食补,这是徽菜的一大特色。

徽菜的形成与江南古徽州独特的地理环境、人文环境、饮食习俗密切相关。绿树丛荫、沟壑纵横、气候宜人的徽州自然环境,为徽菜提供了取之不尽、用之不竭的徽菜原料。得天独厚的条件成为徽菜发展的有力物质保障,同时徽州名目繁多的风俗礼仪、时节活动,也有力地促进了徽菜的形成和发展。在绩溪,民间宴席中,县城有六大盘、十碗细点四,岭北有吃四盘、一品锅,岭南有九碗六、十碗八等。

附录二:宴会祝酒辞

1. 满月宴祝酒辞

各位来宾、亲朋好友:

大家好!

此时此刻,我的内心是无比激动和兴奋的,为表达我此时的情感,我要向各位行三鞠躬。

一鞠躬,是感谢。感谢大家能亲身到××酒家和我们分享这份喜悦和快乐。

二鞠躬,还是感谢。因为在大家的关注下,我和妻子有了宝宝,升级做了父母,这是我们家一件具有里程碑意义的大事。虽然做父母只有一个月的时间,可我们对"养儿不知父母恩"有了更深的理解,也让我们怀有一颗感恩的心。除了要感谢生我们、养我们的父母,还要感谢我们的亲朋好友、单位的领导同事。正是有了各们的支持关心、帮助才让我们感到生活更甜蜜,工作更顺利。也衷心希望大家一如既往地支持我们、帮助我们、关注我们。

三鞠躬,是送去我们对大家最衷心的良好祝愿。祝大家永远快乐、幸福、健康。

今天,我们在××酒家准备了简单的酒菜,希望大家吃好、喝好。如有招呼不周,请多多包涵!

2. 满月宴来宾祝酒辞

各位来宾、各位朋友:

佳节方过,喜事又临。今天是我们×××先生的千金满月的大喜日子,在此,我代表来宾朋友们,向×××先生表示真挚的祝福。

在过去的时光中,当我们感悟着生活带给我们的一切时,我们越来越清楚人生最重要的东西莫过于生命。×××先生在工作中,是一个严谨、奋进、优秀的人,相信他创造的新的生命。奉献给这美丽的人生,则一定是无比美妙的歌声。

让我们祝愿这个新的生命、祝愿×××先生的千金,也祝愿各位朋友的下一代,在这个祥和的社会中茁壮成长,成为国家栋梁之才！也顺祝大家身体健康,快乐连连,全家幸福,万事圆满。

3. 周岁宴祝酒辞

各位领导、各位亲友:

首先对大家今天光临我儿子的周岁宴会表示最热烈的欢迎和最诚挚的谢意!

此时此刻、此情此景,我们一家三口站在这里,心情很激动。

为人父母,方知辛劳。××今天刚满一周岁,在过去的365天中,我和丈夫尝到了初为人母、初为人父的幸福感和自豪感,但同时也真正体会到了养育儿女健康成长的无比辛劳。今天在座的有我的父母,还有公婆,对于我们三十年的养育之恩,我们无以回报。今天借这个机会向他们四位老人深情地说声:谢谢了！并衷心地祝他们健康长寿!

在过去的日子里,在座的各位朋友曾给予我们许许多多无私的帮助,让我感到无比的温暖。在此,请允许我代表我们一家三口向在座的各位亲朋好友表示十二万分的感激！现在和未来的时光里,我们仍奢望各位亲朋好友进行善意的批评教导。

今天以我儿子一周岁生日的各义相邀各位至爱亲朋欢聚一堂,菜虽不丰,但是我们的一片真情,酒纵清淡,但是我们的一份热心。若有不周之处,还盼各位海涵。

让我们共同举杯,祝各位工作顺利、万事如意！谢谢。

4. 十岁生日宴祝酒辞

各位领导、各位来宾、亲爱的朋友们:

大家晚上好!

今天是我的女儿×××十岁生日的大好日子,非常高兴能有这么多的亲朋好友前来捧场,至此,我代表我们全家对各位的盛情光临表示最衷心的感谢!

十岁是一个非常美好的年龄,是人生旅途中的第一个里程碑,在此我祝愿我的女儿生日快乐,学习进步,健康、愉快地成长我更希望她能成长为一个有知识、有能力、人人喜欢的人,愿爸爸、妈妈的条条皱纹、缕缕白发化作你如花的年华、锦绣的前程。

同时，×××的成长也有劳于各们长辈的关心和厚爱，希望大家能一如既往地给她鼓励和支持，这些都会给她的人生带来更多的动力和活力。最后，备对联一副，以表对各位亲朋好友的感激。

5. 十八岁生日祝酒辞

尊敬的各位家长、学校领导、各位老师，亲爱的全体同学：

大家好！

今天是高三全体同学十八岁的生日，首先，我代表全体教师为你们祝福，向你们表示衷心的祝贺！

今天，你们将带着父母亲人的热切期盼，面对庄严的国旗许下铿锵誓言，光荣地成为共和国的成人公民，迈出成人第一步，踏上人生新征途。

十八岁，这是多么美妙、多么令人羡慕的年龄！这是一个多么美丽而又神圣的字眼。它意味着从此以后，你们将承担更大的责任和使命，思考更深的道理，探求更多的知识。

十八岁，这是你们人生中一个新的里程碑，是人生的一个重大转折，也是人生旅途中一个新的起点。

同学们：在未来的岁月里，我们希望看到那时的你们羽翼丰满，勇敢顽强！我们希望你们始终能够老老实实做人、勤勤恳恳做事，一步一个脚印，带着勇气、知识、信念、追求去搏击长空，创造自己的新生活！我们也祝福你们在今后的人生道路上，一路拼搏，一路精彩！

为了风华正茂的十八岁，干杯！

6. 三十岁生日祝酒辞

各位亲爱的朋友：

万分感谢大家的光临，来庆祝我的三十岁生日。

常言道：三十岁是美丽的分界线。三十岁前的美丽是青春，是容颜，是终会老去的美丽；而三十岁后的美丽，是内涵，是魅力，是永恒的美丽。

如今，与二十岁的天真烂漫相比，已经不见了清纯可爱的笑容，与二十五岁的健康活泼相比，已经不见了咄咄逼人的好战好胜。但接连不断的得失过后，换来的是我坚定自信、处变不惊和一颗宽容忍耐的心。

三十岁，这是人生的一个阶段，无论这个阶段里曾发生过什么，我依然怀着感恩的心情说“谢谢”！谢谢父母赐予我的生命，谢谢我生命中健康、阳光的三十岁，谢谢三十岁时我正拥有的一切！

我是幸运的，也是幸福的。我从事着一份平凡而满足的工作，上天赐给我一个爱自己的老公和一个健康聪明的孩子。健康、关爱我的父母给了我一份内心的踏实，和我能真正交心的知已使我的内心又平添了一份温暖。我希望，在今后的人生路上，自己能走得更坚定。

为了这份成熟，为了各位的幸福。干杯！

7. 四十岁生日宴祝酒辞

各位亲朋好友、各位来宾：

晚上好！

今天，是××××年××月××日，我们相聚在古朴典雅、鲜花簇拥、喜庆浓郁的××大酒店寿宴厅，共同热烈、隆重地庆贺×××先生（女士）40岁生日快乐、人生的历程——一步一个脚印，一步一个阶梯，在这一天，迎来了×××先生（女士）生命中的又一个春天。首先，我代表×××先生（女士）及全家人，向参加寿宴的来宾和亲朋好友们的盛情厚意，表示真诚的欢迎和衷心的谢意。

今夜与您相约，高朋满座；

今夜与您相约，喜气洋洋；

今夜与您相约，欢声笑语；

今夜与您相约，歌声悠扬。

今天与您相约，又是一个美好幸福的日子，朋友们从四面八方相聚在××大酒店参加×××先生（女士）的40岁生日晚会，每一份祝福，都表达着一份真诚，让我们把千万个祝福，伴随着《生日快乐歌》送给您，祝福×××先生（女士）：生日快乐，开心永远！

8. 五十岁生日宴祝酒辞

各位亲朋好友、各位尊贵的来宾：

晚上好！

今天是家父五十岁的寿辰，非常感谢大家的光临！

树木的繁茂归功于土地的养育，儿子的成长归功于父母的辛劳。在父亲博大温暖的胸怀里，真正使我感受到了爱的奉献。在此，请让我深情的说声谢谢！

父亲的爱是含蓄的，每一次严厉的责备，每一回无声的付出，都诠释出一个父亲对儿子的那种特殊的关爱。它是一种崇高的爱，只是给予，不求索取。

五十岁是您生命的秋天，是枫叶一般的色彩。对于我来说，最大的幸福莫过于有理解自己的父母。我得到了这种幸福，并从未失去过。

今天我们欢聚一堂，为您庆祝五十岁的寿辰，这只是代表您人生长征路上走完的第一步，愿您在今后的事业树上结出更大的果实，愿与母亲的感情越来越温馨！

祝各位万事如意，合家欢乐。

最后，请大家欢饮美酒，与我们一起分享这个难忘的夜晚。

9. 六十岁生日宴祝酒辞

尊敬的各位朋友、来宾：

你们好！

值此父亲花甲之年、生日庆典之日，我代表我的父母、我们姐弟五人及我的家庭向前来光临寿宴的嘉宾表示热烈的欢迎和最深挚的谢意！

我们在场的每一位都有自己可敬的父亲，然而，今天我可以骄傲地告诉大家，我们姐弟有一位可亲、可敬、可爱，世界上最最伟大的父亲！

爸爸，您老人家含辛茹苦地扶养我们长大成人，多少次，我们把种种烦恼和痛苦都洒向您那饱经风霜、宽厚慈爱的胸怀。爸爸的苦，爸爸的累，爸爸的情，爸爸的爱，我们一辈子都难以报答。爸爸，让我代表我们姐弟，向您鞠躬了！

在此，我祝愿爸爸您老人家福如东海水，寿比南山松。愿我们永远拥有一个快乐、幸福的家庭。

最后，祝各位嘉宾万事如意，让我们共同度过一个难忘的今宵，谢谢大家！干杯！

10. 七十寿辰宴祝酒辞

尊敬的外公、外婆，各位长辈，各位来宾：

大家好！

今天是我敬爱的外公七十大寿的好日子。在此，请允许我代表我的家人，向外公、外婆送上最真诚、最温馨的祝福！向在座大家的到来致以衷心的感谢和无限的敬意！

外公、外婆几十年的人生历程，同甘共苦，相濡以沫，品足了生活的酸甜，在他们共同的生活中，结下了累累硕果，积累了无数珍贵的人生智慧，那就是他们勤俭朴实的精神品格，真诚待人的处世之道，相敬、相爱、永相厮守的真挚情感！

外公、外婆是普通的，但在我们晚辈的心中永远是神圣的、伟大的！我们的幸福来自于外公、外婆的支持和鼓励，我们的快乐来自于外公、外婆的呵护和疼爱，我们的团结和睦来自于外公、外婆的殷殷嘱咐和谆谆教诲！在此，我作为代表向外公、外婆表示：我们一定要牢记你们的教导，承继你们的精神，团结和睦，积极进取，在学业、事业上都取得丰收！同时一定要孝敬你们安度晚年，百年到老。

让我们共同举杯，祝二老福如东海，寿比南山，身体健康，永远快乐！

11. 七十寿宴寿星祝酒辞

各位亲友、来宾：

今天，亲友们百忙之中专程前来，欢聚一堂为我祝寿，我本人，并代表家庭子女对诸位表示热烈的欢迎和衷心的感谢！

子女、亲友为我筹办这次寿宴，我的心里非常高兴，使我感受到亲友的关怀和温暖，也体会了子女孝敬老人的深情，使我能够尽享天伦之乐！

当年，我和父亲，曾经在农村度过一段困苦的日子。一晃，几十年过去了。我走过了多半生并不平坦的人生之路，历经磨难自强不息，在亲友的鼓励帮助下，随着国家的安定、社会的进步，终于走出困境，直到荣归故里颐养天年。

我觉得，懂得乐观、不屈、感恩，一个人就有幸福。生活中处处有快乐和幸福，它需要我们去不停地追求。

最后，祝各位亲友万事如意，前程似锦。干杯！

12. 八十岁寿辰宴祝酒辞

尊敬的各位来宾、各位亲朋好友：

春秋迭易，岁月轮回，我们欢聚在这里，为×××先生的母亲——我们尊敬的×妈妈共祝八十大寿。

在这里，我首先代表所有老同学、所有亲朋好友向×妈妈送上最真诚、最温馨的祝福，祝×妈妈福如东海，寿比南山，健康如意，福乐绵绵，笑口常开，益寿延年！

风风雨雨八十年，×妈妈阅尽人间沧桑，她一生积蓄的最大财富是她那勤劳、善良的人生品格，她那宽厚待人的处世之道，她那严爱有加的朴实家风。这一切，伴随她经历了坎坷的岁月，更伴随她迎来了晚年生活的幸福。

而最让×妈妈高兴的是，这笔宝贵的财富已经被她的爱子×××先生所继承。多年来，他叱咤商海，以过人的胆识和诚信的品质获得了巨大成功。

让我们共同举杯，祝福老人家生活之树常绿，生命之水长流，寿诞快乐！

祝福在座的所有来宾身体健康、工作顺利、万事如意！

谢谢大家！

13. 九十大寿祝酒辞

尊敬的各位来宾、各位亲朋好友：

大家好！

值此举家欢庆之际，各位亲朋好友前来祝寿，使父亲的九十大寿倍增光彩。我们对各位的光临表示最热烈的欢迎和最衷心的感谢！

人生七十古来稀，九十高寿正是福，与人为善心胸宽，知足常乐顺自然！

我们的父亲心慈面软，与人为善。他扶贫济困，友好四邻；他尊老爱幼，重亲情，请友情，使刘家的老亲帮友保持来往，代代相传！

今天，在欢庆我们的父亲九十华诞之际，他的近在身边的子孙亲人，有的前来、有的写信、有的致电，或献钱、或汇款、或送礼物，都发自内心地用不同的方式祝福他老人家：福如东海长流水，寿比南山不老松！

今天，在欢庆我们的父亲九十高寿之时，我代表他老人家的儿子、儿媳、女儿、女婿及其孙辈后代，衷心地恭祝各位亲友：诸事大吉大利，生活美满如蜜！

为庆贺我们的父亲九十华诞，为加深彼此的亲情、友情，让我们共同举杯畅饮长寿酒，喜进长乐餐！

14. 百岁生日宴祝酒辞

各位老师、各位来宾：

今天我们济济一堂，隆重庆祝××先生百岁华诞。在此，我首先代表学校并以我个人的名义向××先生表示热烈的祝贺，衷心祝愿××先生身体健康！同时，也向今天到会的各位老师表示诚挚的谢意。感谢大家多年来为××系的发展、特别是××学科建设所作出的积极贡献！

××先生是××学科的开拓者和学术带头人之一，也是我国××研究领域的一位重要奠基人。××先生德高望重，学识渊博，在长达六十年的教学和研究生涯中，他淡泊名利，不畏艰难，孜孜不倦，不仅为××系而且为当代中国的××学科建设以及人才培养作出了卓越的贡献。

××先生不仅著书立说，为学术界贡献了许多足以嘉惠后学的优秀学术论著，而且教书育人，言传身教，培养了许多优秀的人才。

几十年来，××先生以自己的学识和行动，深刻影响和感染了他周围的同事和学生，为后辈学人树立了道德和学术的楷模。

在××先生百岁寿辰之际举行这样一个庆祝会，重温他的学术经历，是非常有意义的，必将激励大家以××先生为榜样，进一步推进全校的师德建设和学科建设。

最后，再次衷心祝愿××先生身体健康！祝××系更加蓬勃发展！请大家干杯！谢谢大家！?

15. 父母生日祝酒辞

尊敬的各位领导、各位长辈、各位们亲朋好友：

大家好！

在这喜庆的日子里，我们高兴地迎来了敬爱的父亲（母亲）××岁的生日。今天，我们欢聚一堂，举行父亲（母亲）××华诞庆典。这里，我代表我们兄弟姐妹和我们的子女们大小共××人，对所有光临寒舍参加我们父亲（母亲）寿礼的各位领导、长辈和亲朋好友们，表示热烈的欢迎和衷心的感谢！

我们的父亲（母亲）几十年含辛茹苦、勤俭持家，把我们一个个拉扯长大成人。常年的辛勤劳作，他们的脸留下了岁月刻画的年轮，头上镶嵌了春秋打造的霜花。

所以，在今天这个喜庆的日子里，我们首先要说的就是，衷心感谢二老的养育之恩！

我们相信，在我们弟兄姐妹的共同努力下，我们的家业一定会蒸蒸日上，兴盛繁荣！我们的父母一定会健康长寿，老有所养，老有所乐！

最后，再次感谢各位领导、长辈、亲朋好友的光临！

再次祝愿父亲（母亲）晚年幸福，身体健康，长寿无疆！干杯！

16. 领导生日祝酒辞

各位朋友、各位来宾：

你们好！

今天是×××先生的生日庆典，受邀参加这一盛会并讲话，我深感荣幸。在此，请允许我代表×××并以我个人名义，向×××先生致以最衷心的祝福！

×××先生是我们××公司的重要领导核心之一。他对本公司的无私奉献我们已有目共睹，他那份"有了小家不忘大家"的真诚与热情，更是多次打动过我们的心弦。

他对事业的执著同龄人为之感叹，他的事业有成更令同龄人为之骄傲。

在此，我们祝愿他青春常在，永远年轻！更希望看到他在步入金秋之后，仍将傲霜斗雪，流香溢彩！

人海茫茫，我们只是沧海一粟，由陌路而朋友，由相遇而相知，谁说这不是缘分？路漫漫，岁悠悠，世上不可能还有什么比这更珍贵。我真诚地希望我们能永远守住这份珍贵。

在此，请大家举杯，让我们共同为×××先生的×××华诞而干杯！

17. 朋友生日祝酒辞

各位来宾、各位亲爱的朋友：

晚上好！

烛光辉映着我们的笑脸，歌声荡漾着我们的心潮。跟着金色的阳光，伴着优美的旋律，我们迎来了××先生的生日，在这里我谨代表各位好友祝××先生生日快乐，幸福永远！

在这个世界上，人不可以没有父母，同样也不可以没有朋友。没有朋友的生活犹如一杯没有加糖的咖啡,苦涩难咽,还有一点淡淡的愁。因为寂寞,因为难耐,生命将变得没有乐趣,不复真正的风采。

朋友是我们站在窗前欣赏冬日飘零的雪花时手中捧着的一盏热茶,朋友是我们走在夏日大雨滂沱中时手里撑着的一把雨伞;朋友是春日来临时吹开我们心中冬的郁闷的那一丝春风,朋友是收获季节里我们陶醉在秋日私语中的那杯美酒……

来吧,朋友们!让我们端起芬芳醉人的美酒,为××先生祝福!祝你事业正当午,身体壮如虎,金钱不胜数,干活不辛苦,悠闲像老鼠,浪漫似乐谱,快乐莫你属,干杯!

18. 恩师寿宴祝酒辞

各位领导、老同学们:

值此尊敬的老师××华诞之时,我们欢聚一堂,庆贺恩师健康长寿,畅谈离情别绪,互勉事业腾飞,这一美好的时光,将永远留在我们的记忆里。

现在,我提议,首先向教师敬上三杯酒。第一杯酒,祝贺老师华诞喜庆,第二杯酒,感谢老师恩深情重;第三杯酒,祝愿老师百岁高龄!

一位作家说:“在所有的称呼中,有两个最闪光、最动情的称呼:一个是母亲,一个是老师。老师的生命是一团火,老师的生活是一曲歌,老师的事业是一首诗。”那么,我们的恩师——尊敬的教师的生命,更是一团燃烧的火,教师的生活,更是一曲雄壮的歌,老师的事业,更是一首优美的诗。

老师在人生的旅程上,风风雨雨,历经沧桑××载,他的生命,不仅限血气方刚时喷焰闪光,而且在壮志暮年中流霞溢彩。

老师的一生,视名利淡如水,看事业重如山。

回想——恩师当年惠泽播春雨,喜看——桃李今朝九州竞争妍。

最后,衷心地祝愿恩师福如东海,寿比南山!干杯!

19. 爱人生日祝酒辞

各们朋友:

晚上好!

感谢大家来到今晚我太太的生日会!大家提议让我讲几句,其实也没什么事讲的。你们从我一脸的灿烂足可以看出我内心的幸福。那请大家容许我对我亲爱的太太说上几句。

老婆,你“抱怨”我不懂浪漫,其实看得出来你满心欢喜;你说只要我有这份心,你就很开心。

我们曾是那样充满朝气,带着爱情和信任走入婚姻,我要感谢你,给了我现在拥有的一切——世上唯一的爱和我所依恋的温馨小家!很多人说,再热烈如火的爱情,经过几年之后也会慢慢消逝,但我们却像傻瓜一样执著地坚守彼此的爱情,我们当初钩小指许下的约定,现在都在一一实现和体验。

今生注定我是你的唯一,你是我的至爱,因为我们是知心爱人,让我们携手一起漫步人生路,一起慢慢变老!爱你此生永无悔!

最后,祝愿各位爱情甜蜜,事业如意,干杯!

20. 新校长就职祝酒辞

尊敬的各位领导、各位老师:

大家晚上好!

对我来说,今天是一个特别隆重的日子。首先,我衷心地感谢区党委、区教委、政府和教办对我的信任与培养,感谢各位老师对我的关爱和支持,尤其是前任校长,他的艰辛努力为学校的今后发展奠定了坚实的基础。在此,我向各位领导、老师们以及我们前任校长表示衷心的感谢!

作为一名××小学校长,我深知自己的政治素质、人文底蕴、学科知识、决策能力、服务精神都还需要进一步提高,要胜任这一职责,必须付出艰巨的努力……

此时此刻,我想用一位先哲的诗来形容我的心情与愿望,那就是“智山慧海传真火,愿随前薪作后薪”!

最后,祝愿大家身体健康、合家幸福!

21. 欢送老校长宴会祝酒辞

同志们:

今天,我们怀着依依惜别的心情在这里欢送××校长去××中学任校长、书记!

××同志在××中学工作十年期间，工作认认真真、勤勤恳恳，分管教育、教学工作成绩突出，实绩优异，为学校的发展作出了很大贡献，让我们代表三千多名师生以热烈的掌声向××校长表示衷心的感谢！同时，我也衷心地希望××校长今后继续支持关心××中学的发展，也希望××中学与××中学结为更加友好的兄弟学校，更希望您在百忙中抽空回家看看，因为这里有您青春的倩影，这里是您倾注过心血和汗水的第二故乡。

下面，我提议，为了××校长全家的健康幸福、为了我们之间的友谊天长地久，干杯!?

22. 教师节座谈会祝酒辞

尊敬的各位领导：

大家好!

在这硕果累累的金秋时节，我们怀着激动与喜悦迎来了第××个教师节，更怀着感动与幸福来参加省教师节座谈会。作为××的一名小学教育工作者，我感到无上的光荣和强烈的使命感。

在执教的××年来，我从乡镇到城区，从一名中师毕业生成长为全国模范教师，真真切切地体验着党和政府对教师的关怀与培养。沐浴着党的阳光雨露，我们欢欣鼓舞、自强自励，积极探索实施素质教育的有效策略，特别是在留守儿童教育方面做了有益的尝试，有力地促进了少年儿童的健康成长。

因为爱和责任，使得我们对留守儿童倾注了浓厚的情感；因为情和执著，铸就了我们对教育事业的无限忠诚。关爱学生、无私奉献，爱岗敬业、勇于创新，这是党和人民对我们的重托，也是我们教育事业永恒的主题。我们将永远沿着这个主题高歌猛进!

最后，让我们共同举杯，祝愿教育事业迈向新台阶，祝愿大家身体健康，干杯!?

23. 学校建设周年庆典祝酒辞

亲爱的老师、同学们：

大家好!

今天××中学迎来了三十周年华诞。值此喜庆时刻，我谨代表××中学向多年来为了××中学的发展勤勤恳恳工作的全体教职员工们，为了××中学的荣誉而刻苦攻读的全体学子们，表示崇高的敬意和衷心的感谢！

斗转星移，岁月沧桑。风风雨雨，××中学走过了三十年的光辉岁月。历经三十年的拓荒播种，这里已成为一片沃土，一株株幼苗茁壮成长，桃李成荫，春华秋实。

回首往昔，我们骄傲，展望未来，我们向往，恩随荫庇，我们感激，承前启后，我们深感任重道远。成就是昨天的句号，开拓是永恒的主题。在新的岁月里，在新的征程中，我们将紧紧把握时代的主旋律，狠抓“三风”建设，积极推进“名师”工程，并继续深化新课程改革，大力推进素质教育，向着“积淀文化底蕴、注重精细管理、打造××品牌、创办特色学校、培育一流人才”的目标迈进，争取更大成绩，报答所有关心××中学的父老乡亲们的拳拳之心。

我坚信：××中学的明天会更灿烂！为了明天，干杯！

谢谢大家。

24. 毕业宴会祝酒辞

尊敬的各位领导、亲爱的朋友们：

大家好！

今天的宴会大厅因为你们的光临而蓬荜生辉，在此，我首先代表全家人发自肺腑地说一句：感谢大家多年以来对我的犬子的关心和帮助，欢迎大家的光临，谢谢你们！

这是一个秋高气爽、阳光灿烂的季节，这是一个捷报频传、收获喜讯的时刻。正是通过冬的储备、春的播种、夏的耕耘、秋的收获，才换来今天大家与我们全家人的同喜同乐。感谢老师！感谢亲朋好友！感谢所有的兄弟姐妹！愿友谊地久天长！

儿子，妈妈也请你记住：青春像一只银铃，系在心坎，只有不停奔跑，它才会发出悦耳的声响。立足于青春这块处女地，在大学的殿堂里，以科学知识为良种，用勤奋做犁锄，施上意志凝结成的肥料，去再创一个比今天这季节更令人赞美的金黄与芳香。

今天的酒宴,只是一点微不足道的谢意的体现。现在我邀请大家共同举杯,为今天的欢聚,为我的儿子考上理想的大学,为我们的友谊,还为我们大家的健康和快乐干杯!

25. 升学饯行祝酒辞

尊敬的各位来宾,女士们、先生们:

在这金秋送爽、锦橙飘香的日子,我们欢聚一堂,恭贺××、××夫妇的公子××金榜题名,高中××大学。承蒙来宾们的深情厚谊,我首先代表××先生、××女士、和××同学对各们的到来,表示最热诚的欢迎和最衷心的感谢!

所谓人生四大喜事:“久旱逢甘露,他乡遇故知,洞房花烛夜,金榜题名时。”我们恭喜××成功地迈出了人生的重要一步。

朋友们,十年寒窗苦,在高考考场过五关斩六将的××同学此时此刻的心情是什么?春风得意马蹄疾,一日看尽长安花。我提议,第一杯酒,为英才饯行!同学即将远离亲人,远离家乡挑战人生,请接受我们共同的祝福:海阔凭鱼跃,天高任鸟飞!

第二杯酒,祝愿××全家一帆风顺、二龙腾飞、三阳开泰、四季平安、五福临门、六六大顺、七星高照、八方走运、九九同心!

第三杯酒,祝各位来宾四季康宁,事事皆顺!

朋友们,干杯!

26. 医院领导就职祝酒辞

尊敬的各位领导、同志们:

大家好!

根据组织安排,我到咱们市立医院任职并主持工作。这对我来说是莫大的荣幸。同时,我也深知肩上担子的分量和责任的重大。

作为全市医疗机构的龙头,多年来,在市委、市政府的正确领导下,在历届领导班子打下的坚实基础上,我们医院无论是整体外观形象还是内部建设,无论是基础设施改善还是医疗水平提高,无论是学科建设还是医德医风树立,各方面都有了长足进步。就我市来讲,其医疗和服务水平。毋庸置疑;其地位和作用,不可替代;其设施和技术，无可比拟。

今后，让我们大家共勉，使医院的工作迈入新的台阶。

最后，为大家生活幸福、工作顺利，干杯！

27. 欢送出国人员学习祝酒辞

亲爱的朋友们：

大家晚上好！

今天是一个令人欣喜而又值得纪念的日子，因为经过公司的决定。××同志将要出国发展学习。这既让我们为××能有这样的机会而感到高兴，也使我们对多年共事相处的同事即将离开而感到难舍难分。

××同志多年来作为公司的一名员工，为人忠厚、思想作风正派，忠诚企业、爱岗敬业、遵守公司各项规章制度，服从分配、尊重领导、与同事之间关系和睦融洽。俗话说没有什么人不可缺少的，这话通常是对的，但是对于我们来说，没有谁能够取代××的位置。尽管我们将会非常想念他，但我们祝愿他在未来的日子里得到他应有的最大幸福。

在这里我代表公司的领导和全体人员对××所作出的努力表示衷心感谢。同时公司也希望全体人员学习××同志这种敬业勤业精神，努力做好各自的工作。

“莫愁前路无知已，天下谁人不识君。”在此我们也希望××作继续关心我们的企业，并与同事之间多多联系。

最后，让我们举杯，祝××同志旅途顺利，早日学成归来，干杯！

28. 优秀员工颁奖祝酒辞

尊敬的各位领导：

非常感谢在座的各位领导能够给予我这份殊荣，我感到很荣幸。心里无比的喜悦，但更多的是感动。真的，这种认可与接纳，让我很感动，我觉得自己融入这个大家庭里来了。自己的付出与表现已经被回报了最大的认可。我会更加努力！

在此，感谢领导指引我正确的方向，感谢同事耐心的教授与指点。

虽然被评为优秀员工，我深知，我做得不够的地方太多太多，尤其是刚刚接触××这个行业，有很多的东西，还需要我去学习。我会在延续自己踏实肯干的优点的同时,加快脚步,虚心向老员工们学习各种工作技巧,做好每一项工作。这个荣誉会鞭策我不断进步,使我做得更好。

事业成败关键在人。在这个竞争激烈的时代,你不奋斗、拼搏,就会被大浪冲倒,我深信:一分耕耘,一分收获,只要你付出了,必定会有回报。从点点滴滴的工作中,我会细心积累经验,使工作技能不断地提高,为以后的工作奠定坚实的基础。

让我们携手来为××的未来共同努力,使之成为最大、最强的××。我们一起努力奋斗!

最后,祝大家工作顺心如意,步步高升!我敬大家!

29. 同学聚会祝酒辞

各位同学:

时光飞弛,岁月如梭。毕业 18 年,在此相聚,圆了我们每一个人的同学梦。感谢发起这次聚会的同学!

回溯过去,同窗四载,情同手足,一幕一幕,就像昨天一样清晰。

今天,让我们打开珍藏 18 年的记忆,敞开密封 18 年的心扉,尽情地说吧、聊吧,诉说 18 年的离情,畅谈当年的友情,也不妨坦白那曾经躁动在花季少男少女心中朦朦胧胧的爱情,让我们尽情地唱吧、跳吧,让时间倒流 18 年,让我们再回到中学时代,让我们每一个人都年轻 18 岁。

窗外满天飞雪,屋里却暖流融融。愿我们的同学之情永远像今天大厅里的气氛一样,炽热、真诚;愿我们的同学之情永远像今天窗外的白雪一样,洁白、晶莹。

现在,让我们共同举杯:

为了中学时代的情谊,为了 18 年的思念,为了今天的相聚,干杯!

30. 师生聚会祝酒辞

亲爱的老师们、同学们:

10 年前,我们怀着一样的梦想和憧憬,怀着一样的热血和热情,从祖国各地相识相聚在××。在那四年里,我们生活在一个温暖的大家庭里,度过了人生中最纯洁、最浪漫的时光。

为了我们的健康成长,我们的班主任和各科任老师为我们操碎了心。今天我们特意把他们从百忙之中请回来，参加这次聚会，对他们的到来我们热烈地欢迎和衷心地感谢。

时光荏苒，日月如梭，从毕业那天起，转眼间十个春秋过去了。当年十七八岁的青少年，而今步入了为人父、为人母的中年行列。

同学们在各自的岗位上无私奉献，辛勤耕耘，都已迈出为社会各个领域的中坚力量。但无论人生浮沉与贫富贵贱，同学间的友情始终是淳朴真挚的，而且就像我们桌上的美酒一样，越久就越香越浓。

来吧，同学们！让我们和老师一起，重拾当年的美好回忆重温那段快乐时光，畅叙无尽的师生之情、学友之谊吧。

为10年前的“有缘千里来相会”、为永生难忘的“师生深情”、为人生“角色的增加”、为同学间“淳朴真挚”的友谊、为同学会的胜利召开，干杯！

31. 家庭聚会祝酒辞

敬爱的长辈们：

晚上好！

新春共饮团圆酒，家家幸福加新年。在今天这个辞旧迎新的日子里，我谨代表晚辈们，对在座的各位长辈说出我们的感谢和祝福……

在生命的旅途中，感谢你们的扶持和安慰，让我们在疲惫时停留在爱的港湾，淋浴着温暖的目光，在困难时听到不懈的激励、在满足前理解淡然的和谐之美。

谢谢，感谢有你们陪伴一起走过的每个日夜！

新年新祝福，祝愿长辈们在新的一年里身体健康、心情愉快、生活幸福。干杯！

32. 战友聚会祝酒辞

老战友们：

晚上好！

在这个欢聚时刻，我的心情非常激动，面对一张张熟悉而亲切的面孔，心潮澎湃，感慨万千。

回望军旅，朝夕相处的美好时光怎能忘，苦乐与共的峥嵘岁月，凝结了你我情深意厚的战友之情。

二十个悠悠岁月，弹指一挥间。真挚的友情，紧紧相连，许多年以后，我们战友重遇，依然能表现难得的天真爽快，依然可以率直地应答对方，那种情景让人激动不已。

如今，由于我们各自忙于工作，劳于家事，相互间联系少了，但绿色军营结成的友情，没有随风而去，已沉淀为酒，每每启封，总是回味无穷。今天，我们从天南海北相聚在这里，畅叙友情，这种快乐将铭记一生。

最后，我提议，让我们举杯，为我们的相聚快乐，为我们的家庭幸福，为我们的友谊长存，干杯！?

33. 新年晚会祝酒辞

各位女士、各位先生、各位朋友：

大家晚上好！

喜悦伴着汗水，成功伴着艰辛，遗憾激励奋斗，我们不知不觉地走进了2008年。今晚我们欢聚在××公司成立后的第×个年头里，我和大家的心情一样激动。

在新年来临之际，首先我谨代表××公司向长期关心和支持公司事业发展的各级领导和社会各界朋友致以节日的问候和诚挚的祝愿！

向我们的家人和朋友拜年！我们的点滴成绩都是在家人和朋友的帮助关怀下取得的，祝他们在新的一年里身体健康心想事成！

向辛苦了一年的全体员工将士们拜年！感谢大家在2007年的汗水与付出。许多生产一线的员工心系大局，放弃许多节假日，夜以继日地奋战在工作岗位上，用辛勤的汗水浇铸了××不倒的丰碑。借此机会，我向公司各条战线的员工表示亲切的慰问和由衷的感谢。

展望2008年，公司已经站到了一个更高的平台上，新的一年，公司将持续遵循“市场营销立体推进，技术创新突飞猛进，企业管理科学严谨，体制改革循序渐进”的方针，并在去年的基础上继续深化，目的只有一个：全面提升公司的核心竞争能力。我相信2008年是风调雨顺、五谷丰登的一年，××公司一定会更强盛，员工的收入水平一定会上一个台阶！

雄关漫道真如铁，而今迈步从头越。让我们以自强不息的精神、团结拼搏的斗志去创造新的辉煌业绩！新的一年，我们信心百倍，激情满怀，让我们携起手来，去创造更加美好的未来！干杯！

34. 父亲节祝酒辞

尊敬的爸爸妈妈、各位兄弟姐妹、各位来宾：

大家好！

今天是个值得纪念的日子，是一年一度的父亲节！我们在这里聚会，为我们的父亲、母亲祝福，祝爸爸妈妈幸福安康，福寿无边！

母爱深似海，父爱重如山。据说，选定6月过父亲节是因为6月的阳光是一年之中最炽热的，象征了父亲给予子女的那火热的爱。父爱如山，高大而巍峨；父爱如天，粗犷而深远；父爱是深邃的、伟大的、纯洁而不求回报的。父亲像是一棵树，总是不言不语，却让他枝叶繁茂的坚实臂膀为树下的我们遮风挡雨、制造荫凉。不知不觉间我们已长大，而树却渐渐老去，甚至新发的树叶都不再充满生机。每年6月的第三个星期日是父亲的节日，让我们由衷地说一声：爸爸，我爱你！

每一个父亲节，我都想祝您永远保留着年轻时的激情，年轻时的斗志！那么，即使您白发日渐满额，步履日渐蹒跚，我也会拥有一个永远年轻的父亲！

让我们共同举杯，为父亲、母亲健康长寿，干杯！

35. 乔迁家宴祝酒辞

女士们、先生们：

晚上好！

首先，我要代表我的家人，对各位的光临表示由衷的谢意！谢谢、谢谢你们。

俗话说，人逢喜事精神爽。本人目前就沉浸在这乔迁之喜中。

以前，由于心居寒舍，身处陋室，实在是不敢言酒，更不敢邀朋友以畅饮。因那寒舍太寒酸了，怕朋友们误解主人待客不诚；那陋室太简陋了，真怕委屈了如归的嘉宾。

今天不同了，因为今天我已经有了一个能真正称得上是“家”的家了。这个家虽然谈不上富丽堂皇，但它不失恬静、明亮，且不失舒适与温馨。更重要的是，这个家洋溢着、充满着爱！有了这样一个恬静、明亮、舒适、温馨的家，能不高兴吗，心情能不舒畅吗？

所以，特意备下这席美酒，就是要把我乔迁的喜气分享给大家，更要借这席美酒为同事、朋友对我乔迁的祝贺表示最真诚的谢意，还要借这席美酒，祝各位生活美满、工作顺利、前程似锦！各位请举杯。

36. 庆贺乔迁新居主持辞

各位来宾、女士们、先生们：

大家好！

今天我们在这里欢聚一堂，共同祝贺××、××夫妇乔迁新居之庆。承蒙各位来宾的深情厚谊，我首先代表××先生与××女士对各位的到来，表示最热烈的欢迎和衷心的感谢！

××、××夫妇一生兢兢业业，勤俭持家，如今事业有成，家庭美满、幸福。所以，我在这里也要代表××大酒店和各位来宾，向夫妇乔迁新居表示衷心祝贺！

为感谢各位来宾的深情厚谊。××府在这里略设便宴，望各位来宾海涵赐谅。

各位来宾，让我们举起手听酒杯，共同祝福××、××一家财源广进、合家欢乐！祝各位来宾，财运亨通，四季康宁！

现在，我宣布：鸣炮。开席。

37. 介绍人祝酒辞

新郎、新娘、证婚人、主婚人、各位来宾：

大家好！

今天是×××先生和×××小姐缔结良缘，百年好合的大喜日子。作为他们的介绍人，参加这个新婚典礼，我感到非常荣幸。同时，我也感到惭愧，因为我这个介绍人只做了一分钟的介绍工作，就是介绍他们认识，其余的通信、约会，花前月下的卿卿我我，等等，都是他们自己完成的。

这也难怪，你们看新娘这么端庄秀丽，新郎这么英俊潇洒，又有才干，确实是郎才女貌，天作之合。

让我们一起举杯，衷心祝福这一对新人情切切，意绵绵，百年偕老，永浴爱河。干杯！

38. 结婚周年庆典祝酒辞

尊敬的各位女士们、先生们：

大家好！

二年风风雨雨，一路爱表永铭。

今天，是××××年××月××日，是一个平凡而又普通日子。但是，对于我们夫妻来说，却是一个意义非凡而又值得回忆的日子：结婚纪念日——结婚二十周年，又称为“水晶婚”！

古人视水晶如冰或视冰如水晶。它晶莹剔透，被人们认为是“此物只应天上有，人间难得几回寻”。无色水晶，还是结婚十五周年纪念的宝石。

综上所述，水晶，它是我们平凡人家平凡婚姻的象征——透明的、纯洁的、坚固的、美好的。我们牵手走过了二十个春秋，相互帮助、支持、谦让、友善、爱护，时间让爱情更加甜蜜，更加幸福，美满无比。

最后，祝愿大家爱情甜蜜，生活幸福。干杯！

39. 新郎父母祝酒辞

两位亲家、尊敬的各位来宾：

大家好！

今天我的儿子与××小姐在你们的见证和祝福中幸福地结为夫妻，我和太太无比激动。作为新郎的父亲，我首先代表新郎、新娘及我们全家向大家百忙之中赶来参加××、××的结婚典礼表示衷心的感谢和热烈的欢迎！

感谢两位亲家××、××。

缘分使我的儿子与××小姐相知、相悉、相爱。到今天成为夫妻。从今以后，希望他们能互敬、互爱、互谅、互助，用自己的聪明才智和勤劳的双手创造自己美好的未来。

祝愿二位新人白头到老，恩爱一生，在事业上更上一个台阶，同时也希望大家在这里吃好、喝好！

来！让我们共同举杯，祝大家身体健康、合家幸福，干杯！?

40. 证婚人祝酒辞

各位来宾：

今天，我受新郎、新娘的重托，担任××先生与××小姐结婚的证婚人，感到十分荣幸，在这神圣而又庄严的婚礼仪式上，能为这对珠联璧合、佳偶天成的新人作证婚辞而感到分外荣幸，也是难得的机遇。

新郎×先生现在××单位，从事××工作，担任××职务，今年××岁。新郎不仅英俊潇洒，而且心地善良、才华出众。

新娘××小姐现在××单位，从事××工作，担任××职务，今年××岁。新娘不仅长得漂亮大方，而且温柔体贴、成熟懂事。

古人常说：心有灵犀一点通。是情是缘还是爱，在冥冥之中早已注定，今生的缘分使他们走到一起，踏上婚姻的红地毯，从此美满地生活在一起。上天不仅让这对新人相亲相爱，而且还会让他们的孩子们永远幸福下去。

此时此刻，新娘、新郎结为恩爱夫妻，从今昔对比以后，无论贫富、疾病、环境恶劣、生死存亡，你们都要一生一心一意、忠贞不渝地爱护对方，在人生的旅程中永远心心相印、白头偕老、美满幸福。

请大家欢饮美酒，祝新人钟爱一生，同心永结。谢谢大家！

41. 新娘父母祝酒辞

各位来宾、各位至亲好友：

今天，是我们×家的女儿与×家之子举行结婚典礼的喜庆日子，我对各位嘉宾的光临表示热烈的欢迎和坦诚的感谢！

今天，是一个不寻常的日子，因为在我们的祝福中，又组成一个新的家庭。

在这喜庆的日子里，我希望两位青年人，凭仁爱、善良、纯正之心，用勤劳、勇敢、智慧之手去营造温馨的家园，修筑避风的港湾，创造灿若朝霞的幸福明天。

在这喜庆的日子里，我万分感激从四面八方赶来参加婚礼的各位亲戚朋友，在十几年、几十年的岁月中，你们曾经关心、支持、帮助过我的工作和生活。你们是我最尊重和铭记的人，我也希望你们在以后的岁月里关照、爱护、提携两个孩子，我拜托大家，向大家鞠躬！

我们更感谢主持人的幽默、口吐莲花的主持。使今天的结婚盛典更加隆重、热烈、温馨、祥和。

让我再一次谢谢大家。干杯！

42. 新人长辈祝酒辞

各位来宾、各位亲朋好友：

今天是两位新人的大喜之日，作为新娘的阿姨，我代表在座的各位亲朋好友向新娘、新郎表示衷心的祝福，同时受新娘、新郎的委托向各位来宾表示热烈的欢迎。

在人生最喜庆的时刻，我衷心祝福他们小夫妻能够互相信任、互相扶持。在这个令人羡慕的日子里，你们应该开心，所有的亲友都在为你们的新婚祝福，你们也将永远幸福、快乐地生活在一起。

王子和公主结婚之后要面对很多的现实问题，生活不是童话，希望你们能够有个心理准备。同时，也希望你们能够在今后的生活中相互磨合、相互宽容、相互谅解，把生活过得像童话一样美好。

最后，我提议，为了两位新人的富足生活，为了双方父母的身体安康，也为在座诸位嘉宾的有缘相聚，干杯！

43. 领导祝酒辞

各位来宾、朋友们：

你们好！

×先生是××单位的业务主干，×女士温柔贤惠，今天是你们大喜的日子，我代表××单位和××单位全体员工衷心地祝福你们：新婚幸福、美满！

愿你俩百年恩爱双心结，千里姻缘一线牵；

海枯石烂同心永结，地阔天高比翼齐飞，相亲相爱幸福永，同德同心幸福长！

为你们祝福，为你们欢笑，因为在今天，我的内心也跟你们一样的欢腾、快乐！祝你们，百年好合！白头到老！

44. 新人祝酒辞

各位领导，各位亲朋好友：

人生能有几次最难忘、最幸福的时刻，今天我才真正从内心里感到无比激动，无比幸福，更无比难忘。今天我和××小姐结婚，我们的长辈、亲戚、知心朋友和领导在百忙之中远道而来参加我们的婚礼庆典，给今天的婚礼带来了欢乐，带来了喜悦，带来了真诚的祝福。

借此机会，让我们真诚地感谢父母把我们养育成人，感谢领导的关心，感谢朋友们的祝福。

我还要深深感谢我的岳父岳母，您二老把你们手上唯一的一颗掌上明珠交付给我，谢谢你们的信任，我也绝对不会辜负你们的。我要说，我可能这辈子也无法让您的女儿成为世界上最富有的女人，但我会用我的生命使她成为世界上最幸福的女人。

有专家说，现在世界上男性人口超过三十亿，而我竟然有幸得到了这三十亿分之一的机会成为××小姐的丈夫，三十亿分之一的机会相当于一个人中500万元的彩票连中一个月，但我觉得今生能和××在一起，是多少个500万元都无法比拟的！

最后，祝各位万事如意、合家幸福。请大家共同举杯，与我们一起分享这幸福快乐的时刻。

谢谢！

45. 伴郎祝酒辞

尊敬的各位来宾、朋友们：

大家好！

今天作为×××的伴郎，我感到十分荣幸。

同窗十载，岁月的年轮记载着我们许多美好的回忆。曾经在上课时以笔为语、以纸为言，谈论着我们感兴趣的话题；曾经在宿舍内把酒问天，挥斥方遒，曾经“逃课”去吃早饭、溜一会儿，回来时在讲师严肃的目光下相视一笑，正襟危坐。可无论我们怎样的“不努力”，每次考试都名列前茅。

有一次我和×××闲聊，他说如果谈恋爱一定会去追×××。如今，他成功了，终于如愿以偿地娶到了美丽而柔婉的×××，我和全班的所有同学为你感到自豪和由衷的高兴。

“名花已然袖中藏，满城春光无颜色。”

结婚是幸福、责任和一种更深的爱的开始，请你们将这份幸福和爱好好地延续下去，直到天涯海角、海枯石烂，直到白发苍苍、牙齿掉光！今晚调皮璀璨的灯光将为你们作证，今晚羞涩地躲在云朵后的那位月老将为你们作证，今晚在座的两百位捧着一颗真诚祝福之心的亲朋好友们将为你们共同作证。

最后，让我们共同举杯，祝愿这对佳人白头偕老，永结同心！

谢谢！

46. 伴娘祝酒辞

尊敬的各位来宾、朋友们大家好！

×××以其美丽与品德在同学和朋友中深受欢迎，今天她终于将自己今生信托之手交给了与她相知相爱的人。

我与×××是大学同学，四年的相处让我们成为无话不谈的挚友。毕业后我们天各一方，但时间与空间的隔离并没有影响我们的友谊。当我知道自己将要作为×××的伴娘时，心中的喜悦不言而喻。今天，我来到这座城市，参加×××的婚礼，为的就是能向你们二位表达我的祝福。

祝愿你们永结同心，执手白头，祝愿你们的爱情如莲子般坚贞，可逾千年万载不变；祝愿你们在未来的岁月里甘苦与共，笑对人生；祝愿你们婚后能互爱互敬、互怜互谅，岁月愈久，感情愈深，祝愿你们的未来生活多姿多彩，儿女聪颖美丽，永远幸福！

47. 来宾代表祝酒辞

女士们、先生们、朋友们：大家好！

今天是好朋友×××的大喜日子，小弟得以参加盛会，万分荣幸。在此，我谨向他们表示温馨的恭贺和美好的祝愿，向养育他们成长成才的双方父母、亲眷和向前来贺喜的各位来宾、好友表示真挚的谢意与问候！

二位新人可谓郎才女貌，佳偶天成。

十年修得同船渡，百年修得共枕眠。无数人偶然堆积而成的必然，怎能不是三生石上精心镌刻的结果呢？用真心呵护这份缘吧。

我希望你们互助互谅，共同努力，创造美满幸福的家庭。

最后，我祝愿新郎、新娘健康快乐，鸾凤和鸣，白头偕老。干杯！

48. 随员祝酒辞

×先生、×小姐：你们好！

在这金秋十月的大好日子里，我接到了你们的喜帖，于是喜气洋洋地赶来祝福。新郎的潇洒、新娘的美貌可谓是这年秋天最美丽的画面。秋天是丰收的季节，预祝你们的生活和事业像秋天一样硕果累累。

为此，让我们衷心地举杯祝愿你们：新婚幸福，百年好合！

49. 联谊会会长就职祝酒辞

尊敬的各位领导、各位理事、会员们：

大家晚上好！

非常感谢大家对我的信任和支持，推选我担任××区外来人才联谊会第一届理事会会长。对于这一殊荣，本人倍感荣幸，同时也深感自己身上的责任重大。从各位殷殷的目光中，我看到的是大家的期望与重托。我必将在任职期间与理事会全体成员一起，按照联谊会的章程规定，尽心竭力开展工作，努力向全体会员交出一份满意的答卷。

作为一名外来者，我到××已经有18年，期间我亲历了××经济社会所发生的巨大变化，这里所有的成就让我备感自豪，也让我对××的发展越来越有信心。与此同时，在这里所有的外来人才也找到了充分施展自己才华的舞台，可以说，这次我们联谊会的成立就是展示个人才华和能力的机会……

作为会长，我必定以身作则，为联谊会的发展尽最大努力。事实胜于雄辩，请让我用实际行动来向大家证明吧。

最后，祝愿我们的联谊会事业兴旺，祝愿大家身体健康，万事如意。干杯！